집단모래놀이치료의 실제

전애영 지음

머 리 말

　현대인들은 빠르게 변화하는 현실 안에서 자신의 모습을 진지하게 바라보고 생을 풍요롭게 유지하며 살아가고 싶지만 미래를 생각하면 불안해지는 마음을 감출 수 없다. 이러한 이유로 인해 최근 정신건강에 대한 관심이 증가하면서 상담심리치료가 긍정적 시각으로 받아들여지고 있다. 상담소가 점차 많아지면서 문턱도 다소 낮아졌다. 그러나 막상 상담실에 가는데 까지는 자신의 불안이나 혼란의 상황을 누군가에게 표현하기 어려워하고 망설이게 된다.

　인간은 개인적인 성장이 매우 중요하지만 사회적 존재로서의 개인적 요소는 더욱 중요하다. 인간은 태어나면서부터 늘 집단을 형성해 살아가며 집단의 상호작용을 통해 정서적 체험을 하고 긍정적·부정적 인간관계의 경험을 나누며 모든 상황에 효율적으로 접근하고자 한다. 이 세상에 똑같은 사람은 아무도 없고 똑같은 경험을 하는 사람 또한 아무도 없다. 그러므로 인간은 다른 사람들과의 상호작용 안에서 피드백을 얻기도 하고 자신이 보는 자신과, 타인들이 보는 자신의 차이를 볼 수 있게 되며 감정의 민감성도 증진시킬 수 있게 된다. 즉 집단 안에서 명확하고 정확한 자신의 모습을 지각할 수 있고 발전시켜 나갈 수 있게 된다.

집단상담은 이러한 인간의 다양함을 바탕으로 개인적 성장과 집단 안에서의 적응에 대한 집단 역동적 관계를 이해하기 위함이다. 이러한 집단의 역동성 안에서 소속감과 자율감 및 책임감을 느끼며 좀 더 나은 삶을 선택하고 노력하게 된다.

우리는 휴먼모래놀이상담을 통해 편안함을 경험하고 치유적 힘의 효과성을 체험하고자 한다. 휴먼모래놀이상담은 소품과 모래를 활용해 쉽게 마음의 상태를 볼 수 있으므로 치유뿐만 아니라 자기성장 및 사회성 향상의 영역에서도 치유 성장적 활용가능성이 높다. 이미 모래놀이상담의 효율성에 대해서는 다양하게 보고되고 있으며 연구의 필요성도 폭넓게 강조되고 있다.

이 책은 휴먼모래놀이상담의 전반적 개괄과 더불어 집단상담의 주요 이론과 집단모래놀이의 실제적용기법으로 구성되었다. 집단상담에 대한 연구와 문헌들은 많으나 집단모래놀이상담에 대한 소개는 거의 전무한 상태여서 많은 모래놀이를 적용하는 현장 중심 집단임상가들에게 쉽게 적용할 수 있는 자료가 되고 연구의 바탕이 되었으면 하는 바람이다.

본 저자는 많은 집단사례연수에서 실제적 감동과 치유의 경험을 전통적 이론과 최근의 이론, 그리고 상담실제에 대한 반영을 최대화하려는 노력하였다. 유능한 심리상담사는 이론을 안다고 해서 잘 아는 것이 아님을 알고 있기 때문에 충분한 이론적 숙지와 풍부한 경험적 바탕이 필요함을 다시금 강조한다.

본 저자는 이 교재를 완성하고도 2년을 품고 있다가 세상에 내어 놓게 되었는데 이 책을 매개로 인간관계의 질을 높여 깊은 만남의 계기가 되고 사회성 향상 및 자기성장의 개발훈련에도 영향

을 미치며 현장에서의 전문가들에게 실제적인 도움이 되기를 바란
다. 이 책의 출간으로 지속적으로 수정과 보완의 연구 노력을 할
것임을 다짐해 본다.

끝으로 이 책이 출간될 수 있도록 많은 집단구성원들의 참여와
사례를 제공해 준 집단구성원들에게 깊은 감사를 전한다. 그리고
지속적으로 용기를 주고 격려해 주신 출판사 박영사 담당자 분들
께도 깊은 감사를 드린다.

2019년 6월
저자 씀

차   례

4부 집단모래놀이상담 사례

집단상담의 이해

1부

1 집단상담의 의미

상호작용

인간은 '상호작용'을 통해서 성장해 가는데 '상호작용'은 인간의 내적발달을 일깨우는 과정에 영향을 미치는 복합적 관계의 상호작용을 뜻한다. 상호의존성은 삶의 본래적 특성이다(Thurman, 1971). 바람직한 상호작용은 일방적일 수 없다. 상대방의 이야기를 잘 들어주고 표현하고자 하는 의미를 받아들여 인정하고 반응해 줌으로써 보다 적극적인 상호작용이 이루어진다. 그러므로 상호작용의 의미로는 '둘 또는 그 이상의 사물, 현상이 작용하여 원인도 되고 결과도 되는 일로 교호작용'이라고도 한다. 그리고 '둘 이상의 개체가 서로 영향을 미치며 관계를 맺는 과정', '인간만이 갖는 중요한 의사소통수단으로 말, 몸짓, 그림 등 상징의 매개로 상호작용하는 것'을 의미한다. 이외에도 '사회적 상호작용'에 대해 '둘 이상의 참여자들 간에 의미의 교섭과 협상이 이루어지는 사회적 상황'이라고 Sullivan(1994)이 언급했다. 이러한 정의를 요약해 본다면 인간은 광범위한 삶의 일체에서 나타나는 영향을 주고받는 상호작용 과정에서 언어적·비언어적 개입을 통해 고차원적인 문화적 맥락을 이해할 수 있고 자신의 상황을 통찰할 수 있으며 자신의 능력을 향상시킬 수 있는 기반이 된다고 볼 수 있다. 이러한 상호작용은 개별적이거나 집단적으로 이루어지는 데 이 두 형태에 따른 어떠한 상호작용도 모두 긍정적 혹은 부정적 영향을 미친다고 볼 수 있다. 즉 인간이 살아가면서 어떠한 상호작용을 하며 살아왔느냐에 따라 성숙해질 수도 있으며 성장할 수 없는 고착상태에 머물 수도 있다는 것이다.

그러므로 상호작용의 의미는 표면적인 의사소통인 '말'이나 '대화'에 대해서만 한정 지을 수 있는 것이 아니라 힘을 얻고 알아가는 것을 터득하는 관계를 맺을 수 있는 관계 요소가 무엇일까를 탐구해야 할 것이다. 즉 이는 인간이 인지, 사회, 정서, 신체적 측면의 발달을 위한 바람직한 상호작용의 전체성을 살펴보아야 할 것이다.

바람직한 상호작용을 위해 먼저 인간에 대한 기본적 신뢰감을 갖는 것이 우선이라고 할 수 있고 이는 '관심기울이기'의 행위가 이해와 주위집중에 대한 존중감을 형성하게 하는 상호작용의 밑받침이 될 수 있다. 또한 적절한 심리적·신체적 균형을 이루어 갈 수 있는 환경의 상호작용이 될 수 있다. 상호작용의 중요성은 어릴수록 삶의 현상 안에서 영향을 미치는 것이 매우 크므로 영·유아 주변인들의 상호작용의 형태는 그들의 발달과 교육습득을 위한 역할이 커지게 된다. 그러나 영·유아를 벗어난 시기여도 지속적이고 강렬한 긍정적 상호작용은 바람직한 상호작용의 성숙을 꾀할 수 있다. 그러므로 영·유아의 한정적 시간의 틀을 벗어나 좋은 친구를 만나거나 이웃 및 남녀의 만남을 통해 긍정적 상호작용의 경험을 한다면 성장할 수 있으며 사물과 현상이 작용하는 결과도 있으므로 교육도 대단히 중요한 자기이해 및 자기 동기화의 성장계기가 될 수 있다. 그러므로 교육과 상담 및 집단 상담에서의 상호작용의 질이 한 개인의 관점을 바꿀 수 있는 중요한 상황이 될 수 있다.

그러므로 상호작용의 기본 원리로 먼저, 관심보이기로 상대에 대해 관심을 갖고 탐색한다면 욕구가 보이므로 욕구에 대한 긍정적 반응을 할 수 있으며 긍정적 행동에 초점을 맞추어 지지할 수 있게 된다. 둘째, 인정하기로 현재의 모습을 그대로 인정하며, 평등하게 인정해 줄 수 있으며 부정적 행위보다 긍정적 행위에 대해 진심으로 인정해 줄 때 긍정행위에 대한 보상의 기회를 스스로 더 많이 부여하고 싶은 동기를 갖게 된다. 셋째, 애정표현하기로 따뜻한 말이나 신체적 접촉을 통한 표현으로 칭찬과 격려의 말로 표현하되 상대방이 필요할 때 표현하는 것이 중요하다. 또한 수용의 눈빛은 매우 중요한데 결핍의 요소가 클수록 수용의 눈빛은 칭찬의 언어표현보다 강렬하게 흡수된다. 이와 같이 바람직한 상호작용은 일상생활에서의 기본 생활습관을 형성하고 안정감의 심리에 도움을 주는 기초가 되는 것이다.

집단역동성 Groupdynamic

인간의 성장은 집단구성원 간의 상호역동성 안에서 이루어지며 한 개인이 집단에 속하지 않고는 인간적 성장이 이루어질 수 없다.

이는 인간에 의한 성장과 동물에 의한 인간의 성장 연구에서 많은 부분들을 시사하고 있다.

이렇듯 대인관계에서 인간은 시간, 상대방 및 환경에 따라 달라질 수 있다. 인간이 관계 맺고 있는 집단은 매우 다양한데 각 집단 안에서의 작용과 반작용이 일어남을 탐구하여 집단역할과 집단역동성의 방법을 활용하여 공동 작업을 통해 인간의 인격을 개선할 수 있도록 도울 수 있는 여지를 살펴볼 수 있다.

그러므로 집단역동성의 중요성을 살펴볼 때 다음을 참고한다.

첫째, 참여자는 집단의 상호작용 안에서 집단 창조성이 생긴다.

둘째, 의사소통을 통해서 서로의 지도력, 경험, 정보교환이 자연스럽게 이루어지며 자신감을 얻게 된다.

셋째, 사회의 대집단이 아니고 소집단의 경험으로 집단역동성이 활성화되며 사회 대집단에서도 적절하게 활용할 수 있게 된다.

넷째, 자율적이고 적극적 참여를 통해 문제해결의 주체가 자신이라는 것을 알게 된다.

다섯째, 주입식 교육이 아니고 잠재의식을 개발하는 다양한 접근으로 자신이 주체가 되는 경험을 하게 된다.

여섯째, 집단 안에서 민주적 운영이 연습되는 경험을 함으로써 민주적 자질을 갖추게 된다. 이러한 집단역동은 그들의 사회적인 권한의 새로운 접근을 경험함으로써 집단과 개인과의 관계는 인간과 인간과의 관계와 일치하는 것을 볼 수 있게 된다.

② 집단상담의 목표

집단상담의 일반적 목표

인간의 삶의 목적은 관점에 따라 다를 수 있지만 공통적으로 개인의 성장이나 성숙 및 개인의 자아실현을 강조한다. 그러므로 교육의 중요성을 강조하는데 교육은 개인보다는 사회에 좀 더 중점을 두거나 사회문화 측면에 중심을 두고 있다. 특히 교육은 공동체 안에서 기능에 대한 평가가 크기 때문에 자신의 능력을 실제보다 아주 적은 것으로 이해하고 있어서 자신을 수용하고 개방하고 주장하기를 어려워한다. 그러므로 집단상담은 집단참여자 개개인이 있는 그대로의 자신과 자신의 긍정적인 면과 부정적인 면을 수용하여 궁극적으로 자신의 잠재력을 발견하고 최대한 발휘함으로써 성장된 인간실현을 할 수 있도록 돕는 것이다. 즉 집단상담은 주로 구성원들의 역동적 상호작용을 통해 예방적 차원이나 보다 나은 정신건강의 증진과 개인발달 및 인간관계 훈련을 위해 많이 이용된다. Mahler(1969)는 집단상담을 통해 자기에 대한 이해와 수용의 효과적 증진을 위해 집단상호작용을 적용한다고 했다. George & Dustin(1988)은 자기이해 뿐만 아니라 개인의 행동변화를 돕기 위해 집단상호작용이 적용된다고 했다. Gazda(1989)는 집단구성원들은 가치를 이해하고 새로운 태도와 행동을 학습하고 부적절한 학습을 변화시키기 위해 집단상호작용을 활용한다고 했다.

이형득(1992)은 집단상담은 적은 수의 정상인들이 전문촉진자한 두 사람의 지도하에 이루어진다고 했다. 집단상담은 집단 혹은 상호관계성의 역할을 토대로 하여 믿음직하고 수용적인 분위기에서 개인의 태도와 행동의 변화와 성장발달의 능력을 촉진시키려는 의도에서 이루어지는 역동적 대인관계과정이라고 했다. 이러한 정의에 부응하는 목표에 대한 다양한 접근이 있을 수 있다.

그러므로 집단상담은 병리적 문제보다 생활과정에서의 개인적 발달의 문제를 다루며 개인의 환경에 건강하게 적응하도록 하는 것이 일차적 목표이다.

집단상담의 치료적 목표는 자신에 대한 이해와 타인에 대한 이해로 참여자들의 성장과 발달에 도움을 주며 자신의 환경을 수용하고 적응할 수 있도록 도움을 준다. 그리고 자신의 태도와 느낌을 점검할 수 있도록 하고 행동측면을 동기적 입장에서 이해할 수 있도록 돕는다. 이는 참여자 자신의 능력에 자신감을 갖도록 돕는 것이며 새로운 관점이나 새로운 가치체계를 발견하도록 돕는다.

Corey의 집단상담 목표

집단상담의 목표는 보편적으로 참여자들의 성장발달과 관련되어 있으며 구체적으로 자기이해와 관계의 능력을 향상시키고 생활에 좀 더 만족하고 행복한 적응을 할 수 있는 자아개념발달과 연관된다. 우리는 살아가면서 관계 안에서 상처를 받고 해소되지 않은 채로 살아가는 경우가 허다하다. 해소되지 않은 감정들은 위축감을 만들고 적대감을 만들기도 하며 부정적 감정이 쌓이게 된다. 이는 미성숙한 성격을 만들게 되고 이로 인해 직장, 가정, 대인관계에 어려움을 겪게 되며 강박적 경향이 높아지고 수용보다는 강요성을 행하게 하며 자신도 모르게 의존성이 높아지게 됨으로써 자아개념발달에 부정적 영향을 미친다.

Corey와 Corey(1977)는 집단상담의 목표는 자아개념 발달과 관련이 있다고 정의하였으므로 여기에서 Corey(1995)의 집단상담의 치료적 목표를 정원식, 박성식 외의 요약을 통해 살펴보면 다음과 같다.

① 자신과 타인에 대한 신뢰감 형성
② 자신에 대한 지식습득과 정체감 발달
③ 인간의 욕구나 문제들의 공통성과 보편성 인식
④ 자신감과 자기수용에 대한 시각의 개선
⑤ 정상적 발달문제와 갈등을 해결하는 새로운 방식 발견
⑥ 자신과 타인에 대한 주도성, 자율성, 책임감 증진
⑦ 자기 결정에 대한 자각과 지혜로운 결정능력 증진
⑧ 특정행동의 변화를 위한 구체적 계획수립 완수
⑨ 효과적 사회기술 학습
⑩ 타인의 욕구와 감정에 대한 민감성 증진
⑪ 타인에 대한 배려를 바탕으로 정직하게 직면하는 방법 습득
⑫ 자기 자신의 기대에 대한 욕구 충족방식 습득
⑬ 가치관의 명료화

위의 집단상담의 목표 측면을 잘 활성화시키기 위해 자신과 타인을 다르게 보고 느낄 수 있는 경험을 집단에서 제공하며 이전에 행동과 다른 행동에 대해 지지하고 격려하는 경험을 하는 것이다. 또 일상생활에서의 문제경험을 점검하고 대안방법을 확장시키며 다른 사람에 대해 미치는 영향을 분석하는 경험을 집단 안에서 함께 안전하고 다양하게 경험한다. 즉 집단상담의 기능은 애매모호한 것을 견딜 수 있게 하는 힘을 기르며 자신의 잠재력과 창의성을 탐색하고 다른 사람에게 배려하는 역량을 키울 수 있게 된다.

3 집단상담의 형태

집단상담은 개인이 지닌 다양한 문제를 소집단의 대상을 동시에 각자의 경험을 통해 해결하는 하나의 형태다. 집단상담은 두 명 이상에서 열두 명 정도의 군집형태에서 성장과 행복추구의 공통목표를 집단의 상호작용을 적용하여 감정과 행동 및 생각의 치유적 기능을 포함하는 역동적 대인과정 형태를 말하는 것으로 다양한 형태를 이룰 수 있다.

먼저, 자아경험집단으로 집단의 역동을 활용하여 참여자들의 개인의 의식을 변화시켜 인지발달에 도움을 줄 수 있어 유용하며 심리적 문제를 치료하기 보다는 문제 예방에 좀 더 초점을 맞춘 형태다. 집단촉진자의 역할은 참여자들이 자신의 대인관계나 자아개념 및 개인과 관련된 문제를 편안하게 나눌 수 있는 분위기를 만들어 참여자들이 자신이 원하는 발달적 초점을 다룰 수 있는 기회를 제공해야 할 것이다.

두 번째로 감수성훈련집단은 잠재능력을 발달시키는 것에 좀 더 초점을 맞춘 형태로 자각과 자신의 잠재력을 탐색하고 실현하도록 하는 과정에 유용하다. 이 집단은 감각을 통한 비언어적 활동을 선행하며 경험 나눔을 통한 친밀감을 촉진하여 내면의 감성을 깨우고 그것을 통해 자신과 타인에 대한 민감성을 높이는 관계강화의 형태이다.

세 번째로 학습집단은 학습자들로 하여금 학습저해 요인을 인식하고 긴장의 요인을 소거하는데 유용하므로 부모들의 관심으로 인한 비자발적인 참여자들이 많아 집단촉진자의 유연함이 한층 필요하다.

마지막으로 치료집단의 형태는 집중적 심리치료를 필요로 함으로써 성격장애와 관련된 경우가 많다. 이 집단참여자들의 대부분은 사회적 부적응이나 정상적 기능이 어려운 것과 관련된 문제를 소유하고 있으므로 전문적 기술을 지닌 집단촉진자가 필요하다. 그리고 치료집단은 다른 집단의 기간보다 좀 더 장기간이 필요하다고 볼 수 있다.

이외에도 시간의 길고 짧음과 단시간과 주말시간의 활용과 장소의 장단점을 고려한 활용, 몸동작, 미술, 모래놀이 등의 매체에 따른 다양한 접근의 형태가 지속적으로 연구되고 있는 실정인데 이는 인간의 다양한 성장 발달의 요구와 독특성을 인정하기 때문이다.

4 집단상담의 발달단계

집단상담의 발달단계는 집단상담의 구조화 및 비구조화 형태를 선택하고 참여자들의 신뢰감형성과 촉진자와의 신뢰감형성이 중요한 시기다. 먼저 구조화의 형태는 집단을 진행하는 방식에서 비교적 부담을 덜 주면서 자기이해나 타인이해를 돕는 형태로 좀 더 깊은 내적 탐색이나 상처 치료 및 성격의 개선을 목적으로 할 때 비구조화의 형태를 선호한다. 구조화 형태에서는 촉진자의 개입이 좀 더 많을 수 있으며 촉진자의 진행방식에 있어 비구조화보다는 참여자들의 자유로운 표현이 축소될 수도 있다. 그러나 일반적으로 집단을 진행할 때 구조화로 시작해 비구조화의 형태로 확장시켜 가는 것도 바람직하다. 그러므로 비구조화의 형태를 살펴본다면 비구조화 형태는 집단상담의 한 형태로서 여러 사람이 모여 서로의 패턴을 이해하고 문제 행동을 수정하고 지지와 격려를 연습할 수 있는 강력한 모임이다. 비구조화 집단을 통해 경청, 공감능력, 타인에 대한 이해, 자신의 타인수용능력, 대인관계 패턴, 자기주장 패턴 및 의사소통 능력 등을 탐색하고 이해하면서 성장과 치유의 디딤의 기회가 될 수 있다. 그리고 비구조화 형태에서 촉진자의 개입보다 참여자들의 생각과 감정을 표현할 수 있는 허용도가 높아 자유감이 훨씬 높을 수 있으나 참여자들의 역동성에 따른 촉진자의 민감성과 직관성에 따른 상황 대처능력이 매우 중요한 형태이다. 그리고 집단참여자들과의 저항적 요소를 살펴 대처라는 저항단계가 있으며 다시 집단참여자들의 상호신뢰증진의 응집성단계로 들어간다. 그리고 역동성을 통한 통찰과 변화의 단계로 들어가며 자신의 실생활의 적용측면을 고려하는 것이 마지막 단계이다. 집단상담은 서로의 역동성을 활용하여 각자의 실생활의 문제를 지혜롭게 극복하는 또 다른 새로운 대안을 찾는데 초점을 맞춘다. 이 것이 자신의 문제해결을 통한 성장으로 가는 방향에 격려와 지지로 각자의 정신건강에 도움을 주고받을 수 있다. 그러면 다음과 같은 단계를 살펴보기로 한다.

탐색단계

탐색단계는 집단의 구조를 결정하고, 집단을 알리고, 참여자들의 기대를 탐색하며 참여자들 간에 정체감과 신뢰감을 형성하는 단계로 참여자는 자신의 느낌이나 관점을 자유롭게 표현할 수 있는 안정된 분위기를 이끌어 가야 하는 단계이다. 이 단계에서는 전형적으로 참여자들은 집단에 관한 어떤 기대와 집단 상호 간의 부

자연스러움과 낯섦에 대한 걱정과 자신이 집단에서 받아들여지지 않거나 거부 되어질 것을 생각하거나 혹은 공격받지 않을까에 대한 걱정도 하게 된다. 그리고 참여자들은 자신에 대한 내적 초기 불안을 지니고 있는데 이 불안은 자신의 문제를 보고 싶지 않고 남들에게 드러내고 싶지 않거나 혹은 자신이 감정을 주체하지 못하거나 자신이 통제할 수 없는 문제가 발견될지도 모른다는 불안감을 느끼기도 한다. 촉진자는 이를 솔직하게 표현하도록 하는 것이 중요하므로 이러한 시작시점의 탐색단계는 침묵과 서투름의 시기임을 인정하고 지금-여기의 상호작용에 초점을 맞춰 참여자들이 순간의 자신의 생각, 느낌 및 행동에 주위를 기울이도록 해야 한다. 즉 이 단계에서는 자기개방에 대한 유무와 정도, 탐색결과에 대한 피드백, 불일치 해결 및 참여자가 경험하는 변화에 대한 양가감정(ambivalence)을 탐색하게 된다. 특히 사람들은 변화가 필요한 상황에 처하면 변화하고 싶기도 하지만 그렇지 않고 싶은 양가감정을 느끼게 되므로 양가감정의 대립으로 인한 긴장상태가 높아진다.

그러므로 이 단계에서는 무엇보다 촉진자가 아주 민감성을 발휘해 구체적으로 격려하여 참여자가 이미 가진 변화의 동기를 강화할 수 있도록 돕는 중요한 역할을 해야 한다. 그러므로 촉진자는 먼저 적극적 경청과 적절한 자기개방으로 참여자들에게 모범을 보여야 한다.

역동저항단계

역동저항단계에서는 참여자들이 집단장면과 다른 집단참여자에 대하여 부정적인 정서적 반응을 나타내는 것으로 투사적 특징이 두드러지게 나타나기도 한다. 집단을 돕는 촉진자와 참여자들이 역동적 저항을 어떻게 인식하고 처리하는가 하는 것은 집단상담의 전체 과정에 중대한 영향을 미친다. 역동적 저항을 잘 처리하기 위해서는 먼저 그것을 올바른 인식과 올바른 대처에 대한 자신의 감정과 생각에 대해 자각하게 도와야 한다. 참여자들의 역동적 저항을 무시하거나 부정적으로 보면 집단참여자들은 생산적인 단계에 도달하지 못한다. 역동적 저항은 자신이나 다른 사람들이 개인적인 문제나 고통스러운 느낌을 깊게 탐색하는 것을 막거나 방해하는 행동을 말한다. 역동적 저항은 집단과정에서는 피할 수 없는 현상이며, 역동적 저항을 인식하지 못하거나 탐색하지 못하면 집단과정이 심각할 정도로 방해받아 와해 될 수도 있다. 그렇지만 역동적 저항은 삶에 접근하는 전형적인 방어의 한 부분이기 때문에, 반드시 극복되어져야만 하는 것은 아니다.

그러므로 이 단계에서 촉진자의 주된 역할은 적당한 때에 즉각적으로 집단에 개입하는 것이다. 즉 집단 내에 존재하는 저항과 불안에 대한 참여자들의 저항과 방어에 직면하고 해결하기 위해 필요한 지지와 도전을 제공하는 것이다.

응집성단계

응집성단계에서는 일반적으로 집단행동에 대한 확실한 효과를 갖고 오는 한 요인이 집단응집성이므로 역동적 저항의 단계를 넘어서면 집단은 점차로 응집성을 발달시키게 된다. 집단 응집성은 참여자들을 집단에 머물게 하는 강한 힘의 작용이라고 정의했다 (Festinger, 1950). 집단응집성은 집단소속감을 위한 필수 조건이 되며 참여자들이 서로에 대한 관심이 생겨 상호간에 개인의 집합을 하나의 '집단'으로 전환시킨다는 것이다. 집단전환의 요인들은 공동목표를 성취하기 위한 협동적 상호의존성, 태도 유사성, 물리적 유사성, 공동운명, 타인으로부터 받는 호감과 승인, 집단과제의 성공 등이 포함된다. 이 단계에서 참여자들은 자신의 이야기를 하면서 자신이 자기의 감정을 적절하게 표현하는 것이 어렵다는 것을 알게 되고 진실된 마음이 전달되는 과정을 느낄 수 있고 상대방의 공감을 통해 과거 자신의 혼란을 만날 수 있으며 현재 자신이 선택한 삶의 모습을 현명하게 진행할 수 있음을 반추하게 된다. 즉 참여자들의 나눔에서 자신의 삶을 되돌아보고 더 나은 미래를 위해 행동과 사고를 변화시키기는 노력을 하게 된다. 응집성단계에서는 집단생산성과 수행을 높이고 집단규범에 대한 동조를 증가시키며 사기와 자기만족을 향상시킨다.

집단역동에서 부정적인 감정이 극복되게 되면 점차 조화적이고 협력적인 집단분위기가 발전된다. 집단참여자들은 집단에 대하여 좋은 느낌, 즉 적극적인 관심과 애착을 갖게 되고 집단촉진자와 집단참여자들과 자신을 동일시하게 되며 상호간에 신뢰도가 증가되고 집단의 사기가 높아진다. 이 단계에서 참여자들은 점차 서로의 의견에 경청하고 긍정적 모습으로 비언어적(고개 끄덕임, 미소 등) 피드백을 제공하며 모두 개인적인 힘을 얻을 수 있다. 그러나 이 단계에서 발달된 응집성은 자기만족과 다른 사람에게 호감을 사려하는 경향에서 초래된 것이기 때문에 생소한 집단에서 자신을 드러내며 관계를 맺는다는 것에 대한 불안이 잠재되어 있음을 깨달을 수 있다.

그러므로 이 단계에서 아직은 생산적이 되지 못하지만 세상에서 경험하지 못한 격려와 지지 및 인정을 통해 모든 것을 표현할 수 있는 생소한 자유를 경험하며 심적 부담이나 불안요소도 점차 감소하리라는 기대감을 갖게 한다.

생산단계

생산단계는 자기통찰이 이루어지고 행동사고의 긍정성이 증진되는 단계로 집단참여자들은 갈등에 직면해서도 그것을 취급하는 방법을 학습하여 능동적으로 처리할 수 있게 되고, 행동에 대한 책임을 질 수 있으며 집단문제 해결의 활동에 긍정적이고 적극적으로 참여할 수 있게 된다. 또한 그들은 다른 사람의 가치관과 행동에 대하여 보다 큰 관용의 태도로 수용할 수 있게도 된다. 즉 서로의 의견이 달라도 자신의 감정을 부드럽지만 분명히 전달할 수 있으며 의견을 나눌 때도 상대방의 생각을 알고 삶의 방향을 좀 더 발전적으로 생각할 수 있고 다른 방향과 혹은 절충방식을 체득할 수 있게 된다.

그러므로 이 단계에서 개인은 대인간의 상호작용을 통하여 자신에 대한 깊은 통찰을 얻게 되고, 그 결과 그의 행동을 변화시킬 수 있는 준비도 이루어지는 것으로 서로 다른 의견들이 적절하게 피드백 하는 과정에서 통합되어가는 과도기적 단계의 집단상담을 경험하게 된다.

통합과 종결단계

집단상담에서 사전 단계들이 모두 중요하지만 통합종결단계가 매우 중요하다. 이 단계는 집단참여의 목적을 이루고 깨달은 내용을 일상생활에 적용하려는 의지를 굳히고 참여자들이 집단에서 학습한 것을 실생활로 옮길 수 있도록 격려하는 단계이다. 즉 참여자들에게 집단에서 경험한 것의 의미를 명료화하고, 미결부분을 협력하여 마무리하고 통합 및 해석하는 시간이다. 이 단계에서 촉진자는 집단에서 배운 것을 이해, 통합, 강화 및 기억하는데 도움이 될 개념적 틀을 개발하도록 참여자들을 격려하고, 참여자들이 서로 건설적인 피드백을 줄 수 있는 기회를 제공하며, 집단이 끝난 후 지속적인 비밀 유지의 중요성을 재강조하여야 한다.

그러므로 이 단계에서 촉진자는 참여자들에게 집단에서 경험하고 배우고 깨달은 것은 앞으로의 생활 장면에서 '어떻게 적용할 것인가?'에 대한 것을 생각하고 나누게 하여 변화가능성에 대한 희망을 갖도록 도울 수 있어야 한다. 그리고 촉진자는 참여자들 상호간에 집단과정과 목표달성 정도에서 미해결과제나 미진한 사항을 확인할 필요가 있으며 집단이 종료된 후에 추후지도로 인해 개인적 도움을 주거나 다른 전문가에게 의뢰하는 조치가 필요하기도 하다.

집단상담의 경험 종료 후에 자신에게 스스로 질문하여 평가할 때 자신은 좀 더 효율적인 자기성장을 유지할 수 있고 촉진할 수 있게 된다.

① 자신을 사랑할 수 있는가?
② 문제적 상황을 맞으면 융통성 있게 대처할 수 있는가?
③ 자신의 가치를 신뢰하고 추구할 수 있는가?
④ 집단경험이 일반적으로 자신의 인생에 어떤 영향을 미쳤는지?
⑤ 자신의 생활방식이나 태도, 대인관계에서 구체적으로 깨달은 것은 무엇인지?

⑥ 집단경험을 통해 자신의 인생에서 조금이라도 변한 것은 무엇인가?

⑦ 집단경험이 끝난다는 사실과 변하겠다는 결심을 실행하는 과정에서 문제점은 무엇인가?

⑧ 자신의 삶에서 중요한 사람에게 어떠한 영향을 미쳤다고 생각하는가?

⑨ 집단경험 후 위기를 맞은 경험이 있는지? 어떻게 대처했는지?

⑩ 집단경험을 하지 않았다면 현재 삶이 어떻게 다를 것 같은지?

⑪ 집단경험 후 자신에게 일어난 변화의 경험은 무엇인지?

집단상담에서 위의 각 단계를 경험하면서 참여자들은 서로 간에 신뢰를 형성하고 자신의 삶을 되돌아보고 더 나은 미래를 위해 행동과 사고를 변화시키기는 노력을 해야 함을 알게 된다. 이러한 자기 통찰이 이루어지고 행동과 사고가 긍정적인 방향으로 변화하는 계기를 통해 집단참여자들은 집단상담의 목적을 이루고, 배우고, 깨달은 내용을 일상생활에 적용하는 데 어려움이 없도록 할 수 있게 하는 계기가 될 수 있다.

5 집단상담의 기법

관심 기울이기
사람과 사람사이에는 관심 기울이기에 따라 관계의 정도는 달라진다. 우리는 사회 안에서의 무관심이 만연해 있다는 것을 누구도 거부할 수 없는 실태에 살고 있다. 예를 들면 무심하게 반응하고 무심하게 행동하는 경우가 많기 때문에 현재의 순간을 새롭게 인식하게 된다. 모래놀이상담의 과정에서도 많은 소품에 대해 무관심하게 바라보다가 자신의 내면에 관심을 갖게 될 시작점이 "여기에 이런 소품을 새로 장만하셨나요?"하는 질문을 받게 된다. 늘 그 자리에 있었던 소품이었지만 순간을 새롭게 인식하는 시작점이 되는 시점을 말하는 것이다. 관심 기울이기 행동의 중심이 되는 요소로 먼저, 말할 때 서로 간에 시선을 부드럽게 마주치는 것이다. 둘째, 느긋하고 수용적이며 부드러운 자세를 취하는 것도 중요하다. 마지막으로, 간단한 말이나 동작으로 즉각적인 반응을 보이며 진정한 상담자의 마음이 전달될 수 있어야 한다. 그러므로 말의 뉘앙스나 말의 속도도 대단히 중요하다. 그러므로 관심 기울이기는 비언어적인 격려의 태도를 전달하는 것이고 존재의 존중감을 전달하는 것으로서 안정감의 울타리를 만들어가는 것이다. 안정감의 울타리는 어떤 노출도 두려워하지 않을 수 있으며 자신감을 갖게 하고 표현의 통제를 받지 않는 자유로움을 갖게 된다.

사람들은 살아가면서 자신을 알고 있다고 하지만 얼마나 자신에 대해 알고 있는가? 나를 알아 가는데 스스로에게 관심을 기울이는 방법으로 다양한 기법들이 있으나 우리의 인식너머에 다양한 자신에 대해 알아간다는 것은 관심을 기울이지 않고는 새로운 인식은 있을 수 없다. 그러므로 집단상담이나 사회 안에서 관심을 기울인다는 것은 매우 쉽고도 어려운 것이므로 가장 중요한 첫째의 요소로 삼는다. 알아간다는 것은 관심부터 시작이 되기 때문에 들어가는 입구의 시작이 된다는 것이다. 그러나 관심 기울이기는 부정적 접근에 기울이기보다 가능성이나 긍정적 접근으로 관심 기울이기의 새로운 패턴을 경험하고 배워나가야 할 것이다. 그러므로 관심 기울이기의 효과성을 위해서는 전체적 반응의 민감성을 키워가야 하며 표현하는 방법을 함께 살피고 관심을 보여주는 적절한 격려의 이야기를 통해 자신 있게 표현하는 노력이 필요하다.

경청하기

우리 사회는 경청의 중요성은 알고 있지만 구체적인 경청을 배운 적은 없다. 어린 시절 "학교 다녀오겠습니다."라고 부모님께 인사를 하면 "선생님 말씀 잘 듣고 오너라."라고 하는 부모님의 말씀을 듣게 된다. 그러나 "다녀왔습니다."하고 인사를 하고 부모와 마주 앉으면 "오늘은 발표를 했니?"라는 말을 들을 수 있다. 우리 사회는 들으라고 하지만 발표를 하고 주장을 하는 사람이 똑똑한 사람이라고 여겨 듣기보다 주장하라는 강요를 소극적으로 받고 있지만 그것이 핵심이라는 것을 암묵적으로 알게 된다. 사실 우리는 경청의 중요성을 얼마나 알고 있는가, 경청은 상대방의 말을 귀담아 들어주는 행위로 그것은 상대방의 생각, 감정, 기대, 욕구, 우려 등 모든 것이 들어있으므로 필요한 적절함을 찾아줄 수 있게 하며 신뢰를 갖게 한다. 즉 경청은 더 나은 의사소통을 촉진하여 관계의 적절함을 제공하는데 이는 신뢰의 영역이다. 그런데 왜 경청이 어려울까를 살펴보면 우리는 상대에 대한 호기심과 관심보다는 말의 표현에만 머무르거나 답안을 찾으려는 이성의 영역만 활성화되어 있기 때문이다. 이는 우리는 경청을 교육에서 배운 적이 없고 답안을 찾는 소극적 경청의 중요성만 배웠기 때문에 귀담아 듣지 않고 습관적으로 듣고 선입견을 갖고 분석하며 듣기 때문이다. 이러한 것들이 관계의 걸림돌이 되어 인성을 해치게 된다. 이러한 경청은 습관의 요소이므로 소극적 경청보다 적극적인 경청을 하기를 권한다. 우리는 경청만 잘 하는 습관을 가져도 남들이 갖지 않는 좋은 습관을 가진 신뢰감 있는 사람이 될 수 있다. 경청의 방법은 상대방에게 집중해주고 눈을 맞추고 부드러운 얼굴로 중간에 끄덕여 주기도 하고 들은 이야기를 기억해 주며 핵심 언어를 통한 피드백을 나눈다면 함께 하고 싶은 사람이 된다. 적극적 경청은 상대방 말의 내용을 파악함은 물론, 상대방의 몸짓, 표정 그리고 음성에서 섬세한 변화를 알아차리고, 저변에 깔려있는 메시지를 감지하고, 나아가서는 그 사람이 말하지 못한 내용까지도 육감적으로 직감하는 것을 내포한다. 즉 적극적 경청은 공감의 힘을 만들어가는 것이고 관계를 더욱 강하게 만들어가는 가치 있는 요소이다.

명료화하기

명료화는 어떤 대화에서 말 속에 있는 불분명한 측면을 분명하게 하는 반응으로 다시 말해 중요한 문제의 밑바닥에 깔려있는 혼동되고 갈등적인 느낌을 가려내어 그 의미를 분명히 해주는 것을 말한다. 이는 집단에서 말하는 사람이 스스로의 주제와 감정을 구체화하여 재음미하도록 돕기 위한 것으로 모순된 점이나 모호한 측면을 질문을 통해 의미를 명백하게 한다. 예를 들면 집단원 중에서 "나는 어린 시절 나를 놓아두고 죽은 엄마를 용서할 수가 없다. 그러나 이런 말을 할 때마다 죄책감을 느끼기도 하고 그립기도 한데 이런 내가 매우 혼란스럽고 싫다."라고 말할 때 상담자는 "당신은 어머니에 대한 미움과 그리움을 동시에 갖고 있군요. 그래서 이 두 가지의 감정이 바람직하지 못하다고 느끼는군요."라고 말해 준다. 또 다른 예로 "나는 어제 꿈에서 골목을 도는데 한 남자를 만났는데 너무 두려워서 몸을 숨겼어요."라고 할 때 상담자는 "당신의 꿈 이야기에서 그 남자를 만나는 순간 두려웠다고 했는데 그 두려움은 구체적으로 어떤 의미인가요?"라는 등의 예를 들 수 있다. 그러나 이러한 명료화는 집단원이 왜곡과 과잉 일반화로 진술하는 경우가 있기 때문에 이럴 때 상담자는 개인적인 반응이 되지 않도록 하며 비판한다거나 빈정거린다는 인상을 주어서는 안 되고 강렬하지 않는 전달이 되어야 한다. 그래야 집단원은 이해받고 있다고 느낄 수 있게 되고 양가감정에 대한 명확한 감정을 분별할 수 있게 되며 모호한 의미를 분명하게 가질 수 있게 된다. 명료화는 상담자와 내담자가 서로 확실하게 의미를 이해하고 갈 수 있는 좋은 방법이 될 수 있다. 상담자는 집단원의 말 속에 내포되어 있는 것을 명확하게 해주며 감정, 생각, 관계와 의미를 분명하게 한 번 짚고 가는 길이지 정답은 아니므로 강요적이거나 충고적이 되지 않도록 해야 한다.

직면

집단구성원의 행동이 집단상담의 기능을 방해하거나 말과 행동이 일치하지 않을 때에 이에 대하여 직접적으로 솔직하게 지적을 해줌으로써 그로 하여금 자신에게 집중하게 하는 것이다. 직면은 매우 직선적이므로 집단원의 변화와 성장에 초점을 맞추고 있다고는 하나 적절한 시기를 포착하는 것이 중요하며 너무 비난적이지 않은 언어 표현이 중요하다. 집단구성원이 자신이 스스로 모르고 있거나 인정하기를 거부하는 생각과 느낌일 수 있으므로 심리적 상처를 줄 수 있다. 그러므로 구성원 개인이 그것을 받아들일 수 있는 준비가 되어 있는지를 고려해야 한다. 직면은 집단구성원을 배려하는 상호 신뢰의 맥락이므로 상담자의 좌절의 투사적 동일시의 일면이 되어서는 안 된다.

직면은 자신이 받아들이기 힘들었던 감정이나 생각 및 행동에 대해 거부해왔던 영역을 탐색하도록 하는 것이지 판단적 요소의 '넌 그런 사람이야'의 낙인적 전달을 하는 것이 아니다. 그러므로 직면은 적극적인 경청이나 섬세한 관찰에 의한 근거여야 효율적일 수 있다. 자칫 직면이 집단구성원의 부정적인 측면에만 초점이 맞추어져 혹독한 공격이 되어서는 안 된다. 특히 집단에서 이루어지는 직면은 집단공격의 측면으로 여겨질 수 있는 위험도 있다. 그러므로 직면은 상대에 대한 수용과 존중이 느껴져야 하며 자신의 오류를 스스로 알아차리게 하는 것이다. 집단상담에서 자칫 상처를 받을 수 있는 측면이 직면의 기법이 될 수 있다. 한 내담자가 '다시는 집단상담에 참여하지 않을 것'이라는 자신의 약속을 말하면서 집단상담에서 여러 구성원들이 상담자와 함께 '나의 방어기제가 나를 말하지 않게 하고 있다'라며 내면의 두려움을 내어놓으라는 것이 명령처럼 들렸고 위협처럼 들렸다고 했다. 자신이 만났던 많은 사람들보다 그들은 상담자들의 모임이어서 더 크게 상처를 받았다는 말을 듣고 한 내담자의 왜곡된 보고일 수 있다고 일축할 수도 있으나 상담자는 이러한 이야기에서 상처치유의 동반이 잘못 갈 수 있음을 시사하는 좋은 돌아보기의 일화가 될 수 있다. 그만큼 직면은 고차원적 기법으로 볼 수 있으며 부정적 약점들이 자신의 긍정적 측면을 막고 있다는 것을 인식하도록 도전받는 것이라 할 수 있다. 그래서 자신의 모순과 불일치를 통찰할 수 있도록 돕는 것이다.

피드백

피드백은 타인의 행동에 대한 자신의 반응을 상호간에 솔직히 이야기해 주는 과정으로 스스로 자신의 갈등을 표현할 수 있도록 지지하고 격려하기 위한 과정의 일면이다. 그러나 자신의 피드백이 어떻게 받아들여질까에 대한 두려움으로 주저하는 경향이 있게 되는데 이는 주관적인 판단에 의하여 전달될 수 있으므로 반감을 유발할 수도 있기 때문이다. 피드백의 과정이 유용하게 활용되면 집단구성원들의 긍정적 사고, 감정, 행동의 변화에 효율적이며 모델링의 역할도 될 수 있다. 그러나 집단 안에서 피드백의 기회를 맞을 때 우리는 이러한 상황이 익숙하지 않기 때문에 걱정을 하면서도 분석과 판단을 거침없이 내어놓는 분석가가 되어야 할 것 같은 언어를 할 때가 많다.

그래서 피드백의 안전성과 신뢰감 있는 분위기 조성을 위해 다음과 같은 면에 유의할 필요가 있다.

첫째, 도덕적 혹은 가치판단이 개입되어서는 안 된다.

둘째, 구체적으로 관찰 가능한 행동에 대하여 그 행동이 일어난 직후에 해줄 때 효과적이다.

셋째, 주는 이나 받는 이가 모두 피드백을 받을 마음의 준비가 되어 있는가를 고려한 후에 사용해야 한다.

넷째, 변화 가능한 행동에 대해서 피드백을 주어야 하며, 가능하면 대안까지 마련해서 주는 것이 좋다.

다섯째, 한 사람에게서 보다는 집단의 여러 사람들에게서 온 피드백이 더욱 의미가 있다.

여섯째, 피드백을 받을 때는 관심을 기울이고 상대방의 말의 내용을 확인해 보는 것이 중요하다.

위의 피드백의 유의점을 살펴보면서 우리는 좋자고 하는 말이 오히려 상대방에게 상처를 줄 수 있다. 그러므로 피드백은 바람직한 방향의 피드백 기술, 즉 사실에 근거해서 말하고 변화할 수 있는 것에 대해 말하고 판단하지 말고 사실에 대해서 말할 수 있을 수 있도록 학습할 필요성이 있다.

공감하기

공감은 상대방의 감정, 의견, 주장의 느낌에 함께 해주는 것으로 인지적인 측면과 함께 감정을 느끼는 것으로 자연의 언어이다. 자연은 서로를 방해하지 않으며 비켜가며 서로의 존재를 그대로 수용해 주는 방식으로 성장한다. 예로 연리지의 나무도 서로의 성장을 방해하지 않고 위로 옆으로 성장하는 그런 수용적 성장을 하듯 공감도 그렇다. 공감은 집단구성원들의 주관적인 세계를 감지하는 기법인데 상대방의 입장에서 느끼고 생각해 보아야 한다. 즉 상대방이 하는 말과 행위에 모든 관심을 집중하는 것으로 언어에만 치중하는 것이 아닌 비언어적인 면도 세밀하게 관심을 갖는 것이다. 공감은 온전히 안전하게 함께 존재해 주는 존재의 방식으로 상대의 경험은 겸허히 존중하는 것으로, 듣는 사람의 비움을 촉구하는 말하는 사람과 듣는 사람의 성장을 함께 촉구하는 하나의 기법이다. 그래서 로저스는 공감을 '내담자의 현상학적 세계에 들어가는 능력'이라고 했다. 우리가 상대방으로 하여금 공감을 받게 되면 자신의 인지, 정서, 행동의 특징을 다시 한 번 생각할 수 있게 하고 내면화 할 수 있게 된다. 상담자가 공감을 잘 하게 된다는 것은 집단구성원들과 의사소통을 원활하게 할 수 있게 하며 집단구성원들은 표현의 자유로움을 얻게 되어 어떤 것이든 표현할 수 있는 자신감을 갖게 된다. 사람들은 누구나 타인에게 이해받기를 원하기 때문에 이해해 주는 것으로, 이해는 느낌과 욕구를 듣는 것이 진정한 공감이라 할 수 있다. 공감은 동정해 주는 것으로 오해해서는 안 된다. 우리나라의 현실은 공감의 부재 현실 안에서 살아간다고 할 수 있는데 어린 시절부터 성적의 경쟁부터 시작해 주변보다 나 자신이 잘 살아가야 한다는 비교에 의한 처절한 생존의 삶을 배워왔다. 그러므로 우리는 다양한 '스토리가 있는 성공'의 이야기에 공감할 수 있어야 하며 '끊임없는 경쟁의 성공'에 대해 한 번 생각해 볼 수 있는 것이 공감적 사회를 만들 수 있는 계기가 될 수 있으리라고 본다. 공감은 '함께'의 의미를 확장시키는데 '함께'는 다 같이 행복하게 살 수 있는 초월적 힘을 갖고 있으므로 공감의 중요성은 모두에게 효율적 삶을 주는 것이다.

침묵

침묵은 내담자들이 자신의 생각을 모으거나 이야기 했던 상황의 혼란스러움을 정리하면서 통찰을 얻으며 심리적 지각을 명백하게 하는 등의 행위로 잠시 멈춤의 상태가 되기도 한다. 즉 침묵은 생각의 정리를 할 수 있고 능동적인 자세를 취할 수 있는 촉진의 시점일 수 있다. 그럴 때 상담자는 내담자를 바라보며 집중하고 있어야 한다. 왜냐면 내담자는 자신의 생각을 모았거나 회피하는 시간이 어느 정도 지나면 반드시 상담자를 바라보는데 그때 상담자는 내담자와의 눈맞춤을 놓쳐서는 안 된다. 내담자는 자신이 다른 생각을 했거나 회피하는 동안 상담자가 자신을 기다리고 있었다는 표시가 된다. 그리고 조용히 기다리는 상담자의 모습은 침묵을 깨려는 절박함을 느끼지 않고 허용하는 것으로 여겨 신뢰 형성에도 매우 도움이 된다. 이는 내담자의 침묵을 존중하는 것이고 침묵은 하나의 의사소통 방식인 것이며 서로에게 존중감을 확인하는 중요한 것임을 알아야 한다. 특히 청소년 상담에서 그들은 내면적 문제를 쉽게 말하지 않으려고 하는데 이런 경우 침묵하면서 기다려주어야 한다. 그러나 초보상담자들은 침묵을 불편하게 느끼고 자신이 상담자로써 제대로 하지 못하고 있는 상황일 수도 있다는 생각에 불안이 올라오면서 재빨리 말로 침묵을 채우려고 한다. 상담자는 문제의 해결을 성급하게 취하려는 자세는 바람직하지 않으므로 내담자를 기다려주는 태도를 유지하는 것이 도움이 된다.

저항다루기

상담자는 집단과정에서 야기되는 혼란과 분쟁 등에 개입하여 분위기를 진정시키거나 이야기의 초점을 조정해야 한다. 대체적으로 집단상담에서도 초기에는 자기개방이 힘들며 주의를 살피는 특징이 있다. 왜냐하면 자기개방을 했을 때 살아오면서 경험한 위협을 당하거나 무시당할 수 있다는 불안으로 경직된 자아의 방해 패턴이 드러나기 때문이다.

저항은 상담의 긍정변화를 방해하고 내담자의 무의식적 욕구 표출을 방해하는 것으로 불안으로부터 자신을 보호하기 위한 것의 일종이다.

Freud는 정신분석의 핵심 개념으로 저항의 개념을 정리했는데 '저항은 억압된 자료들이 의식으로 떠올라 오는 것을 막는 것으로 무의식적 자료를 생산하지 못하게 방해하는 모든 것'이라고 했다.

이렇게 방해받게 되면 무의식을 의식화하는 과정에서 스스로 알아차리지 못하는 것과 원치 않는 의식의 부분들이 다시 묻히게 되는 억압의 상태가 된다. 그러므로 상담자는 내담자가 숨기고자 하는 것이 무엇인지, 피하고자 하는 것이 무엇인지, 두려워하는 대상에게 무엇을 얻고자 하는 것인지에 대해 의미를 파악하여 집단구성원으로 하여금 통찰을 얻게 하는 것이다. 로저스는 저항이라는 용어 대신 방어라는 개념을 사용하였는데 이는 내담자들이 수용 받지 못하거나 평가, 지시, 판단의 태도를 가진 상담자에 대한 저항, 즉 불안으로 스스로를 방어하게 된다. 그러므로 내담자의 상담자에 대한 저항은 상담을 바람직한 측면보다 주로 문제나 감정에 대한 내담자의 표현을 상담자가 서투른 기법으로 다루는 것에서 연유한다고 보며 상담자의 전문적 자질과 인성적 자질에 대한 중요성을 다시 자각하게 했다. 이것은 상담에서 내담자의 변화와 성장을 위해 적절한 조건제공에서 상담자의 진솔성과 무조건적 수용, 공감에 대한 상담자의 태도에서 기인된다고 하는 중요성을 제공한 것이다.

6 집단상담의 장단점

집단상담의 장점

집단상담은 작은 사회의 축소판으로서 서로 도울 수 있는 신뢰의 분위기를 느낄 수 있고 안전하게 경험할 수 있는 의사소통의 기회를 가질 수 있다. 그리고 집단구성원들의 힘듦을 나눔으로써 세상에서 혼자 힘듦을 겪는 것이 아니라는 것이 위로가 되기도 하면서 힘듦을 극복하는 다양한 방법을 배울 수 있는 계기가 된다. 그러므로 집단구성원 개인의 효율성만 얻게 되는 것이 아니라 모두의 성장과 변화의 기본이 된다.

그러면 집단상담의 장점을 살펴보면 다음과 같다.

첫째, 집단상담은 여러 사람의 상호작용이 이루어짐으로써 개인 상담에서 잘 드러나지 않는 자신의 정서나 행동을 자각할 수 있다.

둘째, 집단촉진자나 다른 참여자들과 함께 비슷한 주제로 대화를 나누면 마음이 열리면서 자신의 태도와 행동에 대해 피드백을 받을 수 있다.

셋째, 안전한 집단상황에서 해 보지 못했던 새로운 행동을 경험해 볼 수 있다.

넷째, 다른 집단참여자에 문제를 통해 자신의 문제를 통찰할 수 있고 실생활에서의 문제해결을 위한 행동계획을 계획적으로 세우고 실천할 수 있다.

다섯째, 참여자들의 상호간 따스한 지지와 공감, 대인 신뢰감과 자기 존중감을 회복할 수 있다.

여섯째, 참여자들과의 관계에서 일반 사회생활에서 경험할 수 없었던 깊은 인간관계를 체험할 수 있어 새롭고 융통적이고 실생활에 필요한 대인관계 능력을 습득할 수 있다.

일곱째, 단시간의 상담으로 상담자의 노력감소와 참여자의 비용절감이 되므로 경제적이고 효율적이다.

여덟째, 학교나 기업에서 폭넓게 활용할 수 있어서 실용적이다.

아홉째, 집단상담은 실생활을 축소한 것 같은 효과가 있어 외부에서 경험하는 것을 집단에서도 경험함으로써 긍정적·부정적 감정을 다 느낄 수 있다.

집단상담의 이러한 장점을 요약해보면 이러한 집단경험을 통해 소속감과 동료의식도 발전시킬 수 있고 서로 생활양식을 탐색하고 그 안에서 성장적 틀을 만들 수 있는 여러 자원을 얻게 되는 실용성을 갖고 있다.

집단상담의 단점

집단상담은 다양한 장점의 측면도 있으나 개인적인 삶의 경험의 상흔에 따른 한계의 단점도 있을 수 있다. 예를 들면 한 번의 집단상담 경험에 너무 많은 기대를 걸어 집단상담자의 도움에 의존하거나 집단기법에 의존하며 자신은 수동적이어도 된다는 태도는 매우 위험하다. 즉 집단상담의 경험을 일시적 경험에 도취되어 그 자체를 목적으로 삼거나 부적절한 상담자의 촉진의 문제도 있을 수 있다.

그러면 집단상담의 단점을 살펴보면 다음과 같다.

첫째, 집단에 참여하는 다양한 사람들이 있으므로 비밀에 대한 보장에 한계가 있다. 그러므로 상담자는 집단에서 이루어지는 개인적 이야기에 대한 누설이 될 수 있으므로 비밀엄수를 강조해야 한다.

둘째, 집단상담으로 이루어지는 과정이어서 내성적이거나 말을 하기 두려워하는 사람에 대해 간과하기 쉽고 개인의 문제가 충분히 다뤄지지 않을 수 있다. 즉 상담자가 여러 참여자와 함께 진행하다 보면 완벽하게 다루지 못하고 넘어가는 경우가 있을 수 있어 개인 상담에 적절한 참여자를 안내하는 것도 상담자의 역할이 될 수 있다.

셋째, 참여자가 자신의 내면을 충분히 들여다보지 않는 상태에서 다른 참여자들이 말을 하면 자신도 무언가 해야 할 것 같은 집단적 압력을 받을 수 있다. 그래서 다른 참여자들의 피드백을 자신의 내면을 제대로 돌아보지 않은 상태에서 전적으로 받아들여 극단적 역동이 일어날 경우가 있을 수 있다.

넷째, 집단상담 자체가 회피의 장소가 되어 목적이 집단상담의 쇼핑자가 되어 재미의 대상이 되는 위험이 있을 수 있다. 이는 집단상담 자체가 성장을 위한 것이 아닌 집단을 옮겨 다니며 현실도피의 수단이 될 수 있다는 것이다. 따라서 집단상담자의 전문적 경험을 바탕으로 집단구성원들의 상담목적에 적합하도록 집단프로그램을 구성해야 하며 집단역동에 대한 깊은 이해와 경험을 쌓는 것이 중요하다.

7 집단상담의 참여 적합성과 부적합성

집단상담의 참여 적합성 경우

집단상담에 참여하는 구성원들은 병리학적 문제를 가진 사람들이 아닌 정상적 발달과업의 문제나 자신의 태도변화를 필요로 하는 것에 초점을 맞춘 것이다.

그러므로 집단상담이 필요한 경우는 다음과 같다.

첫째, 단체생활에서 다른 사람의 생각이나 의견을 수용하지 못하고 함께 하는 협동적 활동을 거부해서 관계의 불편함을 갖는 경우가 많으므로 이런 사람들은 다른 사람과의 유대감과 소속감, 협동심 향상이 필요하다.

둘째, 자신의 관심사나 자신의 문제에 대해 객관적으로 반응과 조언이 필요한 경우이다.

셋째, 다른 사람들에 대한 존중과 배려를 습득하고자 하는 경우이거나 동료나 타인의 이해와 지지가 내담자의 행동변화에 도움이 되리라 판단되는 경우에 필요하다. 이는 자신의 행동변화는 자신에 대한 존중감을 싣고 있으므로 타인에 대한 배려는 저절로 되는데 이때 변화에 대한 많은 지지와 격려가 필요하다.

넷째, 대인관계에서 의사소통이나 자신감과 사회적 향상 기술의 경험과 습득이 필요한 경우로 먼저 자신과 타인의 의사소통의 차이를 쉽고 안전하게 살펴볼 수 있는 상황이 집단상담이 될 수 있다.

다섯째, 자신이해와 타인이 보는 자신수용이 필요한 경우인데 집단상담에서의 안전한 분위기 안에서 참여자의 피드백을 수용하는 학습의 경험부터 시작할 수 있을 것이라고 본다. 자신을 수용한다는 것은 모든 자신의 행동이나 자신의 삶 자체에 대해 책임지는 것을 의미하며 자신의 장단점을 포함한 양극적인 현상을 한층 높은 차원에서 통합하는 것이므로 참여자들과 촉진자의 긍정적이고 조화로운 접근이 중요하다(Perls, 1973).

여섯째, 다른 사람들을 보다 잘 이해하고 다른 사람이 자신을 어떻게 보는지 알 필요가 있는 경우를 말하며 자기개방에 대해 필요이상의 위협을 느끼는 경우 등이 있다. 이는 평가받는 것에 대한 두려움을 갖고 있는 경우가 될 수 있으므로 다른 사람에 대한 이해보다 평가받을까 하는 자신에 대한 방어를 알아차릴 필요가 있다.

집단상담의 참여 부적합성 경우

그러나 위의 필요집단의 참여자라 할지라도 집단상담을 모든 참여구성원들에게 적용할 수 있는 것은 아니므로 집단상담에 부적합한 경우를 살펴보면 다음과 같다.

첫째, 가지고 있는 문제가 위급하고 원인과 해결방법이 복잡한 경우는 집단경험에 대해 많은 기대를 걸며 집단상담을 만병통치약이나 즉시 처방될 수 있는 것으로 단정 지을 수 있어 기대에 대한 저항을 가질 경향이 높아진다.

둘째, 자신과 관련인물들의 신상을 보호할 필요가 있는 경우가 있는데 예를 들면 같은 단체에 있으나 서먹한 관계에서 자신의 경험을 내어 놓았을 때 다른 사람들에게 전달될 우려가 있을 때의 부담감이 될 수 있다.

셋째, 자기 자신에 대한 통찰력이 극도로 제한되어 있을 경우에는 쉽게 상처를 받을 수 있는 가능성도 높고 참여자들에 대한 적대감이 높아지게 되어 온전히 집단경험을 수용할 수 없게 된다.

넷째, 다른 사람들의 주목과 인정을 강박적으로 요구할 것으로 판단되는 경우에 어떤 참여자들은 자신의 문제를 집단에 내어 놓고 행동을 변화시키려하기 보다 지지만 받으려고 수용과 이해를 오용하기도 한다.

다섯째, 집단공간에 발언하는 것에 대한 심한 공포가 있을 경우에 집단에서의 압박으로 느끼는 강도가 높아짐으로써 상당한 고통을 경험하게 된다.

여섯째, 대인관계 태도가 극도로 불손한 경우에는 집단참여자들의 역동을 부정적으로만 자극하고 반응하는 계기가 되어 집단상담의 기능을 마비시킬 수 있다. 이때 촉진자가 통제력을 잃어버리면 참여자들에게 심리적 피해를 입히는 결과를 가져올 수 있다.

일곱째, 일탈적인 폭력성과 성적 행동의 가능성을 가지고 있는 경우도 촉진자의 순발력과 분별력 및 유연성을 발휘하여 적절한 안내가 필요하다.

여덟째, 집단상담은 심리적 성장만큼 상처받기도 쉬우므로 정식 훈련을 받지 않은 사람이 집단을 이끌어 갈 때 부적절한 안내로 인해 문제가 발생할 수도 있다. 그러므로 촉진자의 유능감과 집단경력의 경험이 필요하다. 그리고 참여자가 극도의 부정적 자아개념을 갖고 있거나 자기존중감이 매우 낮다면 집단상담의 참여구성원으로 참여시킬 것을 제한할 필요가 있다.

이렇듯 집단상담에서는 자기이해와 수용을 위해 자신의 표현의 안전감이 있어야 하는데 쉽게 몰입가능하며 자발성의 역동이 필요하다. 그러기 위해 집단 안에서 표현촉진과 쉬운 표현증진의 매체가 필요한데 이를 집단모래놀이상담으로 접근하고자 한다.

집단모래놀이상담은 제2부에서 설명할 것이다.

8 집단상담자의 역할

집단상담의 기본적 전제는 집단상담자 자신이 집단의 총체적 상호작용에 큰 영향을 미치는 요인으로 작용하기 때문에 집단상담 상담자의 인격적 특성이 매우 중요하다고 본다. 즉 집단상담의 질은 집단상담자의 능력에 크게 의존하므로 집단활동을 효율적으로 촉진하기 위해서는 집단지식과 다양한 임상경험을 가진 전문적 능력이 요구된다. 그러나 집단상담의 매 회기마다 상담자의 인성적 특성과 가치 및 삶의 경험은 집단구성원들에게 성장과 변화를 촉진시키게 된다. 그러므로 집단구성원들의 성장 변화를 위해서는 집단상담자의 성장지향적 생활이 매우 큰 영향을 미친다.

집단촉진자의 역할을 종합적으로 간추려 보면 다음과 같다.

첫째, 분위기 조성으로 집단분위기는 집단상담 과정의 발전에 활력소 역할을 하기 때문에 집단촉진자는 허용적인 집단분위기와 심리적인 안정감을 줄 수 있는 장면을 조성해 주어야 한다. 그러므로 촉진자는 진정으로 함께 할 수 있어야 하는데 이는 진심으로 관심을 가지고 참여자들의 심리 상태를 파악하고자 노력하는 것이다. 이러한 촉진자의 자세가 되면 참여자들은 어떤 것을 나누어도 지지받는 느낌을 가지고 서로 신뢰하는 분위기로 존중받는 느낌을 가질 수 있도록 하므로 무조건적 수용이 필요하다.

둘째, 집단구성원들에게 자기 탐색을 유도하는 것도 촉진자의 임무이다. 그러므로 행동적 시범에서도 집단상담자는 집단구성원들에게 바라는 행동을 집단상담자 자신이 먼저 시범을 보임으로써 참여자도 그렇게 하도록 돕는데 어떤 경우에는 다른 모델들을 활용할 수도 있다.

셋째, 집단규준의 제안 및 이에 대한 보호를 위해 집단촉진자는 참여자들이 그 집단에서 무엇을 어떻게 느끼며 행동해야 할 것이냐에 대한 아이디어를 시사해 줌으로써, 집단규준의 제안자로서의 역할을 시작할 수 있다. 또, 집단촉진자는 그 집단이 이미 채택한 집단규준에서 어긋나는 활동을 할 경우 이를 지적해 줄뿐만 아니라, 그 규준을 잘 지키도록 도와줌으로써 집단규준의 보호자로서의 역할도 담당해야 한다. 집단촉진자는 설정된 집단규칙, 한계, 시간관리기법 등을 적절한 수준에서 유용하게 사용하고 집단자료를 새롭게 처리하고 구성할 수 있어야 한다.

넷째, 의사소통 및 상호작용을 촉진하는데 있어서 집단촉진자는 집단으로 하여금 의사소통을 방해하는 요인을 극복하고 원활한 상호관계를 발달시키도록 적극적으로 도와주어야 한다.

다섯째, 집단상담자는 조력자, 참여원 및 전문가로서의 조화로운 참여를 하며 집단의 초기 단계에서는 참여자들이 집단과정의 모든 책임을 돕는 이에게 맡겨 버리는 경향을 강하게 띠게 된다. 집단촉진자는 학습 경험에 대한 촉진자, 조력자로서의 기능을 하는 사람에 불과하다. 그렇지만 집단촉진자는 집단과정과 집단역할에 대하여 지식으로나 경험적인 면에 있어서 우월한 위치에 있기 때문에 필요에 따라서는 전문가로서의 기능을 발휘하지 않을 수가 없다. 이에 추가하여 그는 또한 처음부터 끝까지 그 집단의 한 성원으로 참여해야만 한다.

여섯째, 집단구성원을 심신의 위험으로부터 보호하기 위하여 노력해야 한다. 즉 신체적 부상이나 부당한 심리적 압박을 당하지 않도록 유의해야 한다. 또한 집단구성원의 권리도 보호받아야 한다.

위에서 말한 바와 같이 집단구성원들의 성장 변화를 위해서는 집단상담자의 성장지향적 생활이 매우 큰 영향을 미친다. 그러므로 집단의 변화는 촉진자와의 상관성이 매우 높다고 볼 수 있으므로 집단상담자는 전문가적 수련을 지속적으로 실행해야 할 것으로 보아 제2부에서 인성적 자질과 전문적 자질에 대해 좀 더 자세히 살펴보기로 할 것이다.

집단모래놀이상담

2부

1 집단모래놀이상담

집단모래놀이상담은 문제예방에 초점을 맞추거나 관계성숙을 추구하며 참여자들의 상호작용 역동을 통한 변화를 모래놀이의 작품을 통해 탐구한다.

김유숙, 야마나까 야스히로(2005)는 모래작품을 만드는 과정에서 자아발달과 사회성발달 및 관계발달에 대한 치유적 의미를 가진다고 했다. 집단모래놀이상담의 형태는 두 명 이상의 구성 모임으로 커플이나 가족 혹은 가족의 일부 그리고 각자 같은 이슈의 문제들을 고민하는 참여자들이 모여서 이루어진다.

집단모래놀이상담은 개인상담과 달리 대인관계의 문제를 소품을 이용한 창조적 과정을 통해 나누기 때문에 언어적 소통보다 좀 더 쉽다. 이는 바로 소품과 작품에 대한 호기심으로 사회적 관계가 쉽게 형성되며 감정접촉의 카타르시스 경험을 빠르게 맞닥뜨림으로써 자발성과 창의성을 더욱 촉진시킨다.

집단모래놀이상담에서 큰 비중을 차지하는 것은 감정표현과 공감능력을 모래나 소품의 감각적 접근을 통해 위안과 안전감으로 즐거움이 시작하기 때문에 긍정적 만족을 증진시켜 창조성을 활성화 시킨다. 창조성은 우리 모든 것에서 나오는 것인데 감각으로 시작해 감각으로 나옴을 경험을 통해 알고 있다. 인간에게 창조적 과정은 몸, 마음, 정서, 영혼 전체를 통해서 일어나므로 모래놀이에서 이미지를 활용하는 것이 창조적 에너지를 자극하고 본질의 길을 열 수 있다는 사실을 알 수 있다. 이에 집단모래놀이상담에 참여구성원들은 창조적 에너지에 의해 자연스럽게 공감분위기가 확산되며 살면서 힘든 부분이나 혼자만의 것이 아닌 유사한 힘듦의 경험을 비언어적 의사소통의 수단을 통해 위안을 얻기도 하고 서로 수용적 분위기가 쉽게 이루어지게 된다. 이러한 수용적 분위기는 다른 참여 구성원들의 문제 극복과정을 격려하게 되며 자신을 객관적으로 볼 수 있게 하고 스스로 용기를 갖고 대안을 찾아가는 자기탐구의 수단이 확장되게 된다. 이는 인간의 감수성을 자극하여 감정표현의 능력이 향상됨으로써 창의적 삶의 길이 향상되는 것이다.

집단의 역동은 참여자들의 삶의 축소판이므로 자연스럽게 자신의 가치나 태도를 집단에서 입체적으로, 감각적으로 쉽게 들어내게 된다. 그러므로 집단참여자들은 다른 참여자들로부터 자신의 감정표현이나 태도의 피드백을 작품을 통해 은유적으로 들을 수 있고 새로운 건강한 관계를 실습할 수 있는 장이 될 수 있다.

집단모래놀이상담은 놀이를 통한 집단참여자 간의 비언어적 매개체의 역동관계를 바탕으로 모래상자의 작품의 역동을 통해 상호작용과 자신을 되돌아보는 기회를 갖는다. 집단모래놀이상담에서 참여자는 사회생활에서 경험하지 못하는 지지와 무조건적 존중을 모래놀이작품을 통해 직접적으로 경험하며 문제의 수정과 소거보다 성숙을 추구하며 궁극적으로 자신의 더 나은 삶을 추구하는 상담을 경험하게 된다. 집단은 여러 사람이 참여하기 때문에 분위기가 상담이라기보다는 교육실제와 유사한 경험을 느낄 수도 있다. 특히 집단모래놀이상담은 모래놀이라는 놀이체험이 즐거움을 주어 자연스럽게 몰입하고 자발성을 촉진시킬 수 있다. 그러므로 집단모래놀이상담에 참여구성원들은 자기개방에 대한 두려움이 있기도 하지만 놀이를 하면서 자연스럽게 조금씩 개방적 모습을 서로가 경험하면서 신뢰감과 편안함을 느껴 자발적으로 이야기 할 수 있게 된다.

집단모래놀이상담은 목적과 대상에 따라 조금씩 다른 방법으로 진행되지만 집단모래놀이상담은 구성원들과 함께 모래놀이라는 특징적 매체를 통해 참여함으로써 자신만의 고유한 내면적 마음의 흐름을 모래상자 안에 표현할 수 있고 볼 수 있는 시각적 감각의 강화로 개인적이면서도 집단적인 치유와 성장을 참여자들과 함께 감각을 통한 가능성을 확장시킨다.

그러므로 집단모래놀이상담은 무의식적 소재에 대한 강력한 접근법으로 심오한 감정, 직관, 통합, 창조성, 인간경험의 총체성을 드러내 보여주는 표현적이고 투영적인 심리상담기법이다.

집단모래놀이상담은 매체를 통해 은유적으로 자신을 드러내기 때문에 집단상담에 활용하는데 있어 매우 안전하게 감정, 욕구, 충동을 표현하게 한다. 모래놀이의 이러한 간접적 특성이 매력적일 수 있으며 자신과 관련된 다양한 감정과 문제를 모래놀이에 투사

(projection)를 통해 편안한 감정으로 느낄 수 있다. 그리고 많은 사람들은 자기 삶 안에서 통제의 문제에 대한 자기권한을 못 느끼며 살아왔기 때문에 집단에서의 모래놀이의 표현과 상호작용 경험은 아주 중요하다. Sweeney & Homeyer(1998)는 모래는 위안을 주고 더 심층적 상담을 하는데 필요한 안전하다는 느낌을 자아내는데 도움을 주기 때문에 모래놀이의 경험은 그 자체로도 치료적 경험이라고 했다.

집단모래놀이상담(Group sand play counselling)은 일대일의 모래놀이치료의 만남 자체로도 중요한 이점을 지니지만 공동체의 집단 안에서는 점차 다양한 단위의 집단적 접근이 절실하게 요구되어지는 실정이다. 모래놀이는 많은 사람들이 치료적 접근으로 매우 큰 매력을 느끼며 어떠한 집단형태든 서로 공통적인 목적과 목표를 이루는데 서로 쉽게 도움을 주고받을 수 있다. 그리고 집단형태의 다양한 단위의 집단모래놀이치료는 커플모래놀이, 가족집단모래놀이, 학교나 시설의 집단모래놀이, 성별집단모래놀이, 연령별집단모래놀이 등 다양한 접근이 가능하다.

집단모래놀이상담은 다음의 기능성을 제공한다.

첫째, 유사한 욕구를 가진 사람들이 집단구성원이 되어 다른 구성원들로 하여금 지지하는 피드백을 통해 긍정적 역동을 불러일으켜 친밀감과 인간 신뢰를 경험할 수 있다. 집단에 속한 구성원들은 집단 안에서 내재된 어려움을 잘 이해하고 수용하는 감정을 전달할 수 있다.

둘째, 집단모래놀이상담은 집단적 힘과 책임을 공유하는데 있어서 모래상자의 작품적 요소와 소품 활용성으로 하여금 훨씬 더 흥미롭게 다가설 수 있고 놀이를 통해 쉽게 친밀감을 형성할 수 있어 잠재적 자원과 능력을 발달시킬 수 있다. 집단구성원과 상담 전문가에 의해 문제에 대해 지지와 통찰을 가장 쉽게 놀이 과정 안에서 제공할 수 있고 제공받을 수 있다. 즉 모래놀이 과정에서 새롭게 치료적 역할을 배우고 새로운 정보와 기술을 상호적으로 놀이와 작품을 통해 은유적으로 안전하게 방어적일 필요가 없이 습득하게 된다.

　모래놀이는 놀이 문화를 만드는 창조적 도구로서 가장 빨리 친밀감을 형성할 수 있게 하는 긴장이 아닌 이완의 교량이므로 퇴행을 촉진해 집단구성원들이 쉽게 익숙해지고 안전한 상황으로 느껴 자신의 힘을 기꺼이 집단구성원과 공유하는 용기를 보여준다. 즉 놀이는 예술을 탄생시키고 정서적인 부분이 예술에 필요하게 되기 때문에 자연스럽게 정서적 활용이 가능해진다. 삶이 예술이라는 말들을 하는데 예술은 '진짜'를 안내하는데 수용, 인내, 용기가 되며 인간의 모든 가능성은 내면에서 찾아야 한다. 인간은 살아가면서 창의적 사고를 점차 잃어가며 살아감으로써 새로움의 산물을 수반하는 에너지를 잃어가는 것이다. 개인마다 힘들어 하는 호소는 개인의 창조성이 억압받고 있다는 호소를 하는 것과 같다. 그러므로 모래놀이를 하는 것은 개인이 자신의 창조적 자아를 재발견하는 것이고 삶의 생기를 불어넣을 수 있는 활동이 놀이라는 특성을 확인하도록 하는 것이다.

　본 저자는 개별적으로 만나는 개인모래놀이에서 소품 하나를 가져다 놓을 수 없는 내담자를 만날 때마다 너무 안타까울 수밖에 없다. 창조적인 과정을 촉진할 수 있는 특성을 누구나 명백히 갖고 있는데 호기심과 관심의 영역의 소통을 닫고 살아간다. 그들은 두려움에 대한 증상으로 경험하고 표현하는데 자신의 능력을 방해받고 있는 것이다. 그러므로 최고의 장애는 내면의 두려움을 만나려 하지 않는 것이다. 언어는 표현을 격려하는데 더욱 두려움의 요소가 커지지만 모래놀이는 새로운 정보나 생각, 느낌을 작품을 통해 시각적으로 촉각적으로 느끼고 볼 수 있기에 새로운 것을 인식할 수 있게 됨으로써 통합적 감각의 통찰을 경험할 수 있게 된다. 그러므로 모래놀이는 사물을 바라보는 방법이 풍요로워지고 허용 범주보다 훨씬 큰 세상의 복잡성을 인식하는 능력을 확장시켜 모호함을 견디는 힘을 키우게 한다.

집단구성원들은 같은 공간에서 만나 자신의 작품을 구성하며 동시에 다른 구성원들과 함께 작품을 펼쳐 보이며 각자의 요구에 맞게 유연한 접근이 자연스럽게 이루어지기 때문에 분위기는 자유롭고 편안하다. 그리고 동일한 주제의 작품에서는 공통적 목표가 있으나 다양한 욕구와 대안에 상호작용적 도움을 받을 수 있고 개인의 의견도 존중받을 수 있다. 이는 다른 사람들에 대한 인식과 통찰로 개인의 독특성을 깨닫게 된다. 인간의 사회적 기능은 다양한 환경에서 독립적으로 기능할 수 있고 모든 사람들에게 영향을 주고받을 수 있다는 확신을 갖게 된다.

그러므로 현실에서 답 하나만 찾는 이성적 교육체제에서 모래놀이는 놀이의 형태와 매체를 통해 객관적으로 자신과 타인에게 도움을 줄 수 있으며 모래상자에서 즉각적인 새로운 변화의 상태를 만들 수 있다. 집단모래놀이상담을 위해 근본적인 모래놀이치료의 정의와 역사 및 이론적 접근에 대해 다루어 본다.

모래놀이치료의 정의

인간이 놀려고 하는 것은 사회적으로나 개인적인 요구에 부응하기 위한 본능적인 활동이며 물질적 보상 또는 대가를 바라지 않고 행하는 행위다. 놀이는 인간의 발달과정에서 적절한 건강의 지표이며 아동에게 있어서는 삶 자체의 활동이라고 할 수 있다. 네덜란드의 문화학자 Johan Huizinger는 인간이 원래부터 놀이로서 놀이에 의한 놀이를 위한 것으로 인간의 문화가 놀이에서 나온 것이며, 인간이 인간다울 수 있는 것은 놀이를 하기 때문이라고 주장했다. 이것이 인간문화와 놀이의 관계는 생존과 별개인 것 같으나 좀 더 질적인 생존과 관련되어 지는 것으로 인간의 놀이는 시대와 문화를 반영하는 특징이 있다. 그러므로 모래놀이상담은 놀이를 통해서 자신을 직접적으로 표현할 수 있으며 이를 통해 자신의 경험과 감정을 자연스럽게 나타낼 수 있는 아동부터 노인까지의 놀이에 매우 적합한 매체이다. 놀이는 심리적 이완을 경험하게 하는데 아동들보다는 성인들에게 놀이를 유도하는 것은 다소 어려울 수 있으나 모래놀이상담은 쉽게 놀이로 유도할 수 있는 심리치료 기법이기 때문이다.

모래놀이는 D. Kalff에 의해 창시된 치료기법으로 융의 분석심리학 이론에 기초해 발전시킨 기법이다. 모래놀이의 유사한 형태로 영국의 정신과 의사인 M. Lowenfeld에 의한 '세계기법(world technique)'도 있다. 칼프는 융의 격려로 로웬펠드에게 수련받았다.

모래놀이상담은 모래가 담긴 규격 모래상자에 소품을 활용하여 내담자의 경험세계와 내적 이미지를 창의적으로 표현하는 상징 과정의 치유법이다. 모래놀이상담은 모래상자에 표현된 상징을 해석함으로써 모래놀이의 본질을 확립해 나갈 수 있다. 모래놀이상담에서 Brenda(2013)는 상징적 의미는 소품과 모래의 구성물 내용에 담겨있으며 의식과 무의식을 연결한다고 했고 융은 이 과정을 '창조적 합성'이라고 하며 인간의 깊은 구조의 원형을 표현한 것이라고 했다(Rie & Harriet, 1994).

모래놀이상담의 특징은 자발적으로 자신의 세계를 상징적으로 표현한 것은 입체적이어서 훨씬 표현된 특성을 자연스럽게 느낄 수 있다. 또한 표현한 작품을 쉽게 옮기거나 변화할 수 있고 사진을 찍으면 평면적 작품으로 유지되고 간직할 수 있으므로 감각적인 다양한 표현과 변화는 자신의 경험과 감정의 정신적 변형을 허용한다. 그러므로 Jung(1961)의 심층심리에서 정신(psyche)이 스스로를 자율적으로 성장하고 치유하려는 성향은 정신적 변형이 허용된다는 개념의 정의와 같다.

즉 모래놀이상담은 표현을 촉진하며 자신도 모르게 자신의 내적 이미지를 순식간에 표현하는 표현 예술적 경향을 드러낼 수 있으므로 마치 저절로 작품을 볼 수 있게 느끼게 한다. 그러므로 본 저자(2012)는 '모래놀이는 눈을 뜨고 꾸는 꿈'이라고 정의했고 모래가 담겨있는 일정한 크기의 모래상자 안에 작은 소품(figure)을 이용하여 자연스럽게 표현하는 충분히 만족할만한 자유 경험의 놀이라고 했다. 이는 자신의 경험과 내면세계를 모래상자에 충분히 표현하는 과정을 통해 문제점을 수용하고 극복하며 자아를 활성화하여 성장 해 가는 치료방법을 말한다. 그러므로 본 저자는 모래놀이치료는 인간중심적인 인본주의 입장에서 이해할 수 있기에 아주 적절한 기법이라고 본다.

즉 모래놀이는 모래놀이 상담적 요소를 포함하는 신경증까지도 만날 수 있는 적절한 심리치료로서 마음을 투시하는 엑스레이 기구와 같고 깊은 우물을 퍼내기 위한 마중물과 같은 역할을 하는 것이다. 그러나 모래놀이심리치료는 '치료' 그 자체가 중요한 것이지 '모래상자작품 만들기'가 목적이 아니므로 꾸미기 부담을 갖거나 거부하는 내담자에게 무리하게 요구하지 않아야 한다. 성인모래놀이과정을 살펴보면 모래놀이상담에서 성인들은 두세 번 정도의 모래놀이작품을 표현한 후 더 이상의 표현에 부담을 느끼기도 하며 언어적 상담을 요청하기도 하는데 이때 모래놀이상담자는 유연성을 발휘하여 모래놀이상자에 소품으로 꾸미지 않아도 상담과정에서의 모래를 만지는 태도나 손가락으로 모래를 찍거나 하는 모든 퍼포먼스 행위가 모래상자에 드러난다.

이외에도 Ruth Ammann(1991)은 '영혼의 정원'이라고 했고 모래상자는 내담자의 정신세계를 보여주는 용기라고 했다. 김경희(2005)는 모래놀이가 동양적 철학을 내재하고 있어 자기표현을 억제하는 문화적 고통에서 진정한 자기를 만나는 여정에 치유적 기능을 한다고 하였다. 김유숙(2005)은 모래놀이에서 표현된 것들은 내면세계와 외부세계를 나타내며 이 두 세계를 중재하고 연결하기 위한 의식과 무의식을 잇는 접점으로 무의식에 이르는 통로라고 보았다. 그리고 모래놀이치료는 내담자가 작품을 만들면서 자아의 통제에서 벗어난 이미지를 전개하며 스스로 자기치유력(self healing)을 활성화하여 이끌어 내는 매개체라고 했다.

융은 인간정신의 통합을 향한 성장은 자연적인 성장과정으로서 자기만의 독특한 자기를 찾는 지향이라고 하며 이를 개성화과정이라고 했다. 융은 상상의 세계 속에서 자연스럽게 예술작품이 나타난다고 하면서 이것이 개성화가 진행되고 있음의 이미지라고 했는데 모래놀이의 작품이 바로 이러한 이미지의 출현인 것이다. 인간은 자신의 내적 심상을 통해 일상적 의식세계가 아닌 다른 깊은 곳에 성장 의지가 있다는 것이 치료목적인 것이라고 언급했다.

로저스는 인간은 근본적으로 자아실현 경향을 지니고 있음을 전제로 하며 끊임없이 자기성장을 향해 나아가는 존재이기 때문에 잠재력을 발휘할 수 있는 조건들만 제공되면 무한한 성장발달이 가능하다고 보았다. 그러므로 상담자는 권위적인 존재로 임하지 않으며 심리적 제공자로서 내담자에게 표현의 자유를 존중하여 진정한 창의성을 발휘하도록 자유로움과 안전감을 경험하게 한다. 모래놀이는 바로 창의성 예술의 장이며 자신이 만들어낸 새로운 것을 나누고 싶은 소망을 갖게 하는 존재로 임하게 한다.

모래놀이심리치료의 역사

모래놀이치료는 D. Kalff(1904~1990)에 의해 창시되었다. 그러나 좀 더 근원적으로 거슬러 올라가 보면 아메리카 인디언인 나바호족(Navajo)의 치유의식의 일환으로도 볼 수 있으므로 모래는 인간의 정신에 영향을 미치는 하나의 매체임을 알 수 있다. 모래놀이치료에서 로웬펠드는 칼프의 모래놀이치료에 매우 큰 영향을 미친 학자이다. 1929년 영국의 정신과 의사인 로웬펠드에 의해 '세계놀이(world play)', '세계기법(world technique)'이라 부르는 방법으로 아동들에게 의사소통으로 사용된 심리기법이다. 로웬펠드는 아동이 자신과 환경과의 관계가 조화를 이루는 의미를 아동에게 전하는 것이 성공적인 치료라고 했다.

1950년대 칼프는 로웬펠드, 위니컷(Winnicott) 등의 학자들로부터 지지를 받게 되었고, 1950년대 후반 자신의 이론을 통합하고 로웬펠드와 서신 교환을 한 후 모래놀이 기법의 창안자라는 것을 인정받아 '모래놀이치료(sand play therapy)'라고 불렀다.

칼프는 융의 이론적용과 로웬펠드의 세계기법을 통합하는 시간을 수년간 가졌고 모래놀이의 발전적 단계에 대해 Erich Neumann의 주장에서 이론적 확신을 발견하여 치유와 변형의 과정 설명을 위한 응용 가능성을 보았다. 노이만은 융의 개인제자였고 융학파의 개념적 틀인 정신내적 이론을 통합시켜 자기를 중심적 조직 원리로 자아와 자기 관계에 대한 초기 정신적 토대들을 설명했다. 그리고 칼프는 티벳의 달라이라마와 그의 추종자들이 티벳에서 추방되었을 때 8년 동안 자신의 집에 머물게 하면서 자연스럽게 달라이라마와 만남이 이어졌고 일본의 선불교 학자 스즈키와의 만남에서도 심오한 우주의 진리를 따르는 자신의 연구 방식을 강화하였다. 그러면서 자연스럽게 일본 융학회와 접촉하면서 일본에서의 모래놀이의 성황을 만들어갔다. 모래놀이는 상징과 비판단 모두를 강조하면서 로저스의 무비판적인 인간중심에도 영향을 받았다.

D. Kalff(1966)가 로웬펠드의 방법을 발전시킨 것은 융 심리학을 이용하여 모래상자의 표현을 상징적으로 해석하는 길을 열었다는 점이다. 또한 치료자와 내담자와의 관계에 주목해서 둘 사이에서 '모자일체성'과 같은 관계가 성립되면 내담자의 자기실현 과정이 촉진되어 자신의 힘을 자극하여 스스로 치유되어 간다는 것을 확신하였다.

1980년대 초기 도미니코(Dominico)는 다양한 크기와 모양의 모래상자를 사용하여 정상발달의 유아들에게 현상학적 연구를 실행하였고, 자신의 모래놀이를 '모래상자 세계놀이(Sandtray-Worldplay)'라고 부르며 새로운 모래놀이의 접근을 시도했다.

현재 영국, 스위스, 일본 등을 중심으로 모래놀이심리치료가 심리치료의 한 수단으로 활발하게 활용되고 있다. 일본에서는 1965년 스위스의 융 연구소에서 교육받은 심리학자 가와이 하야오에 의해 모래놀이심리치료가 시작되었고 단기간에 심리치료 연구자들과 현장에서의 치료자들에게 받아들여지면서 수천 명의 거대한 학회로 성장하였다. 또한 이미지치료에도 확대되어 커다란 성과를 거두고 있다.

우리나라에서는 융 이론에 기초한 모래놀이가 처음 소개된 것은 1975년 주정일 교수의 치료실에서 시작되었고 일본의 모래놀이심리치료개념과 많이 일치하고 있다. 이후 심재경(1994)이 '모래상자놀이치료법'을 번역 출판하여 모래놀이심리치료를 도입하는 계기가 되었다. 그리고 모래놀이심리치료를 연구하는 모래놀이치료학회, 모래놀이상자학회, 통합심리치료교육학회 등이 발족되면서 모래놀이에 대한 관심이 점차 증폭되었다.

2 인간중심 모래놀이상담

인간중심 집단모래놀이상담

집단모래놀이에서 인본주의적 인간중심 접근은 매우 안정적이다. 왜냐하면 인간은 살면서 감정과 표현을 억누르는 것을 먼저 배우며 살아가기 때문에 스스로를 사랑하고 사랑받는 일치성을 이루고 전체성이 될 수 있는 참 능력을 해칠 수도 있다.

인본주의적 접근에서 은유는 해석을 하는 것이 아니고 탐구를 하는 것이어서 더욱 안정적이며 '함께하지만 자신만의 길을 갈 수 있는 내면적 초대'가 될 수 있다. 여기서의 '내면 초대'는 자신의 또 다른 새로운 측면을 만나는 경이로운 경험을 하는 것이며 두려워하는 자신의 부정적 측면을 놀이의 대상 이미지로 만나며 안전하게 화해의 경험을 하는 것이다. 즉 안전하게 자신의 삶의 '돌아보기'를 통해 드러난 이미지를 '안아주기'로 대하면 긍정측면이 증가하여 자신감의 확장이 되고 부정측면은 감소하여 자신을 수용하는 기회를 갖게 되어 궁극적으로 긍정적 변화를 촉진할 수 있게 된다. 로저스는 인간중심 치료는 정서를 강조하고 정서를 인간의 행동에 영향을 주는 중심역할을 하는 것으로 보며 인간의 삶의 의미와 패턴을 이해하도록 도와준다(Stephen, 2008).

그리고 집단모래놀이상담에서는 각자의 은유를 만들어내지만 구성원들의 은유의 무리를 만들어 내기도 하면서 언뜻 보기에는 관계가 없어 보이는 복잡하게 짜여진 양탄자 같지만 일관된 전체의 상징을 드러내는 초월적 경험을 할 수 있게 한다. 그러므로 상담촉진자들이 내담자들이 만들어 내는 모래작품의 은유를 다루는 데 능숙하다면 구성원들은 한 번도 해 보지 못한 방식으로 문제와 감정을 강렬한 카타르시스로 경험할 수 있다. 이러한 카타르시스의 경험은 억제와 억압사이의 경계를 흐리게 할 수 있고 각자 통제의 에너지를 감소시켜 유연성을 증가시킬 수 있다.

여기에 인본주의의 휴먼모래놀이상담으로 접근하여 집단구성원에 대한 평가와 판단에 유의하는 의사소통기술을 적용한다면 자연스럽게 인간의 독특성에 대한 존중과 인간정신의 통합을 이루는 각 개인마다의 창조성에 감동을 받게 되며 인간의 존중과 수용력을 확장시킬 수 있게 된다.

그러므로 인본주의적 집단모래놀이상담은 감정을 경험하기 두려워하는 내담자를 도와주는 방법으로 매우 유용하다고 볼 수 있다. 또한 모래놀이작품을 묘사하면서 놀이와 활동을 소통의 수단으로 이용하므로 쉽게 자발적 활동이 일어날 수 있다.

인간중심의 집단모래놀이상담은 집단구성원들의 각자가 자신의 주관적 측면이 수용되는 경험을 통해 자아개념(self-concept)의 변형의 자원 활용과 긍정적 방향의 지속적인 성장을 돕는 것이다. 여기서 자아개념은 자신에 대한 지각과 가치관 및 자기가 되고자 하는 것을 포함한다. 칼프는 모래놀이에서 비언어적 방식은 감정의 비언어적 전달을 강조하는 동양의 관습과 조화되어 융과 로저스의 언어적 측면을 완화시켰으므로 로저스의 인간중심 접근에도 영향을 받았다. 인간이 영유아에서 성인으로 성장해가면서 경험하는 삶에서 감정과 표현을 받아들일 수 없는 억누름을 먼저 배운다. 그렇게 되면 우리의 욕구는 자신을 잃어가고 이러한 과정에서 사랑받고 인정받는 욕구의 일치성과 전체성의 능력을 헤칠 수 있다. 이는 정서와 느낌 욕구를 억제할수록 기억과 성격의 일부는 의식에서 멀어지고 표현의 세계는 상실되며 무의식적으로 외부세계의 평가를 받아들이며 진정한 자신보다 외부세계의 물질적·외적·육체적 의식에 익숙해지게 되어 가짜 자아를 섬기며 살아갈 수 있다. 그러므로 인간중심 접근 치료사의 역할은 인간이 본래 가지고 있던 능력을 회복하여 자신과의 관계로 돌아가는 과정을 용이하도록 도와주는 것이다. 내담자들은 자신의 내면세계를 모래상자에서의 작품장면을 통해서 드러내며 인간중심적 상담사는 모래놀이 기법의 언어적 부분을 통해 내담자의 이러한 경험을 향상시키려 노력한다. 인간의 성장을 도와주기 위해서는 우선 예측을 보류하고 비판을 삼가야 한다.

Rogers(1991)는 인간은 정서적·사회적 욕구를 충족하는 환경이 주어지면 본래의 모습대로 삶에 반응하고 편안하게 적응해가는 동인을 충분히 가지게 된다고 했다. 이에 Cain(2002)은 성장을 위한 최적의 환경을 만들어내며 인간은 본래의 모습대로 살아가는데 이것이 성장의 주목적이라고 했다. 인간중심에서는 인간의 성장요소에 안전한 환경제공과 인간의 유기체적 경험의 자각을 중요하게 여기며 이에 따른 삶의 긍정적이고 진취적이며 건설적인 특징의 성장을 꾀하는 것이라고 했다.

Sweeney & Homeyer(1998)는 모래놀이는 비언어적 소통매체로서 개인 내면 문제와 대인 간의 문제를 펼쳐내고 표현하고 이완하는 투사성을 활용하는 심리치료방식이라고 했다. Stephen(2008)은 인간중심 모래놀이의 활용을 제시했다. 인간중심 모래놀이는 치료에서의 비언어성에 대한 특성을 더 많이 이해할 수 있으며 모래상자의 작품세계에서 자신의 세계를 통제하는 능력을 즐기며 자신의 트라우마 회상의 두려움을 간접적으로 표현할 수 있는 편안한 감정을 느낄 수 있게 한다. 또 다른 측면은 모래놀이의 표현 측면에서 종종 감정이 강하게 표출되는 카타르시스의 경험을 할 수 있으며 놀이와 활동과 작품을 소통의 수단으로 이용할 수 있다. 모래상자에서의 작품놀이 활동은 은유를 만들어내며 각자의 상징을 가지게 되는데 인간중심에서는 이를 해석하는 것이 아니라 탐구하는 것으로 의미성을 소통하고 여기서 소통은 치료사들의 해석을 내담자와 나누지 않는다는 것이다. 마지막으로 모래상자의 작품 활동을 통해 은유를 다루는 능숙한 상담사(촉진자)와 함께 한다면 내담자(참여자)는 그들의 방식에서 새로운 차원의 문제와 감정을 경험할 수 있으므로 이는 깊은 자아개방을 촉진해 새로운 차원의 문제를 스스로 열어갈 수 있게 됨으로써 인간중심 상담에서는 상담자의 역할은 무엇보다 중요하다.

즉 인간중심 이론접근의 모래놀이상담가인 Stephen(2008)의 모래놀이 활용을 요약해 보면 다음과 같다.

첫째, 모래놀이는 운동감각적 특성을 가지고 있다. 모래는 위안을 주고 더 심층적인 상담을 하는데 필요한 안전의 느낌을 자아내는데 도움이 된다. 내담자들은 자신의 삶에서 권한 없음을 느끼는 경험이 많았으므로 모래상자에서 그들의 원함 방식으로 작품을 꾸미는 것은 그들의 세계를 통제하는 능력을 즐기는 경험을 할 수 있어 이 경험은 그들에게 매우 중요하다.

둘째, 모래놀이는 간접적이다. 많은 사람들은 과거의 트라우마를 재경험 하는 것을 너무 두려워한다. 이러한 두려움을 포함한 다양한 감정들을 모래놀이에서 투사를 통해 간접적으로 표현을 하게 되면서 점차 편안한 감정을 느끼게 된다. 처음에는 주로 동식물이나 무생물적인 상징물을 통해 자신을 드러내다가 점차 문제와 감정을 표현하는데 안전하다고 느끼게 되면서 간접적 방식으로 위협을 드러내기도 하고 관계맺음도 자신의 원함을 형성하며 점차 주관성에서 객관성으로 통찰의 측면을 갖게 된다.

셋째, 모래놀이에서는 카타르시스가 일어난다. 어떤 매체치료보다 모래놀이는 가장 빠르게 카타르시스를 경험하게 된다. 이를 '신비로운 체험'으로 느낄 수밖에 없다. 여기서의 카타르시스는 의식 밖에 있었던 혹은 이전에는 표현되지 않았던, 표현하지 않았던, 감정이 강하게 표출되는 것을 의미한다. 사람들이 갖고 있는 불편한 감정들은 상당한 심리적 에너지를 소비하게 되는데 표현은 아주 미비하게 하며 '이젠 됐어'라고 합리화하게 된다. 그러나 모래놀이에서의 표현은 감정표현의 두려움을 가진 내담자들에게 그들이 가고자 하는 경험보다 더 깊은 감정경험을 하게 되는 이완감을 가지게 된다.

넷째, 모래놀이는 포괄적이다. 모래놀이상담은 가족치료에 아주 적합한 매체이므로 놀이와 활동을 통한 소통의 수단으로 매우 효율적이다. 다양한 집단단위나 가족치료에서 표현할 수 있는 다양한 접근의 포괄적 놀이 참여의 매체이다. 예를 들면 어떤 집단에서 갑자기 모래를 쓸 수 없는 공간상황이 생겨 난감한 적이 있었다. 할 수 없이 모래를 빼고 상자 안에서 소품을 활용하여 여러 가지 이미지 놀이를 통해 표현의 창의성 놀이를 했다. 이를 이미지적 놀이치료에 대한 표현예술 놀이를 했다고 볼 수 있으므로 모래놀이는 아주 포괄적 접근이 가능한 유용한 도구라고 할 수 있다.

다섯째, 모래놀이는 은유성과 상징성을 가진다. 내담자는 사물의 본뜻을 숨기고 은근한 비유로 인상적인 표현을 한다. 내담자가 모래상자에서 자신의 은유를 만들어 낼 때 상담자는 상징성에 대한 의미를 살피게 되는데 인본주의에서는 이 상징성을 해석하는 것이 아니라 탐구하는 것으로 "이것은 무엇을 의미하지요?"라고 물을 수 있다. 그러면서 내담자의 언어를 따라가는 상담을 하게 된다. 해석과 판단으로 내담자를 내몰지 않아야 하며 내담자의 은유적 표현을 존중하며 겸손하게 따라가는 길을 가면 내담자는 자신의 내면의 방향을 자각하고 통찰하게 된다.

여섯째, 모래놀이는 깊은 자아개방을 촉진한다. 모래상자는 치료에서 새로운 차원의 문을 열 수 있다. 상담자가 내담자가 만들어 내는 모래의 은유를 다루는데 능숙하다면 내담자는 한 번도 해 보지 못한 새로운 방식으로 자기문제와 감정을 경험하는 용기를 갖게 된다. 그렇게 되면 내담자는 신뢰와 안정감을 갖게 되고 자신의 감정을 충분히 경험할 만큼 편안감을 느끼게 된다.

인간중심 집단모래놀이 요소

인간중심 모래놀이의 요소로 모래, 모래상자, 소품 그리고 가장 중요한 마지막 요소는 모래놀이상담사라고 보는데 집단적 요소에 서는 집단구성원도 간과할 수 없는 매우 중요한 요소이다. 인간중심상담의 핵심적 세 가지 요소인 일치성, 무조건적 긍정적 존중, 공감은 상담자의 태도가 만들어내는 분위기 안에서 내담자(참여자)의 성장을 경험하게 된다(Rogers, 1991). 즉 상담자의 태도가 내담자(참여자)의 성장의 동기를 만든다는 것으로 상담자의 태도와 역할에 대한 관계비중을 중점적으로 말하고 있는 것이 인간중심 상담이다.

본 저자는 어떤 동료가 했던 이야기를 떠올려 보았다. 그녀는 "당신이 인간중심이론을 좋아하는 것은 '아! 그랬구나, ~했나 보구나'하고 따라가는 것이 편해서 그렇지요?"라고 했다. 이에 인간중심 이론은 내담자(참여자)를 따라하는 흉내내기 학문인가? 상담자는 내담자의 모든 인생을 이론과 학문을 통해 저절로 알 수 있는가? 내담자의 인생을 무조건적 긍정적 존중으로 따라만 갈 수 있는 상담자의 태도가 될 수 있다면 최고의 상담자 아닐까?라는 생각을 했다.

인간중심을 수련하는 것은 삶의 의미와 패턴을 바꾸는 것으로 세상을 무조건 따라가는 것이 아닌 진짜 자기로 살아가는데 방해요인을 발견하고 수정하고 변환하는 것이라고 본다. 인간중심은 머리로 사고하는 학문이 아니라 실제적인 적용학문이고 관계학문이며 나아가 영성학문이다. 즉 인간과 동물의 차이를 알려주는 학문이어서 인간이나 동물적인 면에 머물러 있는 상태를 알려주는 증명학문이다. 인간중심에는 진짜 자신이 있고, 자신에 대한 사랑의 넘침은 세상에서 모든 사람들에게 자유로움과 성장을 함께 나누는 영성의 능력을 증진시키는 것이라고 본다. 영성(spirituality)은 자신 존재의 본질을 발견하게 하는 내적인 모습의 실현으로서 다른 사람들과 연결의 합일을 경험하며 커다란 자아에 이르는 가장 깊은 가치들의 의미적 실재라고 할 수 있다. 이는 살아가면서 영감을 주고받을 수 있으며 삶의 방향을 알려주는 근원이 되고 내적 생명을 발전시키는 영적수행이 된다. 영적수행은 종교성에만 의존하는 것이 아니라 기도, 명상, 각자의 잠재력에 의해 몰입할 수 있는데 영성을 믿고 자각하며 실천하는 행위이다.

Bugenthal은 삶의 순간에 우리 자신에 대한 자각이 높아지면 자기주도의 효과가 커지고 삶의 만족도가 높아진다고 했다. 이것이 인본주의 인간중심 치료이다. 인본주의 치료사들은 사람들을 자신들의 삶의 방식과 과정 그리고 일어나는 사건들에 대한 그들의 태도를 본질적으로 자유롭게 선택하는 존재로 본다. 사람들의 자유로운 선택은 책임감과 자각을 함께 가지게 되며 스스로 새로운 길이나 방향을 선택할 수 있게 된다. 그러므로 인간중심은 생각 없이 편한 것이 아니고 자아의 주인으로서 자기 자신을 존중하고 여기에 있는 모든 사람을 존중하는 편안함으로 진짜의 실체로 살아가는 것이다. 인간중심은 책의 이론과 학위의 개수로 형성되는 것이 아니라 자신과의 끝없는 관계노력으로 이루어지는 것이다.

3 집단모래놀이상담의 장단점

집단모래놀이상담은 즐겁게 동심회복을 허용하는 퇴행놀이가 되며 자연스럽게 감정을 표현하는 수단이 된다. 이 표현은 구체적 작품이 펼쳐지므로 그것에 대한 나눔이 용이하며 나눔을 통해 중요한 자신의 문제를 탐구할 수 있다. 집단모래놀이상담에서 창조적 과정에 중점을 두어 창조적 표현을 하게 되면서 스스로 자신의 작품을 통해 자신의 의미를 발견하게 되어 이것은 자신의 갇혀진 느낌을 해방시키고 변형시킬 수 있게 된다. 즉 창조적 표현은 받아들여지지 않는 사회생활에서의 감정들을 안전하고 수용적인 방법으로 다룰 수 있게 한다.

집단모래놀이상담은 연령 제한이 없어 성인들도 놀이를 하면서 편안하게 놀이능력을 되찾으며 창조성과 건강에 도움을 준다.

창조성의 주요 동기는 인간이 자신을 실현하고자 하고 잠재력을 발휘하고자 하는 경향의 치유력을 의미한다. Jung(1960)은 놀이는 환상의 역동적 원리이며 환상과 놀지 않으면 창조성은 태어날 수 없다고 했다. 그러므로 창조적 능력을 확장하려고 한다면 경험에 대한 개방성에 대한 훈련이 필요하다. 이에 집단모래놀이상담은 자신과 타인들이 함께 구성원이 되어 아무런 판단이나 평가를 하지 않는 안전한 환경의 경험을 통해 자신의 내적 기준을 스스로 발달시킬 수 있고 자신의 판단을 존중하는 경험을 하게 된다. Rogers(1980)는 인간을 허용한다는 것은 그 사람이 자기 내면 가장 깊숙한 곳에 있는 것을 생각하고 느끼고 그것이 되어 볼 수 있는 완전한 자유를 주는 것으로 완전한 자유는 창조성을 자라게 한다고 했다. 집단모래놀이상담은 이미지와 은유를 통해 표현하는 이상적 매체여서 이미지적 표현은 제한받을 필요가 없는 완전한 자유로움이 될 수 있다. 이미지는 상징적 표현으로 그것은 인간을 손상시키지 않으면서 억압된 느낌을 해소하는 단어의 의미를 넘어선 내면의 어떤 메시지를 들을 수 있다.

집단모래놀이상담의 장점을 간략하게 제시하면 다음과 같다.

① 촉진자는 참여구성원들에게 놀이 매체를 제공하므로 안전한 퇴행을 쉽게 형성할 수 있는 안전한 상황을 제공한다.
② 참여자들은 작품에서 표현한 자기 이미지가 있어 쉽게 나눌 수 있다.
③ 참여자들은 자신의 문제를 은유적으로 자유롭게 표현하고 볼 수 있다.
④ 참여자들은 이미지 표현을 통한 지지체계를 형성하므로 안전하게 나눌 수 있다.
⑤ 의사소통 기술이 언어적인 것의 한계를 깨달을 수 있으며 비언어적인 효과성을 알 수 있다.
⑥ 참여자들은 자신과 타인의 문제점의 차이와 접근방식의 차이를 이해하게 된다.
⑦ 참여자들은 도움을 받기도 하지만 도움을 주는 모래상자의 재구성의 경험도 쉽게 하게 된다.
⑧ 참여자들은 놀이의 중요성을 알게 되며 일과 휴식을 재정립할 수 있다.
⑨ 사회생활에서 경험할 수 없는 감정을 다룸으로 인해 자유를 체험하게 된다.
⑩ 집단모래놀이상담은 다양한 주제와 다양한 대상의 목적과

지향성에 따라 역할놀이나 즉흥변화 등 여러 가지 방식으로 사용될 수 있다.

위의 장점들은 인간이 도움을 받기도 하고 도움을 주기도 하는 기회를 갖게 되어 유연성과 수용성이 확장되어 자기발견, 자존감, 자기역량이 강화됨을 발견할 수 있게 된다.

그러나 집단모래놀이상담이나 집단상담의 단점을 살펴보자면 다음과 같다.

① 모든 집단참여자들에게 다 적용되는 것이 아닐 수도 있는데 개별적 도움을 받아야 하는 경우도 있다.
② 집단에서 심리적 성장만큼 심리적 상처를 입을 가능성도 지니고 있다.
③ 놀이에 대한 강력한 저항을 갖고 있을 경우에 쉽게 참여하지 못하는 경우도 있다. 이럴 경우 촉진자의 역량은 너무 중요한 부분으로 다양한 참여자들에 대한 준비가 되어 있어야 한다. 집단에서 촉진자가 통제력을 잃어 참여자들에게 심리적 피해를 줄 수도 있다. 촉진자는 참여자이면서 관찰자이면서 리더의 역할을 하기 때문에 장기적 임상 수련이 필요하기도 하다.
④ 집단모래놀이상담은 집단의 목표로 접근할 수 있으므로 개인적인 부분을 다루지 못하는 아쉬움이 있을 수 있다.
⑤ 집단모래놀이상담은 소품의 한계로 다 표현할 수 없는 경우와 소품의 다양한 상징적 접근을 개인적인 부분에 적용하는 것에 대한 한계가 있을 수 있다.

4 집단모래놀이상담의 효율성

집단모래놀이상담은 내담자의 경험을 포함한 내면세계의 이미지를 구체적으로 재현하는 작품놀이다. 이는 놀이를 통해서 자신의 문제를 훈습하고 극복할 수 있으며 현실원리를 자연스럽게 관찰할 수 있고 각자의 개성을 충분히 표출시켜 균형적 성장과 통합을 추구할 수 있다.

집단모래놀이상담의 참여자들은 집단의 작품 활동과 참여자들과의 상호역동 안에서 바람직한 인간관계형성의 참 경험을 할 수 있다. 그리고 자신의 내면에 대한 이해와 재발견의 기회를 획득하며 내면의 긍정성을 통해 스스로의 자가 치유의 힘을 회복할 수 있는 탄력성의 복원이 가능하게 된다.

모든 인간은 스스로 회복할 수 있는 회복탄력성의 능력을 소유하고 있고 자기실현적 존재이다. 그러므로 집단모래놀이상담에서의 주목적은 성장을 위한 최적의 환경을 제공하는 것이고 이 환경이 주어지면 삶에 편안하게 적응하는 반응적 동인을 발휘할 수 있게 된다. 우리의 의식은 그 자체로 만들어지는 것이 아니고 무의식 상태에 잠들어 있던 미지의 심연에서 솟아나는데 삶 전체를 통해 날마다 깨어난다(Jung, 1968).

집단모래놀이상담은 삶의 축소판인 참여자들의 상호역동을 통해 각자의 경험을 진행하는 과정에서 의미 있는 관계 맺음에 시간을 투자하며 문제를 보는 시각보다 사람으로 보는 중요성을 깨달으며 각자의 인격적 성숙을 돕는데 목적을 둔다. 이에 참여자들이 집단에서 긍정적 변화를 얻을 수 있는 핵심적 요소들을 살펴보고자 한다.

창조성

오늘날 상상력은 기계공학, 유전공학, 정보공학 등 테크놀로지를 뒷받침하는 상상력의 혁명은 이미 시작되었고 미래의 생산력은 상상력이라는 정신의 유희를 꾀하고 있다. 이러한 상상력은 어린아이들이 훨씬 풍부한데 그들은 놀이에 흠뻑 빠져있을 때 현실과는 다른 공간, 다른 시간 속에 있을 수 있기 때문이다. 성인들의 상상력은 제한되어 있고 한계를 경험하는데 현실에서의 일치성(congruency)의 전체경험을 방해받고 있기 때문이다. 그러므로 성인이 초록빛 낙원에 들어갈 수 있는 길은 어린아이 같은 풍부한 상상력 세계로 회귀하려는 노력을 할 때 성숙해 질 수 있다. 우리는 누구나 성숙해 지고 싶고 행복하고 싶은데 성인의 틀을 내려놓을 수 없어 그 틀 안에서만 보려는 안일함에 빠져있어 '하고 싶은데 하지 못하는' 양극성에 놓여있게 된다.

모래놀이는 작품 활동을 하는 과정과 작품에서 현실과 다른 공간과 시간을 제공할 수 있다. 그러므로 모래놀이집단상담 참여자들의 가장 큰 특징의 소득은 자신의 작품을 통해 자신을 볼 수 있고 타인의 눈을 통해 자기를 다시 볼 수 있는 재발견의 기회를 갖는 것이다. 모래놀이의 창작활동은 삶의 평범함으로 여기고 싶었던 것을 과장(exaggeration)하거나 가장(pretense)하면서 변형된 상태의 것을 만날 수 있고 자아나 자신의 정체성에 대해 은유적으로 표현할 수 있다. 융은 인간이 의미 창조세계를 만들고 이를 통합시키면 감정을 조절할 수 있게 된다고 했다.

로저스는 1940년 '심리치료의 신개념'이라는 강연에서 인지보다는 정서를 강조하는 접근법을 제안했고 성장을 위한 최적의 환경이 중요하며 감정과 표현을 억눌러 일치성의 능력을 방해할 수 있다고 했다. 여기서 일치성은 자신과 다른 사람들의 현재 상황을 자각하고 돌보는 자세의 반응이다. 이는 내담자의 성장을 극대화하는 것으로 먼저 치료자 자신의 일치성이 중요하다. 인간은 창의적 표현력을 타고나는 본성이 있는데 이는 자기를 드러내는 개성적인 표현을 높여주며 새로운 것을 스스로 발견하고 문제를 해결하고 계획하고 조직하는 힘을 증진시킨다. 그러므로 집단모래놀이에서의 창작활동은 자신의 작품을 통해 어린아이와 같은 호기심을 발동시켜 창의적 사고로 연결시켜 문제해결을 위한 통합적 사고로 전환될 수 있다.

Carole Watanabe는 창조성은 개인을 어려움과 두려움의 끝에서 건져내어 새로운 가능성인 신나는 여행을 하게 한다고 했다. 이렇듯 인간이 타고난 창조성을 깨닫는 것은 표현과정부터 시작하는 것으로 창조성의 원동력은 심리치료에서 치유력과 같은 것으로 아주 깊은 곳에서 발견된다. 이것은 인간이 생명체 안에 존재하는 방향성, 즉 자신의 모든 능력을 표현하고 실현하려는 성향을 의미하는 것이고 영혼회복 작업이라고 했다(Natalie, R. 2011).

우리는 창조적으로 되기 위해 감각의 시스템을 먼저 사용한다는 것이 중요하다는 것을 알고 있다. 이는 모래놀이에서 작품 활동을 하는 과정과 작품을 만나면 명확하게 생각하고 내적 균형을 잡는 우리의 능력이 즐겁게 향상되며 창조성이 증대된다. 이러한 집단참여자들의 다른 창의적 관계를 깨닫게 하고 집단의 과정을 긍정적으로 북돋우는 역동이 되고 창의적 표현능력을 기르는 길이 된다. 창의적 표현능력은 일상에서의 스트레스 상황 시 다양한 대안을 설정할 수 있는 능력을 배양할 수 있으므로 삶을 융통성 있게 대처할 수 있게 된다.

회복탄력성

모든 인간은 살아가면서 역경에 대한 상황을 피해갈 수 없는 회복탄력성의 필요 대상이라고 해도 과언은 아니다. 역경의 스트레스는 사람을 손상시키고 문제 있는 파괴적인 삶의 도전으로 여겨 삶을 지탱해 가는데 정신적 외상이 될 수 있으므로 회복탄력성이 삶의 치유에서 대단히 중요한 필수요소이다.

회복탄력성은 여러 역경을 겪는 상황에서 효율적인 개인적이고 사회적 기능을 위해 희망과 자신감을 가질 수 있도록 도울 수 있는 마음 근력의 반응이다. 이 마음 근력인 회복탄력성은 자아통제 수준을 유연하게 도울 수 있으며 환경적 적응력을 높이고 불안감을 낮추어 안정적으로 대처할 수 있게 하며 긍정적인 심리상태로 경험에 대한 개방성을 갖게 하여 적극적 참여를 가능하게 하는 시스템 요소이다. 즉 내적인 긴장을 적절하게 해소하고 역경에 대처해 나갈 수 있는 내적 적응 능력으로 역경으로부터 다시 일어날 수 있고 역경의 경험을 풍부한 자원으로 만들 수 있는 능력이다. 그러나 회복탄력성을 스트레스 상황에서 상처받지 않는 것이라는 인간의 조건을 말하는 것으로 오해해서는 안 된다. 집단모래놀이 상담은 적극적인 심리적 건강에 목적이 있으므로 회복탄력성의 보호된 자기 내면의 공간 재창조를 요구하는데 필요한 요소를 포함하고 있다. 그러므로 집단모래놀이에서 참여자들은 회복탄력성의 상태가 되면 무엇을 해결해야 하는지에 대한 분별력과 적절한 정서적 안정성을 갖게 되며 어떤 상황이든 있는 그대로를 볼 수 있고 환상과 현실을 쉽게 구분할 수 있게 된다. 즉 위기와 도전에 대한 반응으로 인내하고 성장해 가는 역동성의 근력을 키우게 된다.

집단의 상호작용에서 타인들과의 상호의존과 경험에 대한 개방성을 통해 회복탄력성은 형성되는 것이다. 이는 집단에서 자신의 단점이나 말하기 힘든 점이 수용되어질 때, 갈등 해결에 자신이 참여하며 대안의 격려를 받을 때 자신감이 생기며 희망이 생긴다. 이렇듯 회복탄력성을 형성해 가는 과정에서 집단참여자들은 모든 위기 경험을 개인적·집단적 정체성의 맥락 안으로 통합시키기 위해 노력하며 삶의 또 다른 방식의 희망에 영향을 받는다. 집단모래놀이의 과정에서 매체를 통한 격려는 간접적이나 직접적인 격려를 경험하는 신비한 체험을 함으로써 개인의 긍정적 확장의 느낌을 느낄 수 있게 한다. 회복탄력성, 즉 마음의 근력이 생겨 스트레스의 문제를 바라볼 수 있는 힘이 생겨 여유를 갖는 힘을 갖게 된다. 그러므로 모래놀이집단상담은 참여자들의 상호작용 안에서 사회에서 과소평가되거나 간과되는 온전한 실현의 경향성을 처음에는 매체를 통해 표현되었으나 점차 유대관계가 형성되고 참여자가 하나됨을 경험한다. 집단에서의 역경에 대한 상황은 누구나 겪는 보편성의 삶이라는 것을 자각하게 되며 안심할 수 있게 된다. 즉 혼자만의 버림받은 것 같은 상황을 겪는 것이 아니라는 것에서 위안을 얻을 수 있게 된다.

감성능력향상

Rogers(1961)는 정서를 인간의 행동에 영향을 주는 중심역할을 한다고 보았고 감정의 표현을 자유롭게 할 수 있을 때 우리가 진정으로 누구인지를 알 수 있는 일치성을 이룰 수 있다고 했다. 우리는 살아오면서 교육과 관계에서 감정에 대한 능력을 매우 가볍게 여기고 이성적이지 못하다고 치부하여 무능력의 이름으로 간과하고 살아왔다. 인간관계의 모든 문제는 감정으로 기인하며 감정으로 해

소됨을 알 수 있으나 긍정감정만 인지적으로 전환하려 했고 부정적 감정을 드러내는 것은 마치 나쁜 사람으로의 퇴행으로 보아 감추어 왔어야 했다. 그러므로 부정감정의 억눌림은 또 다른 왜곡된 상태로 형성되어 자신도 이해할 수 없는 낯선 모습으로 자신의 언어나 행동으로 가면을 쓰고 드러낸다. 이를 우리는 마음의 괴물이라고 하기도 하는데 그 괴물은 자신의 진짜 감정을 표현하고 싶은데 다르게 표현됨을 알기도 하고 모르기도 하는 단계를 겪는다. 감정을 표현하지 않고 마음에 쌓아두면 생산을 위축하고 능률을 저하시키며 자기 직분에 대하여 무관심하게 된다. 또한 의욕도 줄어들고 생기가 없으며 쉽게 피로하게 된다. 또한 자신이 억압한 감정을 통제하는데 에너지를 많이 소모하므로 창조적 생활을 위한 마음의 여유를 상실하게 된다. 대부분 감정을 참는 사람들은 스스로를 고립시키거나 주위의 사람이나 어떤 일에도 접촉을 피함으로써 자기에게 오는 정서적 자극을 회피하게 된다. 만성적·누적 부정감정은 고혈압, 협심증, 천식, 동맥경화 등 스트레스성 병을 일으키게 된다. 인간은 감정을 드러내기에 충분히 안전하다고 느낄 때 심리적 가면을 천천히 벗으며 자기개방을 하게 된다. Shapiro와 Swensen(1969)은 '자기개방은 언어뿐만 아니라 비언어적 행동을 통해서도 가능하다'고 주장했다. 단순한 사실 정보의 개방보다 사적 욕망, 환상, 불안, 감정의 개방이 친밀감 경험과 관계가 깊고(Reis & Shaver, 1998), 감정의 개방은 효과적인 의사소통과 바람직한 인간관계 형성 및 정신건강의 증진과 관계가 있다(신완수, 변창진, 1980).

집단모래놀이에서 감정의 개방이 훨씬 용이한 것은 비언어적 의사소통의 수단이 되고 직접적이지 않은 간접적 자기만의 은유로 표현할 수 있기 때문이다. 이렇게 은유적으로 자기이야기를 하다

보면 감정의 움직임을 느끼고 참여자들의 격려와 지지의 분위기에 의해 카타르시스를 경험하며 마음이 가벼워짐을 느끼게 된다.

수용

사람들은 수용적인 사람과 함께 있을 때 매우 안심을 한다. 수용하지 않는 자연의 생태는 없다고 볼 수 있으므로 우리 모두는 이해받고 받아들여지고자 한다. 수용적 분위기 안에서는 성장과 변화의 가능성이 높아지며 어떠한 조건이라도 단절시키지 않는다면 성장과 변화가 일어난다. 건강한 관계의 기초는 수용해 주고 허용감의 태도를 통해 구축된 친밀관계에 있다. 이러한 친밀감은 관계 안에서 신뢰감을 느끼고 자신감을 갖게 한다. 인간은 스스로 겪는 어려움을 탐색할 때 안전감을 얻을 수 있는 수용감이 매우 중요하다. 그러나 문제를 많이 겪은 사람일수록 훨씬 느린 과정을 거치면서 표현하는 것에 대한 안전감을 느끼고자 하기 때문에 집단에서 참여자들과 촉진자는 참을성 있게 과정을 믿으며 천천히 함께 가야 한다. 결국 수용은 주관적인 판단에 의해 드러나기 때문에 집단참여자들의 심리적 속도는 각자 다를 수 있으므로 촉진자는 이를 참고하여 수용적인 분위기를 만들고 기다려야 한다. 이러한 수용적 분위기는 긍정적 존중의 태도와 관련된 것으로 비소유적이며 온정의 태도이다. 이 태도는 몸짓, 눈맞춤, 표정, 뉘앙스 등으로 표현됨으로써 모래상자에 이미지로 표현된 다양한 모습을 통해 서로 객관적으로 느낌과 생각을 판단하지 않고 전달할 수 있다. 이렇게 비소유적인 방식의 관심과 전달은 칭찬의 방식을 배울 수 있고 존중의 태도를 익힐 수 있으므로 집단이 쉽게 공유감을 가질 수 있다. 마음을 열고 수용적인 자세를 취하는 것은 창의적 흐름과 매우 근접하며 그것은 내면의 에너지 근원과 자존감, 자기강화에 직접적 영향을 준다(Natalie, 1993).

놀이

인간은 어린시기에는 스스로를 훈련하기 위해 놀이를 하고 성장하면서 사회의 다양한 요구와 개인적 욕구에 의한 놀이를 한다. 인간이 놀고자 하는 것은 사회적으로나 개인적인 요구에 부응하기 위한 본능적인 활동이며 물질적 보상 또는 대가를 바라지 않고 행하는 행위다. 성인과 아동은 소통하는 매체가 다르다. 성인은 언어를 매개체로 소통하고 아동은 놀이와 활동으로 소통하며 사회적인 기능과 개인적인 경험을 현실 안에서 전달하고자 한다. 이렇듯이 놀이는 인간에게 있어서 중요하고 또한 아동에게는 더 할 나위 없이 필요한 요소이다. 놀이는 인간의 발달과정에서 적절한 건강의 지표이며 아동에게 있어서는 삶 자체의 활동이라고 할 수 있다. 그러므로 아동기의 놀이는 미래의 정신건강과 맞닿아 있다고 볼 수 있다. 왜냐하면 아동기의 놀이는 본질적인 가치를 가지고 있으므로 놀이자체의 순수성이 있고, 보상에 연연하지 않고, 개별적인 개념과 자신의 세계에 맞추어 동화하며 놀이할 수 있기 때문이다.

쉴러(Schiller)는 '인간의 미감적 교육에 관하여'라는 저서에서 인간이 '놀이'를 할 때 비로소 온전하게 된다고 말하였다.

캐시러(Cassirer)는 인간의 '놀이'를 외부 대상을 그대로 반영하는 것이 아니라 내부의 것을 외부의 대상에 상응하게 표상하는 것으로 설명하였다. 놀이는 외부의 강제에 의한 행위도 아니라는 점에서 노동과 일은 분별되며 일반적으로 놀이는 기분전환을 위한 여가 활동으로 규정된다. 또한 놀이는 즐거움 외에도 민첩성이나 사회성 등 성장에 필요한 경험을 얻기 위하여 하는데 인간뿐 아니라 동물에게도 발견되는 현상이다. 동물은 신체적 성장과 생존적 본능을 위한 활동으로 놀이를 한다. 이처럼 놀이는 내재적 목적을 실현하며 동시에 인간에게 심리적 치유과정이 될 수 있다고 볼 수 있다.

인간의 문화적 측면에서 살펴보면 네덜란드의 후이징거라는 문화사 학자는 인간을 '놀이 하는 인간'이라는 뜻의 '호모 루덴스(homo ludens)'라고 정의했다. 후이징거는 인간이 원래부터 놀이로서 놀이에 의한 놀이를 위한 것으로 인간의 문화가 놀이에서 나온 것이며, 인간이 인간다울 수 있는 것은 놀이를 하기 때문이라고 주장했다. 이것이 인간문화와 놀이의 관계는 생존과 별개인 것 같으나 좀 더 질적인 생존과 관련되어 지는 것으로 인간의 놀이는 시대와 문화를 반영하는 특징이 있다. Huizinger(1955)는 '놀이는 고정된 시간과 공간의 틀 안에서 수행되는 일종의 자발적 활동으로 놀이 그 자체로서 내재적 목적이 있고 긴장과 재미의 정서가 수반되며 일상적인 삶과는 다른 활동의 자각이 수반된다'고 했다. 이렇게 놀이의 중요성이 강조되면서 언급되기 시작한 것은 18세기 루소(Rousseau)에 의해 시작되었고 페스탈로치(Pestalozzi), 프뢰벨(Frobel)의 영향도 지대했다. 피아제(Piaget, 1962)는 놀이가 아동의 존재를 통합시킬 뿐 아니라 아동의 주요 활동이고 그들의 성장은 놀이를 통해서 이루어진다고 했다. 피아제가 놀이를 보는 입장은 조절에 대한 동화의 우위로 조절보다 동화가 우세하면 놀이가 나타난다고 했다.

영국의 철학자이며 사회학자인 스펜서(Spencer, 1855)는 아동은 생존하는데 필요한 이상의 에너지를 갖고 있으며 남는 잉여 에너지는 놀이라는 활동을 통해서 방출된다. 이는 놀이로 방출됨으로써 내적으로 심한 압력을 받지 않게 되어 안락함을 갖고 오기 위해 놀이에 몰두해야만 한다고 보았다.

Dewey는 '놀이란 어떤 결과를 위해 의도적으로 행하는 것이 아닌 모든 활동이다'라고 했고, 프뢰벨은 '놀이는 인간의 가장 순수한 정신적 활동인 동시에 인간과 모든 사물에 내적으로 감추어진 자연스런 인생전체로서의 인간생활의 특징으로 보고 특히 아동에게 있어서 놀이는 가장 고귀한 활동으로 놀이를 통해 인간의 독특성, 개성, 내적기질과 성향이 개화한다'고 했다.

Hurlock(1978)은 '놀이란 외부의 억압이나 강제에 의해서가 아니라 자발적으로 단순히 즐거움만을 추구하는 활동이다'라고 보았다.

김광웅(2004)은 '놀이는 아동들로 하여금 투사와 정화의 기능을 수행하도록 도움을 줄 수 있는 최선의 매체'라고 보았다.

이처럼 놀이는 보는 관점에 따라 다양하다. 즉 생존의 목적을 위해 즐거움과 기쁨을 수반하는 자발적이며 자유로운 행동이며 그 시대의 문화적 소산이라고 볼 수 있다. 그리고 놀이는 인간에게 있어 자유로움과 유쾌함을 일으켜 즐겁게 활동하게 하고 집중해야할 때 집중할 수 있는 힘을 키울 수 있다고 했다.

그러나 최근의 놀이는 단체놀이나 상호작용놀이보다는 기계를 대상으로 상호작용 없이 가상 놀이가 있으며 단체보다는 개인놀이로 진행되고 있고 설혹 놀이를 하더라도 과제형의 놀이나 인지형의 놀이(퍼즐, 책보는 놀이)들이 인정받게 되면서 여러 가지 문제점들을 안고 살아가게 된다. 예를 들면 책을 보는 아동이 있는가 하면 책을 들고 인정받으려는 도구로 활용하는 경우도 있다. 인간의 놀이는 몸과 마음과 머리가 함께 놀 수 있는 자발적이고 다양한 놀이가 필요하다. 음식도 골고루 섭취해야 영양소를 고르게 활용할 수 있듯이 놀이도 한쪽으로 치우친다는 것은 놀이가 주는 효율성이 떨어진다고 할 수 있다. 상담 장면에서 치료사들이 흔히 느낄 수 있는 놀이의 결핍과 놀이의 왜곡으로 인한 문제가 다양한 모습으로 표출되어 하나의 증상으로 나타나는 경우가 많다. 흔히 들을 수 있는 이야기로 '놀이를 잘하는 아이는 공부도 잘하며 또래 간에 인기도 많다'는 말이 있다. 이는 행동과 사회성과 안정된 심리는 세련된 상호작용을 잘 할 수 있도록 상관도가 높다는 것이며 놀이에서 습득한 결과를 무의식적으로 자연스럽게 적용할 수 있기 때문에 학습과도 관련이 있다고 할 수 있다. 그러므로 아동에게 있어 놀이가 제공하는 자발적이며 즐거운 활동은 아동들이 균형을 찾고 조절하는 하나의 방법을 배워 학습경험이 효과적이 되도록 돕는데 절실히 필요하다고 본다.

5 집단모래놀이상담자의 자질

집단모래놀이상담을 촉진하는 과정은 수련감독자 아래 실습과 전문적 훈련을 이수한 전문가가 실시하게 된다. 그러므로 유능한 전문 상담자가 되기 위하여 먼저 있는 그대로의 자기를 정확하게 이해하는 것이다. 자기를 이해한다는 것은 자기의 심신에 관한 여러 가지 상태, 대인관계의 질과 양, 가식적 및 이와 관련된 자기의 행동 등에 관하여 현실적으로 이해하려는 수련의 과정을 말한다.

건강한 인격성장을 위해서는 무엇보다 자기이해가 필요하며 자신의 지각, 감각, 정서, 사고의 과정을 통해서 자신의 주관적·객관적 현실을 명백히 분별할 수 있으며 이는 결국 자기수용에 이르는 길이 된다. 상담자가 자기수용에 이르면 자신을 경험하고 표현할 수 있는 안전함을 갖게 되어 상호간에 진정한 의사소통을 풍성하게 해주고 함께 머무를 수 있는 모델이 될 수 있다.

특히 모래놀이상담에서 상담자는 내담자가 안전하게 모든 표현을 할 수 있도록 '심리적 용기' 혹은 '숨 쉬는 소품'이 되어야 한다. 그러므로 상담자와 모래놀이작품과 집단구성원들의 반영까지도 연결시킬 수 있는 역할을 해야 한다.

Bradway(1985)는 모래놀이작품이 내담자의 내부세계와 외부세계의 교량역할을 하지만 치료자가 없다면 치료적 의미가 없다고 했다. 즉 모래놀이상담에서 작품을 만들고 나눌 때 상담자가 함께 한다는 것이 중요하며 함께하는 자세는 허용적인 태도로 함께 즐기는 것이다. 그리고 상담자는 작품을 이해할 수 있는 지식을 갖추고 있어야 하며 내담자를 따라가면서 내담자의 탐험의 여정을 안정된 자극으로 이끌어가는 공동 탐색자가 되어야 한다. 그러므로 집단모래놀이상담자는 다양한 이론과 기법을 익혀야 하며 인성적인 자질을 함양하여 자신을 잘 보살펴야 한다. 왜냐하면 전문적 자질은 배움의 영역을 지속하면 성장할 수 있고 수련과정의 시간을 지속적으로 수련하면 시간과 자격증에 의한 전문적 자질을 사회가 인정하게 된다. 그러나 인성적 자질은 자신이 수련과정의 슈퍼바이저가 되어 탐색하고 성장해 가야 하는 과정이기 때문에 자신과의 치열한 싸움이 될 수 있으므로 사회의 인정과는 너무도 다른 자신의 한계를 깨닫게 된다. 지식을 밖에서 구하기만 할수록 지식은 위태로워지기 때문에 지(知)를 얻기 위해서는 자기 내면을 보아야 하는 것이 인성적 자질의 자기수련 과정이라고 볼 수 있다. 그러므로 본 저자는 전문적 자질은 인성적 자질을 능가할 수 없다고 보기에 지속적인 수련을 통해 자신을 다듬어가는 과정을 지속해야 한다고 본다.

전문적 자질

개인상담자나 집단촉진자의 근거는 훈련받지 않은 사람들이 줄 수 있는 것 이상의 전문적 서비스를 제공할 수 있어야 한다. 전문적 조력이라는 것은 전문적 기술과 지식 및 전문기법과 태도를 갖고 있어야 한다는 것이다.

상담은 인간의 본성과 성장변화에 관련된 전문적 과정의 조력으로서 전문적 지식과 기법을 갖추고 있어야 한다. 전문적 지식과 기법 훈련은 인간발달, 심리평가, 문제평가기법, 상담이론적 접근 및 스트레스 등에 대한 인간이해에 대한 전반적 요소들을 지속적인 훈련과 교육을 통해 자신의 인격에 총체적 통합을 도모해야 한다.

그리고 개인상담을 통한 자기탐색에 대한 효율성을 스스로 경험해야 한다. 그럴 때 다양한 내담자들과의 만남을 통해 유능한 상담자로 성장하는 초석이 될 수 있다. 집단상담의 경우 집단상담자는 집단구성원들의 역동성을 이해하기 위해서는 지속적인 경험을 통한 탐색과 자신감을 갖는 것이 매우 중요하다. 왜냐하면 상담자가 민감성을 갖기 위해, 심리적 안정성을 유지하기 위해 경직된 역동성을 발휘해서는 안 되기 때문이다. 그리고 현대에는 상담의 필요성이 많이 필요한 시대이기 때문에 전문적 자질의 변별성으로 자격증에 의해 증명하고자 하는 위험적 요소도 있다. 그러므로 상담자는 스스로에게 당당해야 하는 양심적 요소를 반드시 갖고 있어야 하며 자격증이 전문성과 일치할 수 없음을 알아야 한다.

다음에서 전문적 영역의 요소를 살펴보고자 한다.

첫째, 상담자로서의 전문지식 습득을 들 수 있다. 집단촉진자는 집단상담의 진행과 관련된 이론과 실제에 대한 지식에 익숙해야 하며 참여자들의 심층이해를 위해 개인차, 인간발달 및 문제를 평가하는 기법 등에 대한 전 지식을 습득해야 한다. 여기서 이론적 지식의 익숙함은 암기의 의미를 말하는 것이 아니라 갖가지 복잡한 심리적 문제를 이해하고 조력하는 실용성을 말하는 것이다. 촉진자의 전문성은 말이 많거나 수시로 개입하는 것이 아니고 개입해야 하는 시기와 방법을 선택할 수 있는 안목을 갖고 있으며 참여자들의 자율성과 자기신뢰성을 격려하며 변화를 촉진하는 것이다. 그리고 참여자들의 변화에 따라 융통성 있는 접근방법을 택하며 상담목표와 상담관계를 가질 수 있어야 한다. 또한 참여자들의 특성에 대해 열린 자세를 갖고 참여자들로부터도 배울 수 있게 개방적이고 유연성 있게 임해야 한다. 참여자들의 치료적 관계를 명확히 설정하는 것은 중요한 전문능력이므로 치료적 친밀성을 간과하지 않아야 한다. 명확한 치료 설정을 위해 시간의 엄수나 지나친 집착의 정도를 반추해보는 능력도 중요하다. 참여자들의 자기보고, 실제행동변화 및 슈퍼바이저의 평가도 효과성을 평가하는 방법으로 매우 중요한 전문영역이다. 그리고 자기평가 측면에서 효율적 도움을 주고 있는지에 대한 자신을 재조명 할 수 있는 내적 평가 기준도 지니고 있을 때 상담목표의 방향성을 잃지 않고 성실하게 임할 수 있게 한다.

둘째, 집단촉진의 경험을 들 수 있다. 집단상담을 촉진하기 위해서는 먼저 촉진자가 집단상담의 경험을 다양하게 해 볼 필요가 있다. 경험에서의 학습경험이 참여자들의 입장을 이해하는데 도움이 된다. 그리고 집단상담 교육지도 실습은 수련감독의 지도하에 연습해 보는 기회가 되기 때문에 집단상담에 대한 불안감이 감소할 수 있고 참여자들에 대한 배려의 마음가짐을 가질 수 있게 된다.

셋째, 동료 촉진자들과의 관계를 들 수 있다. 상담자가 전문성을 성장시키고 유지해 간다는 것은 지속적으로 자신을 자극하고 동료나 상급전문가들의 피드백을 수용할 필요가 있다. 이에 피드백을 주고받을 때 서로를 비판하는 것이 아닌 서로의 성장을 위해서 지지하기 위한 개방적 피드백 환경이 되어야 한다. 이런 분위기가 조성된다면 촉진자들은 성장이 필요한 부분에서 방해요인이 되는 것을 자각하게 되고 방어적인 태도가 아니고 서로의 피드백에서 배움의 자세가 될 수 있다. 이런 자세가 되면 촉진자들은 진정성 있게 자신의 한계와 실수에 정직하게 대면하고 수용적 기대에서 자기주장을 할 수 있고 자유롭게 의견을 내어놓고 발전적 방향으로 나아가게 된다. 이것이 곧 참여자들에게 자유롭게 의견을 내어놓고 서로의 성장의 장이 될 수 있게 한다. 이외에도 적절한 행동을 보여주는 모범지도, 안내 역할, 상호작용 촉매 역할, 원활한 의사소통 촉진자, 상담자로서의 자기 보호, 프로그램 개발 및 상담과정의 전반적 이해를 들 수 있다.

인성적 자질

집단상담자가 되기 위해서는 전문적 훈련과 교육을 수련하며 다양한 이론 정립도 필요하다. 그러나 집단상담에서 집단촉진자가 어떤 인성적 특질을 갖추었는가는 참여자들에게 아주 중요한 영향력을 미치는 의미가 되는 것이다.

상담자는 자신의 문제 여부보다 구성원들을 격려하는 전달 방식대로 살아가는 노력을 하는지가 중요하다. 그러므로 상담학자들이 제시한 상담자의 자질에서 보면 상담자에게 요구되는 특질을 Mowrer(1951)는 '인간적 성숙'을 제시했고 Rogers(1961)은 '도움을 주려는 의욕'을 제시했다. 이는 인간에 대한 관심과 존중으로 집단 촉진자에게도 같은 특질을 제시할 수 있다. Corey(1995)는 집단과정에 대한 신뢰, 내담자의 고통을 확인할 능력, 창의성, 개인적 힘의 활력, 본보기의 모범의지, 자기자각, 개방성 등을 제시했다. 이 외에도 유머감각이나 자기평가에 임할 수 있는 용기, 비판대처에 대한 순발력, 개방적 태도 및 타인복지에 대한 관심 등의 자질들이 필요하다고 했다(강진령, 2005).

즉 상담자는 전문적 교육과 훈련의 시간도 있지만 내담자의 성장 변화 촉진에 가장 중요한 구성요소라고 할 수 있으며 전문적 자질도 중요하지만 인성적 자질을 능가할 수 없다고 본다. 왜냐하면 전문적 자질은 다양한 훈련적 요소의 결과에 의한 증명에 의존하지만 인성적 자질은 전문적 증명과 더불어 증명적 요소는 없으나 끊임없이 상담자 자신의 성장 변화에 민감해야 하는 양심의 요소이기 때문이다. 그러므로 현사회가 심리상담자의 필요성을 많이 요구해서 직업에 관심을 갖기 위한 것만이 아닌 인간이해나 인간관계에 대한 깊은 관심으로 탐구되어져야 한다. 본 저자는 인간의 존재는 분석의 대상이 아니고 수용의 대상이 되어야 한다고 본다. 로저스가 제시한 인간에 대한 무조건적 존중은 인간이 스스로 자기실현의 길을 열 수 있는 경향성을 갖고 있기 때문이다.

상담자가 인간에 대한 따스한 사랑의 태도를 갖추고 있다는 것은 존재적 사랑으로 상담관계를 이끌어 간다는 것이다. 효율적인 집단상담을 위해서는 사랑의 느낌으로 비판적이지 않고 충고적이지 않게 집단구성원들을 존중해 준다면 자신과 서로를 위한 치료적 협력관계가 자연스럽게 형성될 것이다.

집단상담자는 집단참여자의 성장을 도모하기 위해 매 회기마다 자신의 인간적 신념과 삶의 경험을 관찰하고 반응할 수 있어야 한다. 그러므로 집단상담자는 끊임없이 자신의 삶에 대해 되돌아보고 스스로를 안아주고 긍정적 변화를 촉진하는 과정의 인격체임이 매우 중요하다. 이러한 과정은 전문적인 지식의 주입이나 수련시간의 횟수만으로 되는 것은 아니므로 집단상담자는 자신을 통한 이해와 공감의 노력이 필요한 것이다. 인성적 자질은 타인으로부터 평가받는 것이 아니고 참여자들과의 소통에서 대화의 편안함과 인간에 대한 따뜻한 태도를 기본적으로 갖추고 있어 집단참여 과정이 원활하고 새로운 경험을 할 수 있어야 한다.

치료적 협력관계가 되면 자유롭게 자기의 어떤 감정도 표현할 수 있도록 하는 격려의 능력이 증가하며 집단구성원들은 자신이 이해받고 있다는 느낌을 강하게 갖게 된다. 우리는 지식은 어디에서나 배울 수 있고 발표할 수 있는 기회가 많아 어떤 곳에서도 자주 나누지만 '감정 나눔'은 아무데서나 하지 않고 선별해서 마음이 편한 곳에서 하게 된다. 이러한 '감정 나눔'의 표현이 많아질수록 인간은 편안해지고 융통성과 포용력을 갖게 된다. 그러므로 이러한 장을 펼쳐지게 만드는 상담자들은 끊임없는 자기성찰을 계속해야 하며 자신과 타인의 감정, 사고, 행동의 의미와 동기를 성찰할 수 있는 심리적 마음자세를 가져야 한다. 그러므로 집단촉진자는 끊임없는 자기성찰과 자기평가를 반복해야 한다.

다음에서 인성적 자질의 몇 가지를 살펴보고자 한다.

첫째, 인간에 대한 관심과 열정이 있어야 한다. 집단상담은 인간관계를 기초로 하여 인간을 변화시켜가는 과정이므로 인간에 대한 신뢰와 열정이 있어야 한다. 집단상담자는 자신의 일을 즐기고 참여자들과 함께 하는 열정을 불어 넣을 때 집단에 온정적인 열기를 경험할 수 있다. 로저스는 인간의 무조건적 존중은 인위적인 연습이나 훈련으로 표현될 수 없음을 시사했다. 집단상담자의 열정이 없는 인위적인 모습은 참여자들의 저항과 흥미를 잃게 하기 쉽고 집단진행이 어려워질 수 있다는 것을 시사했다. Guy(1987)은 상담자들 중에는 역동적이고 창의적인 사람들의 직업적 선택이 많으며 그들은 인간의 본질을 기계적 분석의 대상으로 보지 않는 경향이 두드러지다고 했다. 그러므로 집단상담자는 선입견 없는 수용성과 융통성 있는 도움을 줄 수 있어야 하기 때문에 인간에 대한 사랑과 온정적 태도는 기본적 태도의 인성적 자질이라고 볼 수 있다.

둘째, 공감과 수용능력을 갖고자 노력해야 한다. 집단상담자는 집단에 진정한 참여자로서의 촉진자여야 하며 여기서 진정한 참여는 진심으로 관심을 가지며 참여자들의 심리상태를 파악하고자 노력하는 것이다. 집단상담자는 집단과정 안에서 참여자 및 자신의 다양한 감정을 여러 형태로 경험하게 된다. 참여자가 표현하는 언어적·비언어적 감정을 상담자가 인식하지 못하거나 수용하지 못할 때 참여자는 이해받고 있다는 느낌을 갖기 어려워지며 편안한 상태가 되지 않아 집단상담은 회기 중에 분산될 수 있다. 집단상담에서 참여자는 다양한 감정을 경험하는 것에 대해 편안함을 느낄 수 있어야 하는 것은 매우 중요한 요소이다. 편안한 분위기에 집단참여자는 자기문제에 대해 초점을 맞추며 다른 문제에 신경 쓰지 않고 자기감정을 분명하게 이해하고 편안하게 활용할 수 있게 된다.

셋째, 자연스러운 의사소통과 친밀감을 형성할 수 있어야 한다.

집단상담의 촉진자는 참여자의 언어적·비언어적 의사소통에 반응하고 몸의 자세, 뉘앙스, 이야기 내용의 일치와 불일치에 대해 관심을 기울이는 경청의 자세를 가져야 한다. 경청은 신뢰감을 형성하고 참여자를 수용하고 있다는 것을 전달하는 것이다. 촉진자는 이러한 과정을 편안해하고 의사소통을 즐길 수 있어야 참여자는 편안한 대화를 할 수 있고 선별하지 않고 위장하지 않고 방어하지 않고 자신의 이야기를 내어 놓을 수 있다. 의사소통은 친밀성과 밀접한 관계를 지니며 인간관계의 친밀감에 대한 가장 강력한 수단이다. 특히 정서적인 면의 친밀감을 형성하는 것이 의사소통이라고 할 수 있다. Rogers(1961)는 감정의 나눔 속에서 진정한 친밀한 관계가 성립되며 표현과 공감은 의사소통의 기본적 축이라고 했다. 그러므로 촉진자는 의사소통을 기술로 하는 것이 아닌 공감적 태도로 대해야 하기 때문에 촉진자의 자신의 심층적인 욕구와 감정을 자각하며 표현할 수 있는 내적일치성을 높이는 지속적 노력을 해야 한다.

넷째, 의미 있는 인간관계를 형성해야 한다. 의미 있는 관계를 형성하기 위해서는 모호함을 수용할 수 있는 힘을 갖고 있어야 한다. 집단형태에 따라 다르지만 대부분 상담에 관심을 갖고 있는 참여자들은 짧은 시간에 명확한 답을 얻고 싶은 혼란된 심리상태에 있는 경우가 흔하다. 그래서 집단상담자는 모호하고 혼란스러운 문제의 본질의 고통을 수용할 필요가 있으며 해답을 즉각 제시하려하기 보다는 집단참여 과정을 통해 자신이 스스로 답을 찾아가도록 인내심을 발휘하도록 돕는 것이다. 집단상담자는 참여자들의 변화를 빨리 느끼고 싶어 하는 결과 지향적이기 보다는 참여자들의 치유능력을 진실로 신뢰하며 변화속도보다 진실한 의미의 친밀성을 전달할 수 있어야 한다. 여기서의 진실성은 모든 것을 드러내는 것이 진실성인 뜻이 아니고 지나가는 생각, 느낌, 공상 및 반응을 모두 공유하지 않더라도 진실해 질 수 있다. 이것이 참여자들의 성장에 관해 성실한 관심을 두는 것으로 자신의 일면을 돌이켜 보도록 격려하는 것이다.

다섯째, 자기성찰적 태도로 자기탐색을 유도하여 자기대면의 지속적인 과정을 갖는 것이 매우 중요하다. 집단상담자는 자신이나 타인의 행동, 사고, 감정의 의미와 동기를 성찰할 수 있는 기본적 특질을 의미하는 '심리적 마음자세(psychological-mindedness)'가 중요한 자질이라고 Farber(1985)는 제시했다. 많은 연구에 집단상담자들이 상담활동에 대해 자신에 대해 끊임없이 성찰하는 노력이 전문적·인성적 자질을 높여간다고 보고되었다. 유능한 촉진의 지도력은 자기대면의 지속적 과정에서 모든 것을 인식하는 것을 포함한다. 자기인식을 위해 지속적으로 노력하는 촉진자는 자신과 다른 참여자들에게 드러나는 전이를 치유할 수 있다. 그러므로 촉진자 자신의 잠재적 역전이를 인식하며 참을성을 갖는다면 에너지가 행위에 투입되기를 그칠 때 마침내 에너지가 흘러들어가는 것을 알아차릴 수 있을 것이다. 즉 인내심을 갖고 자신이 아무것도 하지 않음을 경험할 때 자신을 통제하려는 것과 정신활동 및 의지작용을 그치게 하는 훌륭한 방법임을 알게 된다. 이러한 성찰은 스스로의 깊은 믿음을 체험하며 통제하지 않아도 된다는 확신이 생긴다.

여섯째, 사랑의 느낌으로 구성원들을 대하는 것은 필수적이다. 사랑은 인간의 보편적이고 근원적 감정으로 인격 외에 가치와 관계를 형성하게 하는 힘이다. '사랑은 동물을 인간으로 만든다'라는 동화적 요소의 주테마는 바로 사랑의 강력한 힘을 말하는 것이다. 사랑의 느낌은 모든 인간의 삶에서 시작과 마무리까지 가장 중요한 이슈이다. 사랑을 행하는 사람은 이미 상담적 촉진자라고 해도 과언이 아니다. 그러나 상담이나 심리치료나 정신치료에서 사랑에 대한 몫은 종교지도자들의 몫으로 간과해왔다. 사랑은 돌봄(caring) 을 포함하는 관점으로 볼 수 있다(Davis, 1985). 인간이 사랑의 느낌 이 들면 저절로 자연스럽게 아낌없이 주어도 아깝지 않고 즐겁게 살게 하는 힘을 준다. 상담의 목표가 바로 이것이라고 볼 수 있지 않은가! 사랑의 느낌은 참여자들에게 존재감을 갖게 하고 결핍을 채워주고 변화하고자 하는 동기를 스스로 갖게 한다. 개인상담이 나 집단상담이나 사람과 관련된 일이며 사랑의 힘을 키워 스스로 근본적 변화를 성취하는 힘을 키워가는 것이다. 그러므로 사랑의 돌봄은 모든 요소들을 포함하고 있는 가장 강력한 자신의 본질을 만나가는 것이다. '사랑의 돌봄'은 그 자체가 치유적 의미를 지니 고 있다. 그러므로 상담자가 스스로 자기 사랑의 자리를 발견하고 유지하려고 하는 노력은 매우 중요하므로 구성원들의 치료를 위한 협력관계를 위해 필수적이라고 할 수 있다.

위에서 제시한 전문적 자질이나 인성적 자질의 집단상담자는 집단이나 개인 상담자들이 지식과 기법들을 자신의 인격과 만나는 장으로 인식해야 한다. 상담자는 내담자의 고유성을 망각하거나 부드러운 충고로 조작하는 방법을 선택해서는 안 된다. 자신의 실 수나 한계를 정직하게 대면할 수 있어야 하며 수용할 수 있어야 한다. 그러므로 상담자는 지속적인 인간이해의 견해와 현대의 변 화되어가는 인간심리에 대한 문화의 다양성에 대한 지속적인 스스 로의 연구와 끊임없는 피드백의 기회로 자신을 자극할 수 있는 용 기와 인내가 필요하다.

집단모래놀이치료의 실제

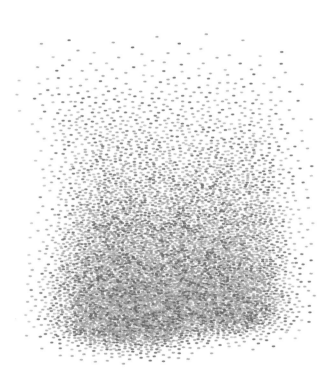

3부

1 자기만남

　인간이 살아가면서 누구나 그 자신만의 독특한 세계관을 지니고 있으며 성장을 위한 제일의 의지를 갖고 있다. 그러나 환경적으로 사회적 가치관의 주입이 자기의 본연의 모습과는 달리하면서 사회 속에서 '우리로는 살아가는데 나 자신으로 살아가는데는 소홀하며 살아간다.' 그럴 때 우리는 홀로 자신과의 갈등을 겪으며 '나는 누구인가?'에 대한 근원적인 고민에 빠지게 된다. 이러한 고민은 스스로 자기다워지고자 하는 내면의 힘을 찾도록 도와주는 기회를 가진 것이라고 할 수 있다. 그러므로 나 자신이 어떠한 사람인지를 생각하는 노력은 나의 이미지를 떠올리게 되고 그 이미지를 떠올리면서 어떻게 살아가야 할지 삶의 의미를 어떻게 만들어가며 나 자신의 행복한 모습은 어떠한지에 대한 패턴의 가닥을 잡아갈 수 있다. 이렇듯 자신을 안다는 것에 대한 탐색은 긴 여정

(journey)으로 매우 신중하고 숭고한 과정이다.

이 숭고한 과정은 두려움을 떨쳐버릴 수 있는 용기와 인내가 필요하다. 이러한 과정을 안전하고 보호된 공간에서 자연치유적 접근으로 나눌 수 있는 모래놀이상담은 수용적인 환경에서 이루어지는 상상 활동으로 내면의 깊은 곳에 있는 감정에 쉽게 접근하는 내면의 적극적 표현의 심리기법으로 자기표현능력이 활성화 되며 삶을 의미로 표현할 수 있는 창의성을 키워준다.

자기만남의 과정은 살아왔던 경험적 자신의 모습의 낡은 패턴을 찾고 그 낡은 패턴의 경험을 벗고 새로운 자기와의 만남을 갖는 것이다. 즉 부분의 자신에게 매달리지 않고 전체적인 자신을 만날 수 있는 자기 돌아보기 주제를 갖고 진짜 자신이 되는 것이다. 새로운 자기는 진짜 자신이 주체가 되어 주변의 영향에서 자신이 집착과 욕심의 부분을 알게 되며 자신을 힘들게 하고 주변인을 힘들게 했음을 깨닫게 된다. 삶은 힘듦의 고통은 필연적이나 인간 고통의 문제에서 빠져 나올 수 있는 것은 현실의 삶을 있는 그대로 이해하고, 피하지 않고, 받아들이는 것이다. 우리는 살면서 감정을 표현하기보다 지식과 정보를 표현하는 것에 훨씬 익숙해 있었고 감정은 억압하기에 바빴다. 이러한 감정의 억압은 성공에 대한 노력은 하지만 행복은 느끼지 못하며 살아가는 자신을 간과하는 것이다. 인간이 자신의 순간을 알아차리는 것은 중요한 의미를 진실로 들어 줄 때 자신을 더 많이 표현하게 된다. 이는 사물과 현상을 깊이 들여다보는 능력도 향상되며 자신과 타인의 순간을 존중하게 되므로 변화의 성취의 동기가 된다. 그렇게 되려면 자신과 대화하는 훈련이 반복적으로 필요하므로 다양한 접근의 자기만남 노력이 시도되어야 한다.

자기이름 표현하기

🔆 대상

유아, 아동, 청소년, 성인, 노인

🚂 목표

- 처음 만남의 서먹한 분위기를 컬러모래놀이 혹은 크레파스나 색연필의 색칠을 통해 쉽게 긴장을 이완시키고 소품 선택을 통해 객관적이고 상징적으로 표현하는 경험을 한다.
- 자기의 이름을 통해 생각하며 소품을 선택하므로 자연스럽게 자신의 존재 초기의 관계와 상황을 떠올리게 된다.
- 자신의 이름을 통한 자기존재의 긍정성과 부정성의 정도를 탐색할 수 있다.
- 자신의 가족과 사회적 관계 및 자기정체성을 인식한다.

📢 활동방법

① 집단구성원들은 서로 눈으로만 침묵으로 인사한다.
② 색상도화지나 흰 도화지를 나누어 주며 컬러모래놀이 혹은 색연필 혹은 크레파스로 자신의 이름을 쓰고 색칠하며 꾸민다.
③ 집단구성원들은 자신의 이름을 소품으로 선택한다.
④ 집단구성원들은 돌아가며 자신의 이름과 소품 선택에 대한 대화를 나눈다.
⑤ 집단구성원들은 각각의 이름에 긍정적 경험을 피드백 한다 (이때 시간의 촉박함이 있을 때에는 2인1조를 만들어 피드백할 수 있다).

⑥ 이름에 대한 게임을 하며 구성원의 이름을 익히는 시간을
갖는다.

예 김철수 옆에 박순이입니다. → 김철수 옆에 박순이 옆에 정
미라입니다. → 김철수 옆에 박순이 옆에 정미라 옆에 김영
이 입니다. → ······

🎠 상담적 질문

- 내 이름의 의미는 무엇이고, 누가 지어주었는가?
- 이름과 관련된 어떤 기억이 있는가?
- 자신의 이름을 좋아하는 이유나 싫어하는 이유는 무엇인가?
- 불리어 지고 싶은 별칭이나 또 다른 이름이 있는가?
- 이름을 소품으로 표현하면서 새로 느낀 것은 무엇인가?

🎯 유의점

- 구성원 중 자신의 이름에 불만이 있음을 표현하는 사람이
있을 때에는 자신이 불리어 지고 싶은 이름을 짓게 하고 새
이름에 대한 욕구도 탐색하게 한다.
- 치료초기에 많이 활용하며 어색함을 감소시키기 위해 활용
한다.

자기이름 삼행시 표현하기

🔺 대상

유아, 아동, 청소년, 성인, 노인

🚂 목표
- 자신의 이름을 통한 긍정적 표현으로 자신을 새롭게 경험한다.
- 짧은 시간 동안 자신의 창의적 능력을 경험한다.
- 시적 운율의 창의성을 통한 감성을 인식한다.

📣 활동방법
① 자신의 이름을 삼행시로 짓는다.
② 창작된 삼행시의 이름을 모래상자에 스토리로 꾸민다.
③ 작품 표현자가 스토리를 발표하고 집단구성원들은 적극 경청한다.
④ 작품 표현자가 자신의 스토리의 제목을 짓는다.
⑤ 집단구성원들은 긍정적 피드백을 전달한다.
⑥ 작품 표현자가 감사의 피드백을 마무리로 한다.

🐎 상담적 질문
- 삼행시로 이름을 짓는 것이 어떠했는가?
- 언어로 혹은 글로 삼행시를 짓고 모래상자에 표현한 것의 맥락이 풍부해졌는가, 축소되어졌는가?
- 이름의 의미로 살아가는데 어떠한 부분이 힘들거나, 자기가 치실현의 계기가 되었는가?

🌰 유의점
- 자기이름 삼행시는 집단상담회기의 중간이나 마지막 즈음에 활용한다. 왜냐하면 자신의 이름에 의미를 부여하고 자존감 향상에 영향을 줄 수 있기 때문이다.
- 삼행시에 대한 시적 평가에 대한 피드백은 하지 않도록 구성원들에게 주의시킨다.

내 안에 부정감정 표현하기

대상

유아, 아동, 청소년, 청년, 성인

목표

- 부정감정을 직면하면서 두려움을 해소한다.
- 부정감정을 적절하게 표현하는 방법을 배우고 연습한다.
- 부정감정이 나쁜 것뿐만 아니고 인간이 갖고 있는 부분임을 인정할 계기가 된다.
- 부정감정의 대상과 상황이 명료화 된다.
- 부정감정으로 인한 방어기제를 인식하게 된다.

활동방법

① 촉진자는 다양한 감정이 인간에게 있음을 알려준다.
② 촉진자는 긍정감정과 부정감정의 게임을 진행한다.
③ 부정감정의 단어를 모래소품으로 이름을 붙여 역할극을 모래상자에서 해본다.
④ 부정감정 역할극에서 반응에 대한 피드백을 나누어 본다.

상담적 질문

- 소품을 모래상자에 놓고 난 후의 느낌과 생각은 어떻게 다른가?
- 부정감정을 자신은 어떻게 표현하는가?
- 부정감정의 바람직한 표현 방법은 무엇인가?
- 부정감정을 억누르면 자신은 어떻게 행동하는가?
- 다른 구성원의 부정감정 반응에 대해 무엇을 느꼈는가?

🌋 유의점

- 부정감정은 심리적 에너지 소모가 많으므로 시작하기 전 이완의 워밍업 활동을 하고 들어간다.
- 다양한 감정카드를 만들어 골라 보도록 하면 쉽게 접근할 수 있다.
- 감정이 대인관계 유지 발전에 대해 도움이 됨을 설명한다.
- 부정감정은 없애야 되는 것이 아니고 잘 표현하면 진솔한 심리적 에너지가 될 수 있다는 것을 설명한다.

나의 살던 고향은

🏯 대상

아동, 청소년, 청년, 성인

🚂 목표

- 어린 시절 기억이 현재 자신의 생활에 어떻게 영향을 미치는지 인식한다.
- 기억과 관련된 생각과 정서를 현재화 해본다.
- 과거 억제된 기억과 감정을 표현하여 심리적 균형을 배열한다.
- 표현을 통한 심리적 안정감을 얻는다.

📣 활동방법

① 촉진자는 구성원들에게 눈을 감고 어린 시절을 떠올려 보기를 권하며 음악(나의 살던 고향은~)을 활용한다.

② 어린 시절의 인상적인 장면에서 머무르며 자세히 느끼기를
　　요청한다.
③ 각자 구성원이 머물렀던 장면에서 연관되는 생각이나 사람
　　을 소품으로 선택하게 한다.
④ 순서를 정해 한 사람씩 자신이 선택한 소품을 모래상자에
　　풍경화처럼 꾸며간다.
⑤ 모래상자에 꾸민 작품을 감상하고 나눔을 한다.
⑥ 위와 같은 방식으로 한 사람씩 해 나간다.

🐎 상담적 질문

- 어린 시절의 기억은 무엇이 제일 먼저 떠올랐는가?
- 어린 시절의 기억에서는 누가 가장 많이 등장했는가?
- 어린 시절 기억이 떠오르지 않는 사람은 어떤 마음이었는가?
- 어린 시절의 기억이 현재 어떤 영향을 미치고 있다고 생각하
　는가?
- 자신의 어린 시절의 작품을 보고 어린 자신에게 어떤 말을
　해주고 싶은가?
- 어린 시절 작품을 구성원들과 나누고 무엇을 알아차렸는가?

🐚 유의점

- 촉진자는 음악을 활용할 때 소리의 적정선을 잘 맞추어야 한
　다.
- 작품 발표하는 구성원의 감정에 민감하게 안아주어야 한다.
- 집단구성원이 위로와 보호받는 경험을 할 수 있도록 배려한
　다. 왜냐하면 어린 시절로 돌아가면서 마음도 같이 어린아이
　같이 될 수 있기 때문이다.

Mirroring의 자기탐색

🏛 대상

청소년, 청년, 성인, 노인

🚂 목표

- 거울 속에 비친 자신의 모습에서 유발되는 감정을 탐색할 수 있는 계기가 된다.
- 자신을 바라보는 타인의 느낌을 듣고 유사점과 차이점을 탐색할 수 있다.
- 의미 있는 타인(가족, 친척 및 가장 친한 친구 등)의 피드백을 듣고 외적인 자신과 내적인 자신의 심리적 거리감을 유추해 볼 수 있다.
- 내면의 거울을 가질 수 있는 계기가 될 수 있다.

📢 활동방법

① 촉진자는 집단구성원들에게 손거울을 보도록 한다.
② 거울을 보는 구성원은 거울 속에 비친 자신의 모습에서 현재 느껴지는 감정을 모래상자에 소품으로 표현해 본다.
③ 모래상자에 표현한 자기느낌과 감정을 구성원들에게 이야기하도록 한다.
④ 다른 구성원들이 발표구성원에 대한 느낌과 감정을 피드백한다.
⑤ 발표한 구성원은 자신의 느낌과 감정이 다른 구성원들과 유사성과 다른 점에 대해 이야기하고 서로의 느낌을 나누고 마무리하고 다음 구성원으로 넘어간다.

🐴 상담적 질문

- 거울을 자주 보나요? 어떨 때 보나요?
- 거울을 보면서 자신의 어떤 면을 보았나요?
- 거울에서 자신의 어떤 감정을 느꼈고 그 감정과 같이 떠오르는 상황이 있었나요?
- 거울에 비추어진 자신과 타인이 보는 자신의 거리감에서 혹은 유사함에서 무엇을 느꼈나요?
- 거울대화를 하면서 어떤 감정이 주로 핵심이 되었나요?

🌰 유의점

- 촉진자는 성인일수록 거울을 보는 자신이 쑥쓰러울 수 있으므로 모두 뒤를 돌아보고 갖가지 표정으로 자신을 볼 수 있도록 충분한 시간을 준다.
- 과거의 이미지와 현재의 이미지의 차이점을 느껴보도록 안내한다.
- 거울은 외적인 면을 보지만 마음의 거울은 내적인 면을 볼 수 있는 수양의 도구임을 인식하게 한다.

··

내 안에 빛
··

🏯 대상

아동, 청소년, 청년, 성인, 노인

🚂 목표

- 심리안정을 꾀하고 안정감을 증진시킨다.

- 자존감을 증진하고 배려감을 경험한다.
- 자신에 대한 존재를 수용함으로써 자신에 대한 의미를 탐색한다.
- 표현능력을 개발하며 창의성을 증진시킨다.

활동방법

① 촉진자는 촛불을 켜고 조용한 음악과 함께 마음을 모으고 안정시킨다.
② 집단구성원들은 촛불에 초점을 모으고 집중하면서 서서히 눈을 감는다.
③ 촉진자는 상상여정으로 초대하는 글을 읽어준다.
④ 상상여정을 마치고 모래놀이작품을 꾸민다.
⑤ 구성원들 모두가 자신의 작품을 소개하고 감상을 나눈다.

예문

이제 당신은 상상여정의 문을 열고 당신만의 동굴로 들어갑니다. 당신은 바로 앞에 켜져 있는 흔들리는 촛불을 들고 조심스럽게 걷기 시작합니다. 동굴에는 간간히 물방울이 떨어지는 소리가 들리기도 하고 정적이 주는 알 수 없는 바람 지나는 소리도 들립니다. 당신이 걸음을 옮길수록 촛불은 더욱 밝아져 주변을 환하고 따스하게 비추어집니다. 이제 동굴 안에 철저히 혼자인 당신은 발이 크게 보이고 다리도 보이고 팔도 손도 손가락도 모두 정겹게 함께 하며 목도 얼굴도 머리도 보입니다. 촛불을 가까이도 해보고 멀리도 해보니 당신의 몸 전체가 크게도 작게도 보입니다. 당신은 동굴 안에 오롯이 존재하는 당신을 안아보며 따스함을 느끼고 사랑스럽고 귀하고 지혜로움을 가진 것을 깨닫습니다. 당신은 이제 어떤 어려움이 와도 이겨 나갈 수 있는 특별한 존재임을 알았습니다. 걸음을 옮기며 북받치는 감사함에 '감사합니다'의 설렘을 읊조리니 촛불은 저절로 꺼지고 새로운 세상에 내가 있습니다. '나는 특별합니다. 나는 귀합니다.' 마음속으로 세 번 천천히 읊조리고 눈을 뜹니다.

🐴 상담적 질문

- 자신의 여정을 어떠했고 무엇을 경험했는가?
- 여정의 과정에서 어떠한 심리적, 신체적 변화가 있었는가?
- 자신의 귀한 점은 무엇인가?
- 자신의 귀한 점을 만나는데 어떤 어려움이 있었고, 어떤 노력을 했었는가?
- 이 과정에서 배운 것은 무엇이고, 얻은 것은 무엇인가?

🌀 유의점

- 촉진자는 상상여정의 글을 읽을 때 천천히 읽어가며 구성원들의 안정을 꾀한다.
- 촉진자는 현실적이고 사고적인 구성원들에게는 어려운 과정이 될 수 있으므로 이 경험 전에 정서적 기능에 대한 교감을 감정언어놀이로 워밍업의 시간을 갖는다.

자기소개하기

🏛 대상

청소년, 청년, 성인, 노인

🚂 목표

- 집단구성원들이 자기 자신에 대한 자신감, 실망감을 인식한다.
- 구성원들은 자기소개를 통해 자신의 지각체계를 인식한다.
- 구성원들은 자신의 경험에서 무엇을 개방하는지, 개방의 망설임이 무엇인지 알 수 있다.
- 자신과 타인들의 소개의 차이점을 통해 각자의 존재방식의 모습을 인식한다.

🔊 활동방법

① 집단구성원들에게 자신을 소개할 부분을 생각해서 소품 2~3개로 모래상자에 꾸민다.
② 각자 자신의 소품을 통해 자기소개를 하고 구성원들은 경청과 피드백을 한다.
③ 자기소개 발표를 한 구성원은 피드백을 듣고 자기의 생각과 느낌을 나눈다.

🐎 상담적 질문

- 자기소개를 하면서 어떤 내가 자랑스러웠나요? 말하기 어려웠나요?
- 자기소개를 할 때 어떤 나를 제일 먼저 말했나요?
- 다른 구성원들이 이야기하는 자기소개와 자신의 자기소개는 무엇이 달랐나요?
- 앞으로 자기소개를 하는 기회가 있다면 어떤 나를 소개하고 싶은가요?

🎐 유의점

- 촉진자는 집단구성원들이 피드백을 할 때 발표자의 언어표
  현과 소품표현에 한정해서 질문하도록 하며 충고와 판단에
  대해 금지하도록 반드시 알린다.
- 발표자의 소개에 구성원들은 섣부른 유추와 판단으로 함부
  로 발표자의 언어를 막지 않도록 한다.
- 촉진자는 집단구성원들에게 정해진 시간 내에 이야기하기를
  요청한다.

요즘 내가 나에게 하는 질문은?

🔺 대상

청소년, 청년, 성인, 노인

🚂 목표

- 자신에게 하는 질문을 통해 자신의 현재 이슈를 알 수 있다.
- 자신과의 내면대화의 동기화가 될 수 있다.
- 관점의 시작은 자신으로부터 임을 인식할 수 있다.
- 자신의 내면욕구를 인식할 수 있다.

🎨 활동방법

① 촉진자는 구성원들에게 자신에게 주로 하는 질문을 쓰고
   거둔다.
② 집단구성원들은 자신의 질문을 모래상자에 소품으로 표현
   하고 발표한다.

③ 다른 구성원들은 발표한 구성원에게 피드백하고 핵심감정을 찾아보게 한다.

④ 발표한 구성원은 피드백 받은 내용에서 자신의 핵심감정과 욕구를 표현한다.

⑤ 촉진자는 모든 발표가 끝난 후 자신의 내면 욕구를 만난 소감을 나눈다.

🐴 상담적 질문

- 질문은 나에게 무엇을 알려주었나?
- 살면서 자신의 질문을 어떻게 만났었나?
- 다른 구성원들과 자신의 질문은 어떤 차이점이 있었나?
- 같은 질문에서 구성원들의 다른 대안을 들었는지? 들으면서 무슨 생각을 했는지?

🌰 유의점

- 촉진자는 구성원들의 자기질문에서 폐쇄형과 개방형 질문 중 어떤 질문을 주로 했는지를 말하며 내면대화에서 개방형 질문의 중요성을 알려준다.
- 평소에 자기질문에서 자신이 어느 정도까지 내면대화를 하는지에 대한 탐색정도의 중요성도 알려준다.

....

이미지 자화상

....

🏔 대상

청소년, 청년, 성인, 노인

🚂 목표

- 자신을 객관적으로 탐색할 수 있다.
- 자신의 주관성과 객관성의 정도를 탐색할 수 있다.
- 자신의 전체성에 대해 탐색할 수 있는 계기가 된다.
- 자신에 대한 자각과 몸을 돌볼 수 있는 계기가 된다.

📣 활동방법

① 지점토로 자신의 모습을 만든다.
② 자신을 닮은 소품을 찾아 선택해 모래상자에 놓는다.
③ 자신이 선택한 소품을 들고 집단구성원들이 선택한 소품으로 앞에 놓고 침묵으로 만남을 가져본다.
④ 집단구성원들의 자화상 소품을 한 사람씩 모래상자에 넣고 피드백한다.

🐎 상담적 질문

- 자신을 어떻게 보는지?
- 당신은 어떻게 보이고 싶은지?
- 다른 사람들은 자신을 어떻게 보는가?
- 나는 무엇을 보고 있는가?
- 당신은 제시한 상황(여러 가지 상황을 촉진자가 제시)에서 어떻게 반응할 것인가?
- 자신에게 필요한 것은 무엇인가?

🐚 유의점

- 촉진자는 자신의 얼굴과 모습을 만들고 꾸미면서 자신의 내면세계에 대한 탐색을 할 수 있도록 침묵하면서 활동할 수 있게 한다.

문장 완성하기

🏛 대상

청소년, 청년, 성인, 노인

🚂 목표

- 자신의 견해를 자연스럽게 표현할 수 있다.
- 개인의 감정과 가치에 대한 견해를 알아볼 수 있다.
- 같은 문장완성의 미션에 각자의 경험에 따른 다른 표현을 경험할 수 있다.

📢 활동방법

① 문장완성의 미션 내용을 볼 수 있게 한다.
② 문장완성의 내용을 생각해 소품으로 모래상자에 꾸민다.
③ 모래상자에 꾸며진 상황을 발표한다.
④ 집단구성원들은 발표자의 이야기에 긍정의 언어로 피드백한다.
⑤ 발표자는 피드백을 들으며 경험한 체험을 나눈다.

🐴 상담적 질문

- 문장완성의 내용에서 어떤 것이 힘들었는지? 왜 그런지?
- 이 활동이 본인에게 인지적, 정서적, 신체적으로 어떻게 영향을 미쳤는지?
- 생각과 느낌을 이야기하며 자신의 견해를 표현함에 있어 바람직한지? 미흡한지?
- 자신의 감정과 가치에 대한 견해가 정리되어졌는지?

유의점

- 촉진자는 문장완성을 위한 주어질 내용에 대해 연령별로, 문제유형별로 다르게 문장완성의 내용을 접근할 수 있다.
- 자신의 생각을 자유롭고 솔직하게 표현하도록 격려한다.
- 작품 활동이 끝나면 문장완성의 내용에서 각 개인이 선택해서 발표할 수 있게 할 수도 있다.
- 문장완성의 내용에서 그룹에서 토의하여 하나의 문장을 각자 완성해서 나눌 수 있게 할 수 있다.

그림자 세척 놀이

대상

청소년, 청년, 성인, 노인

목표

- 자기성찰의 길이 되는 것을 인식할 수 있다.
- 자기투사를 깨달을 수 있다.
- 자기 열등감을 인식할 수 있다.
- 용기의식의 확장이 될 수 있다.
- 표현이 안정감과 치유감이 됨을 인식할 수 있다.
- 모든 인간은 부정성에 대한 소유가 다 있음을 인정할 수 있다.

활동방법

① 촉진자는 모든 인간은 사회적 관계가 있으며 그 관계에서 불편한 대상은 누구나 있음을 알려주어 안심하게 한다.

② 각자의 인간관계에서 자신이 제일 싫어하는 대상을 소품이 미지로 표현한다.

③ 싫어하는 대상이미지를 언어로 발표하게 한다.

④ 그 대상 이미지에게 하고 싶은 이야기를 한 문장으로 간결하게 정리한다.

⑤ 집단구성원 모두가 자신의 싫은 대상 이미지를 모아 부정적 작품으로 꾸미게 한다.

⑥ ④번의 간결한 문장을 자신의 이름을 넣어 발표하게 한다.

⑦ 전체느낌을 나눈다.

🐴 상담적 질문

- 자신의 부정적 대상은 주로 어떤 사람인가? 어떤 상황인가?
- 자신의 부정적 대상을 언어로 표현할 때와 작품의 퍼포먼스로 꾸밀 때는 어떠했는가?
- 부정적 대상에게 했던 간결한 문장을 자신의 이름으로 바꾸어 표현했을 때는 어떠했는가?

🌰 유의점

- 촉진자는 ①번 활동방법을 설명할 때 최대한 짧고 명료하게 설명할 수 있어야 한다.
- 촉진자는 ④번 활동방법을 표현할 때 이미지에 이름을 붙이게 하여 한 문장으로 소리 내어 표현하게 한다. (예: "잘난 척아! 너만 잘 났냐? 뭐든지 너만 나서려 하냐?")
- ⑤번 활동방법의 부정적 작품을 꾸밀 때 가장 공포스럽게, 추악하게, 더럽게, 유치하게 꾸미도록 한다.
- 이때 불편함을 느끼는 구성원은 관찰의 기회를 줄 수 있게 하여 안정감을 제공한다.

바보축제

🏛 대상

아동, 청소년, 청년, 성인, 노인

🚂 목표

- 즐거움은 인지에서 오는 것이 아님을 인식할 수 있다.
- 자신의 탐욕을 알아차릴 수 있다.
- 웃음의 중요성을 인식할 수 있다.
- 자신의 열등성과 우위성을 인정할 수 있다.
- 마음의 경직성과 유연성을 탐색할 수 있다.

📐 활동방법

① 가장 우스꽝스런 소품을 모래상자에 표현한다.
② 위의 소품을 보면서 가장 재미있는 상상을 발표해 본다.
③ 발표한 재미있는 상상에 각자 제목을 붙여본다.
④ 각자의 소품을 모아 하나의 작품으로 재미있는 이야기를 나누어 작품을 꾸민다.
⑤ ③번의 제목을 모두 모아 각자 글을 써 발표해본다.
⑥ 집단발표에서 배운 것을 나눈다.

🎠 상담적 질문

- 바보는 우리에게 무엇을 느끼게 하고 생각하게 하는가?
- 자신의 바보모습을 바라볼 때 무슨 말을 해 줄 수 있는가?
- 다른 구성원들의 바보모습은 어떠했는가?
- 어떨 때 바보의 모습이 나 자신에게 있는가?

🎐 유의점

- 촉진자는 ⑤번 활동방법을 실시할 때 충분한 시간을 주며 명상음악을 제공할 수도 있다.

나의 왕국

🏛 대상

아동, 청소년, 청년, 성인, 노인

🚂 목표

- 자신의 탐욕을 알아차릴 수 있다.
- 자신이 통제하고 싶어 하는 삶의 영역을 살펴볼 수 있다.
- 자신의 평가적 태도와 다양한 정보를 수집할 수 있다.
- 자신의 경직성과 분별력을 파악할 수 있다.

🔩 활동방법

① 자신이 만들고 싶은 왕국을 모래상자에 자유롭게 꾸민다.
② 위의 작품에서 가장 중요한 세 가지의 법과 규칙을 소품으로 지정한다.
③ 자신이 만든 왕국의 이름을 만들어 본다.
④ 자신의 왕국에서 지켜야할 법과 규칙을 소개한다.
⑤ 자신의 왕국에서 법과 규칙의 순종의 보상과 벌칙에 대해 소개하고 나눈다.
⑥ 집단발표에서 왕이 수정한 것과 배운 것을 나눈다.

🐎 상담적 질문

- 이 왕국에서 가장 중요한 것은 무엇인가?
- 왕이 되어 법을 만들어 보니 어떤가?
- 법과 규칙을 어길 때의 벌칙을 정할 때 어떠했는가?
- 왕국에 법과 규칙이 없다면 어떻게 될 것인가?
- 왕은 어떤 성향을 갖고 있어야 하는가?
- 위험한 왕은 어떠한 성향의 사람인가?

🌰 유의점

- 촉진자는 이 활동을 실시할 때 아동의 경우에는 모래상자에
  꾸민 것을 설명하고 나눔을 가질 때는 주인공 아동에게 왕관
  을 씌워주어야 한다. 그럴 때 주인공 아동은 좀 더 존중받음을
  느끼게 되고 위엄의 경험을 강하게 할 수 있게 된다.

영화 속 한 장면

🔺 대상

아동, 청소년, 청년, 성인, 노인

🚂 목표

- 자신의 현재 심리적 초점을 알아차릴 수 있다.
- 환경이 주는 상황을 받아들이고 정립하는 능력은 자신에게
  있다는 것을 자각할 수 있다.
- 환경의 상황이나 사람들이 삶 안에서 함께 연결되어 있음을
  인식할 수 있다.

- 자신의 창조적 능력을 인식할 수 있다.
- 자신의 삶의 주인공은 자신임을 통찰하게 된다.

활동방법

① 자신이 보았던 영화 중 한 장면을 꾸민다.
② 꾸민 작품의 상황을 설명한다.
③ 구성원들은 표현을 들으며 각자 느낀 점을 소품으로 가져온다.
④ 구성원들이 가져온 소품을 작품 설명 주인공이 받아서 모래상자에 놓고 싶은 자리에 배치한다.
⑤ 재구조화 된 모래상자의 차이점을 말한다.
⑥ 작품주인공은 새로 만들어진 영화에서의 느낌을 제목으로 붙인다.
⑦ 구성원들은 긍정적 지지의 언어를 해준다.

상담적 질문

- 꾸며진 영화의 한 장면을 설명해 줄 수 있나요?
- 이 장면이 나의 삶에서 어떤 영향을 미쳤나요?
- 구성원들이 주는 소품을 영화의 장면에 재배치할 때 어떠했나요?
- 처음의 장면과 현재의 장면은 어떻게 바뀌었고 다시 바꾼다면 어떻게 바꾸고 싶나요?
- 삶에서 내가 나에게 준 영향과 환경이 준 영향의 정도는 어느 정도 인가요?
- 새로운 영화에 제목을 붙인다면?
- 새로운 영화의 장면에서 자신이 배울 수 있었던 점은 무엇인가요?

🎐 유의점

- 촉진자는 이 활동을 실시할 때 구성원들이 주는 소품을 활용할 때 진지한 자세로 작품창작 주인공에게 침묵의 지지를 보낼 것을 안내한다. 이는 의식적인 행위여도 모두 긍정 에너지의 연결을 경험하게 하는 것이다.

....

엄마와 어머니

....

⛰️ 대상

청소년, 청년, 성인

🚂 목표

- 엄마와 어머니의 감성적, 이성적 차이를 인식할 수 있다.
- 퇴행적인 자신과 현실적인 자신을 되돌아 볼 수 있다.
- 자신의 성장과 성숙을 통찰할 수 있다.
- 감사의 능력을 증진 시킬 수 있다.

📣 활동방법

① 구성원 모두 눈을 감고 돌아가면서 "엄마"를 조용히 소리 내어 말해본다.
② 엄마의 느낌을 소품으로 가져와 모래상자에 놓는다.
③ 모래상자에 주의를 기울이며 잠시 침묵한다.
④ 구성원 모두는 눈을 감고 돌아가면서 "어머니"를 조용히 소리 내어 말해본다.
⑤ 어머니의 느낌을 소품으로 가져와 모래상자에 놓는다.

⑥ 모래상자에 주의를 기울이며 잠시 침묵한다.

⑦ 엄마와 어머니에 대한 차이점의 느낌이 있다면 나누어본다.

🐎 상담적 질문

- 엄마와 어머니에 대해 자신은 언제부터 명칭을 다르게 불렀나요?
- 엄마라고 불렀던 시절의 자신은 무엇이 행복했고 무엇이 아쉬웠나요?
- 어머니라고 부르는 자신의 모습은 어떠한가요?
- 엄마와 어머니라고 부를 때 어떤 모습의 엄마가, 어머니가 떠올랐나요?
- 자신이 눈물을 흘렸다면 어떤 의미인가요?
- 어머니에게 감사한 것은 무엇인가요?

🐚 유의점

- 상담자는 이 활동을 실시할 때 구성원들이 엄마와 어머니에 대한 느낌 구별이 어렵다면 하지 않고 다른 사람의 이야기를 듣고 떠오르면 그때 소품을 가져와도 된다고 알려준다.
- 상담자는 "엄마", "어머니"를 눈감고 부르고 난 후 소품 선택을 할 때 침묵에서 선택할 수 있게 안내한다.

뽑기 게임

⛰️ 대상

청소년, 청년, 성인

🚂 목표

- 내적 추리과정으로 새로운 자신의 가치관을 창조할 수 있다.
- 다른 사람들이 자신에 대한 관심의 '상상적, 관중적' 착각을 우회할 수 있다.
- 선별된 소품을 통해 자신의 경험의 실제를 넘어서 자유나 행복 등의 추상적 사고를 가능하게 한다.
- 미래에 대한 이상적 추구를 탐색할 수 있다.
- 세상은 모두 함께 나아가는 연결의 의미임을 자각하게 된다.

📐 활동방법

① 구성원들은 상담자가 준비한 주머니나 통에 손을 넣어 감각으로 느끼며 하나의 소품을 꺼낸다.
② 소품을 바라보며 자신과의 연결성을 찾는다.
③ 구성원 모두 소품을 모래상자에 배치한다.
④ 자신이 선택한 소품에 대해 자신의 연결성을 이야기 한다.
⑤ 다른 구성원들의 이야기를 듣고 가장 연결성이 강한 사람과 나눔을 가진다.
⑥ 모두 함께 각자의 소품으로 하나의 작품을 만들고 제목도 붙여본다.

🐴 상담적 질문

- 자신의 손이 선택한 소품을 보았을 때 어떤 느낌이었나?
- 자신의 소품에서 아쉬움과 만족감은 어떤 것이었나?
- 자신과 소품의 연결이 어떠했는가?
- 연결이 강한 사람과의 나눔에서 무엇을 느꼈고 무엇을 배웠나?
- 각자의 작품을 모두 모아 하나의 작품을 만들었을 때 나의

위치와 역할은 어떠했는가?

- 인간에게 연결된 것은 무엇인가?

🎾 유의점

- 상담자는 이 활동을 실시할 때 추상적 개념을 이해할 수 있는 의미 유목화에 대해 대상에게 실시하는 것이 적절하다.
- 상담자는 천 주머니 혹은 상자 같은 것에 구성원들이 무작위로 고를 수 있도록 소품을 안에 넣어 준비한다.

나무에 매달린 원숭이

🏔 대상

유아, 아동

🚂 목표

- 유아동이 경험하는 심리적 세계의 능력을 탐색할 수 있다.
- 감각적 탐색을 충분히 할 수 있는 기회를 제공할 수 있다.
- 다양함을 인정하고 과정의 즐거움을 경험하여 자아강화의 부분적 요소가 되게 한다.
- 자기중심성을 극복하여 타인을 인식하고 함께 놀이의 즐거움을 경험하게 한다.
- 물체의 다양성 추구의 창의성을 경험하게 한다.

📢 활동방법

① 상담자가 먼저 모래상자에 나무에 매달린 원숭이를 꾸민다.

② 유아동의 구성원은 이것을 보고 무엇 같아 보이는지 각자의 이야기를 하게 하거나 동작으로 표현하게 한다.
③ 구성원들에게 한 사람씩 나무를 좀 더 다르게 꾸밀 수 있게 재료를 제공한다.
④ 구성원들이 만든 나무에 이름을 각자 붙여본다.
⑤ 원숭이의 감정을 각각 이야기해 보며 원숭이의 이름을 감정으로 만들어 본다.
⑥ 각자 원숭이의 기분을 행동으로 표현하면 구성원들은 똑같이 따라해 본다.
⑦ 음악에 맞춰 모두 각자의 원숭이의 기분표현을 율동으로 표현한다.

🐴 상담적 질문

- 지금 이 모래상자에 무엇을 만든 것 같나요?
- 모래상자의 작품을 몸으로 어떻게 표현할 수 있나요?
- 원숭이가 매달린 나무를 더 멋지게 만들려면 어떻게 해야 할까요?
- 이제 원숭이는 이 나무를 어떻게 생각하고 기분은 어떨까요?
- 내가 원숭이라면 어떻게 이 기분을 표현할까요?
- 제목을 지어볼까요?
- 나무는 몇 살이고 무슨 생각을 할까요?

🐴 유의점

- 상담자는 이 활동을 실시할 때 나무를 풍성하게 꾸밀 수 있도록 색종이, 끈, 방울 등 다양한 재료를 준비해 놓는다.
- 나무나 원숭이의 이름을 붙일 때 같은 이름이면 이름 끝에

1, 2를 붙여준다.
- 상담자는 마무리에 유아동의 즐거움에 적합한 음악을 선정한다.

동물놀이

🏛 대상

유아, 아동

🚂 목표

- 소근육과 대근육의 발달을 촉진한다.
- 모래놀이의 감각적 장점을 통해 움직임 활동을 촉진할 수 있다.
- 동물놀이를 통해 정서표현을 조정할 수 있는 기회를 갖는다.
- 새로운 자기이미지를 형성해 볼 수 있다.
- 공포스러운 경험에 대한 억압된 반응을 탐색할 수 있다.

🔺 활동방법

① 상담자는 오늘 놀이의 동물원 이름(예: 사이좋은 동물원, 잘난 척 동물원 등)을 지어보자고 제안한다.
② 동물원 이름을 선정하는데 민주적인 방식으로 선택한다.
③ 소품으로 자기상의 동물을 선택해 모래상자에 배치하게 한다.
④ 유아동의 구성원들이 차례대로 돌아가며 자기상의 동물을 소개한다.

⑤ 구성원들은 각자 제일 친하고 싶은 동물에게 친하게 싶은 이유를 말하게 한다.
⑥ 각자의 동물을 들고 특징 흉내내기를 하면 다른 구성원들은 그 모습을 따라한다.
⑦ 모두 동물들을 가볍게 스킨십하며 모래상자에 동물을 배치하게 한다.

🐴 상담적 질문
- 모두 동물원의 이름을 지어볼까?
- 내가 좋아하는 동물을 가져와 모래상자에 놓았는데 이 동물을 소개해 줄 수 있나?
- 왜 나는 그 동물과 친하고 싶은가?
- 그 동물과 닮은 사람은 있는가?
- 친구들이 선택한 동물로 우리 가족을 표현한다면 혹은 우리 친구를 표현한다면?
- 우리 동물원에서 놀은 소감은?

🌰 유의점
- 상담자는 유아동들이 발표를 할 때 발표한 아동들의 오른쪽으로 돌아가면서 각각의 기회를 준다면 다음 순서의 유아동은 준비했다가 말하게 된다.
- 발표하지 않으려는 유아동에게는 상담자가 하고 싶을 때 하게 하거나 자신감이 없는 의존적 아동은 상담자가 살짝 귓속말로 아이디어를 전달해 줄 수도 있다.
- 동물자기상을 소개할 때 긍정적인 면과 부정적인 면 중 어떤 면을 강조하는지를 살펴보아야 한다. 이는 유아동의 환경적 요소와도 밀접한 영향을 탐색할 수 있기 때문이다.

시장놀이

🔺 대상

유아, 아동

🚂 목표

- 개인적 선호성에 대한 탐색을 할 수 있다.
- 모래놀이의 변화적 장점을 통해 역할놀이 활동을 촉진할 수 있다.
- 시장놀이를 통해 물질적 소망을 충족할 기회를 갖는다.
- 일상생활의 일면을 탐색할 수 있다.
- 사회적 친밀감형성과 관찰력을 증진시킬 수 있다.

🔻 활동방법

① 모래상자에 가게의 특성을 소품으로 표현하게 한다.
② 자기가 만든 가게를 긍정적으로 소개한다.
③ 본격적인 시장놀이를 하며 종이화폐를 사용하게 한다.
④ 5분의 시장놀이를 하고 다시 자기 가게를 정리하게 한다.
⑤ 시장놀이에서 경험을 동작으로 표현하며 나눈다.

🐴 상담적 질문

- 나는 시장놀이에서 왜 이 가게를 만들었나?
- 손님이 왔을 때와 오지 않았을 때는 어떠했는가?
- 시장에서 물건을 살 때 가게주인은 어떤 점이 좋았는가, 불편했는가?
- 나는 물건을 사서 어떻게 쓰려고 했는가?

- 물건을 살 때 무엇을 중점적으로 보는가?
- 평소에 나는 어떤 물건을 사고 싶었나?
- 평소에 시장에 가면 누구랑 함께 가고 그곳에서의 어떤 기억
  이 있는가?

🎲 유의점

- 상담자는 시장놀이의 즐거움을 증폭시키기 위해 시장놀이의
  음악이나 율동을 활용할 수 있다.
- 상담자는 종이돈을 준비해서 구성원들에게 주면 시장놀이가
  더욱 활성화 될 수 있다.
- 시장놀이를 할 때 시간의 한계를 준다. (예: 유아 5분, 아동
  10분 정도로 설정)
- 시장놀이 경험을 나눌 때 상담자는 구성원이 어릴수록 짧게
  하고 행동으로 표현하게 할 수도 있다.

동생이 생겼어요!

🏛 대상

유아, 아동

🚂 목표

- 부모의 사랑에 대한 수용 정도를 알 수 있다.
- 애착의 안정성과 불안정성에 대해 탐색할 수 있다.
- 안정 애착의 재형성의 기회를 제공할 수 있다.
- 사랑철회의 불안을 이완할 수 있다.

- 새 생명에 대한 준비로 휴먼적 심리의 밑거름이 될 수 있다.
- 자존감 성장을 위한 활동으로 배려를 배울 수 있다.

활동방법

① 상담자는 아기 사진들을 보여주면서 어떻게 느끼는지를 말하게 한다.
② 내 동생이면 좋겠다는 소품을 가져오게 한다.
③ 소품으로 자기 동생인 것처럼 하면서 소개하게 하고 안고 있게 한다.
④ 동생이 자기에게 뭐라고 부르는지 무슨 말을 하는지 귓속 말을 하게 하고 발표한다.
⑤ 모래상자에 아기를 바구니에 담아 배치한다.
⑥ 아기가 운다면 자신이 해 줄 수 있는 것 중 할 수 있는 행동을 하게 한다.
⑦ 모래상자에서 각자가 아기가 되어 형과 누나와 오빠 및 언니에게 하고 싶은 이야기를 하게 한다.

상담적 질문

- 동생이 태어나면 나는 어떨 것 같나?
- 내가 동생에게 해 줄 수 있는 것은 무엇인가?
- 동생이 태어난다면 어떤 동생이었으면 좋을까?
- 동생과 어떤 놀이를 할까?
- 동생이 나에게 무엇을 주었으면 좋을까?
- 엄마, 아빠는 동생에게 무엇을 줄 수 있을까?
- 동생이 형(누나, 오빠, 언니)에게 고맙다는 표현을 어떻게 할 수 있을까?

🌑 유의점

- 상담자는 동생이 생기는 것에 대한 불안이 큰 유아동이라면 먼저 자신이 아기일 때의 이야기를 모래상자에 표현하게 할 수도 있다.
- 아동들이 간혹 모래에 아기소품을 묻는 행위를 할 수 있는데 그런 아동에게는 상담자가 더욱 따뜻하게 터치를 통해 지지와 격려의 메시지를 전해 주어야 한다.
- 아기 양육에 우유먹이기, 기저귀 갈아주기, 침 닦아주기 등의 역할놀이를 해보게 한다.

2 관계형성

인간은 살아있는 동안 대부분의 시간을 타인들과 상호작용하며 관계 안에서 살아간다. 관계는 일상 안에서 반복적으로 일어나며 사람과 사물 및 상황을 포함한 환경에 서로 영향을 미치고 관계를 맺는 과정의 일체를 말하는 것이다. 이 관계의 구조 안에서 자발적으로 형성되는 인간의 감정은 대인관계에서 오는 무의식적인 억압 때문에 굳어진다고 심리학이나 인류학에서 말한다. 인간의 다양한 감정은 전체 균형을 잡기 위해 상호보완 혹은 상호통제 및 상호의존적 관계를 맺게 된다. 인간의 관계는 행복을 주기도 하지만 고통을 주기도 한다.

본 저자는 많은 내담자들을 만나오면서 그들의 고통의 키워드를 들라면 '인간관계'의 고통이라고 말할 수 있다. 사람들마다 각자의 관계패턴의 구조가 있는데 그 패턴에는 살아오면서 자신의 경험의 역사가 그대로 녹아있으므로 그 경험의 표현을 촉진하는 것도 매우 중요한 의식행사라고 할 수 있다. 인간관계에서 오는 고통은 안전한 집단 안에서 현실과 화해하고 함께 살아갈 수 있는 지혜를 배우고 풀어가야 한다.

영아들도 울음과 웃음으로 상호작용을 원하고 자라면서 점차 관계 상호작용의 패턴은 구체화되고 다양해진다. 인간은 바람직한 상호작용을 통해 적절한 관계를 원하지만 인지측면만 강조하는 교육현장의 패턴은 바뀌지 않고 있으므로 똑똑한 사람은 인정되나 상호작용의 푸근한 사람은 인정되지 않는 사회 속에서 혼란을 경험하게 된다. '인성'이라는 대 주제는 있지만 그 안에 사회성과 정서성에 대한 것은 평가절하 되고 있는 실정이다. 그렇다면 바람직한 관계는 무엇인가? 그것은 생각과 감정과 행동이 존중되어지는 것으로서 자신에게도 타인에게도 좋은 감정을 갖게 되며 긍정적인 사고변화와 자아존중감이 향상되는 편안감을 갖게 되는 연결감이다. 즉 관계 맺음은 상호작용 안에서 서로에게 지향하는 방향의 가치를 부여하면서 서로가 성장과 아픔의 중요한 계기가 된다. 관계 형성에서 중요한 것은 신뢰적인 관계가 형성될 수 있도록 관심을 보이고 이해하고 인정하고 사랑 표현하는 것이다.

인간중심상담의 창시자 로저스는 상담자는 전문가로서 전문적 기술을 사용하여 원하는 결과를 도출해야 하는데 그러한 노력을 위해 자신의 실수를 살피며 자신이 경험하고 있는 순간과 반응 및 충동을 소중히 여길 수 있게 되었고 이러한 모든 부분을 받아들일 때 더욱 진실될 수 있음을 깨달았다. 모든 관계에서도 상대방에게도 진솔하게 표현하는 것이 훨씬 더 좋은 결과를 가져오게 된다는 것을 배웠다고 했다. 집단상담의 목적이 함께하는 모든 관계에 적용될 수 있다는 믿음을 갖는 것이다.

인간은 기억의 체계 안에서 특별했던 날을 기억하며 정체성을 획득하기도 하고 자신이 속한 집단에서 비춰진 자신의 이미지를 떠올리며 자기평가를 하기도 한다. 즉 인간은 일상적 상호작용을 통해 개별적 특성을 이해하고 궁극적으로 모든 측면의 인지, 사회, 정서, 신체의 발달이 이루어지도록 적절한 경험이 제공될 수 있다. 우리는 감정표현이나 정서조절이 부족한 상태에서 살아가기 때문에 적절한 상호작용의 미숙한 삶을 감당하고 살아가고 있는 실정이다.

미숙한 상호작용은 미숙한 삶을 살게 하는데 이는 상호작용의 의미를 언어의 대화로만 함축할 때 생기는 것으로 현상적 환경에 서로 영향을 미치고 관계를 맺는 과정의 일체를 함께 살펴 적극적인 자세로 상호작용하여야 한다. 적극적이고 바람직한 상호작용은 삶의 질을 높이고 복합적이고 미래지향적인 의미부여의 지속적 과정으로 거듭나게 될 것이다.

인생그래프

🏛 대상
청소년, 청년, 성인, 노인

🚂 목표
- 자신의 나이와 경험에 따른 자기 지각체계에 있는 사건을 스스로 재경험 하게 한다.

- 사고적인 정립과 시각적인 정립의 차이를 인식하게 된다.
- 과거의 삶에서의 후회가 미래의 삶의 발판임을 인식하게 된다.

◤ 활동방법

① 촉진자는 자신의 연령에 따라 떠오르는 소품을 찾아 모래상자에 꾸미게 한다.
② 구성원은 연령에 따른 소품을 개수에 맞추어 놓은 부분을 한 사람씩 나눈다.
③ 촉진자는 구성원들이 모두 나눈 이야기들을 듣고 무엇을 느꼈는지에 대해 나눈다.
④ 촉진자는 집단구성원들이 돌아가면서 앞으로 살아가면서 어떻게 살고 싶은지를 말하며 마무리한다.

🐎 상담적 질문

- 기억이 안 나는 연령대는 행복감과 힘듦에서 어떤 것이 들어있을 것 같은가?
- 기억 소품을 통해 본 나의 살아온 형태는 어떠했는가?
- 어떤 연령대를 표현할 때 가장 힘들었는가?
- 어떤 연령대를 표현할 때 가장 뿌듯했는가?
- 기억 소품을 통해 본 자신의 삶에서 어떤 사람들에게 영향을 어떻게 받았는가?
- 소품표현을 통해 본 자신의 사고형태는 어떠하고 감정형태는 어떠한가?
- 자신은 주로 사고적으로 자신을 말했는가, 감정에 초점을 두고 말했는가?

🎲 유의점

- 촉진자는 집단구성원 연령대에 맞추어 3살, 6살, 9살, 12살… 혹은 5살, 10살, 15살… 혹은 10살, 20살… 등으로 융통적으로 활용한다.
- 촉진자는 구성원들이 떠오르지 않는 연령대는 표현하지 않을 수도 있음을 알려 편안한 분위기를 제공한다.
- 촉진자는 위의 마무리과정에서 새로 태어나는 기분이 들도록 지지하는 분위기를 만든다.

....

Guess What(뭘까요)!
....

🏛 대상

유아, 아동, 노인

🚂 목표

- 상대방에 집중할 수 있는 연습을 할 수 있다.
- 게임 같은 즐거움의 에너지를 활용할 수 있다.
- 자신의 소품과 타인의 소품으로 이야기를 꾸미면서 창의성을 발휘한다.
- 같은 상황에서 개성적 개인차의 범위를 만나 다름을 경험할 수 있다.

📐 활동방법

① 각 개인이 소품을 한 개씩 가져와 손이나 옷 속에 감추어 둔다.

② 자신이 갖고 온 소품을 보여주지 않고 설명하며 스무고개 수수께끼처럼 맞추게 한다.

③ 집단구성원들은 잘 듣고 게임처럼 맞추어 간다.

④ 소품소지자는 소품을 모래상자 위에 올려놓고 갖고 온 이유를 설명한다.

⑤ 각 개인들의 소품을 위의 방식으로 맞추고 모래상자에 놓여진 6~10개의 소품으로 각자 자신의 이야기를 만들어 본다.

🐎 상담적 질문

- 게임이 진행될 때 자신은 적극적이었는가? 소극적이었는가? 소극적이었다면 어떤 부분이 소극적인 요인이 되었다고 생각하는가?
- 어떤 놀이가 자신에게 즐거움을 극대화하고 유발하게 하는가?
- 자신 외에 모두의 소품으로 이야기를 꾸미는 것에서 무엇을 알게 되었는가?

🏀 유의점

- 촉진자는 시작하면서 소품을 감출 수 있도록 작은 주머니를 준비하거나 혹은 소품 찾는 사람 외에 다른 구성원들은 눈을 감게 하여 실행하게 한다.
- 소품 맞추기 게임에서 오랜 시간 맞추지 못할 경우에는 촉진자가 개입해 함께 맞추기 설명을 하여 다른 집단구성원들이 각자 모두 참여할 수 있는 시간을 가질 수 있도록 조절한다.

침묵여행

🏯 대상

청소년, 청년, 성인

🚂 목표

- 집단에서 어떤 구성원이 영향력을 갖고 있는가를 살펴볼 수 있다.
- 집단구성원들의 침묵의 상황을 견디는 패턴을 살펴볼 수 있다.
- 자기 순서의 기다림에서 침묵에서 공감을 느낄 수 있다.
- 침묵하면서 함께 만드는 모래상자작품의 공감성과 다양성을 살펴볼 수 있다.
- 침묵에서 만들어지는 집단구성원들의 무의식적 상징의 조화를 탐색할 수 있다.
- 공동작품에서 능동적인가, 수동적인가에 따른 자기모습을 인식할 수 있다.

🔻 활동방법

① 촉진자는 구성원들에게 언어를 활용하지 않고 침묵으로 집단모래상자를 꾸밀 것을 요청한다.
② 집단구성원들은 순서를 정해 세 번 혹은 네 번을 차례대로 돌아가면서 소품 한 개씩 선택해 모래상자에 놓는다(이때 소품을 놓았을 때 다음 사람에게 '다 했다'라는 사인을 눈으로 하게 하고 다음 사람이 소품을 선택한다).
③ 구성원들이 세 번 혹은 네 번을 차례대로 다 표현했을 때 모래상자에 공동작품을 꾸민 것을 잠깐 침묵하고 바라보며 어떤 공동작품이 되었는지 각자 생각해 본다.

④ 촉진자는 집단구성원들이 침묵으로 꾸며져 가는 모래상자의 작품을 보며 어떤 생각과 어떤 느낌을 가졌는지 나누게 한다.
⑤ 구성원들은 모래상자작품 진행과정을 나누고 함께 협동해서 새로운 작품을 만든다(이때 소품은 더 가져올 수 없고 있는 것으로만 활용해 새로운 공동작품을 만든다).
⑥ 공동작품의 스토리를 만들고 제목도 지으며 모두 만족한지를 확인한다.

상담적 질문
- 소품을 놓는 사람의 마음을 헤아려 보았는가? 아니면 상관없이 놓았는가?
- 침묵으로 여러 사람이 소품을 모래상자에 놓는 것을 보면서 나는 어떤 마음으로 임했는가?
- 어떤 소품을 놓을 때 답답했는가? 도움을 받았는가?
- 모래상자작품이 어떻게 되어가기를 바랐는가?
- 공동모래작품을 만드는 과정이 어떠했는가?

유의점
- 촉진자는 완성된 작품의 앞면을 확인한다. 이것은 무의식적 심리에너지의 흐름이 어디로 향해 있는가를 확인하는 작업이다. 그러므로 촉진자는 모래상자작품의 앞면이 앉아 있는 사람에게 도움을 요청하기도 하며 집단을 안전하게 이끌고 갈 수 있다.
- 공동모래작품을 만들 때 주도자가 누구이며 이끌려가는 사람은 누구인지를 촉진자는 염두에 두어야 한다. 집단에서의 주도자와 수동적으로 이끌려가는 사람의 심리적 균형을 잡아야 집단활동이 잘 이루어져 갈 수 있음을 알아야 한다.

첫 인상 표현하기

대상

초등 아동(4~6학년), 청소년, 청년, 성인

목표

- 자기모습을 객관적으로 인식할 수 있게 된다.
- 자기모습의 자기시각과 타인시각의 차이점을 인식하게 된다.
- 자기관리에 대한 중요성을 인식한다.
- 직관력을 발휘할 수 있는 계기가 된다.
- 각자의 의사소통 패턴을 알 수 있다.
- 자기모습에 대한 대답에서 자신의 수용과 수용되지 못하는 점을 알 수 있다.

활동방법

① 구성원들은 한 사람을 정해 인상이나 느낌을 갖게 한다.
② 지정된 한 사람에 대한 첫인상을 소품으로 선택해서 지정된 사람에게 준다.
③ 지정된 사람은 구성원들에게 받은 소품을 모래상자에 꾸민다.
④ 지정된 사람은 소품을 갖고 꾸민 자기 모래상자작품을 소개한다.
⑤ 지정된 사람은 소품에 대한 자기모습을 질문하게 한다.
⑥ 구성원들은 지정된 사람이 하는 질문에 대답한다.

🐎 상담적 질문

- 자신에 대한 이미지를 보고 어떤 느낌을 받았는가?
- 구성원들의 이미지를 보고 어떤 느낌을 받았는가?
- 자신이 알고 있는 자신의 이미지와 타인이 보는 자기이미지
  에서 어떤 공통점과 차이점을 발견했는가?

🔮 유의점

- 타인의 첫 인상에 대한 모습을 말할 때 진솔한 것은 '나 - 전
  달'로 전하게 하며 비판의 언어는 하지 않도록 한다.
- 질문과 대답에서 부적절한 용어가 나왔을 때 촉진자는 개입
  해서 긍정의 상황으로 전환하도록 한다.

베스트 프렌드

🔺 대상

아동, 청소년, 청년, 성인, 노인

🚂 목표

- 친구의 의미를 다시 살펴볼 수 있다.
- 친구의 필요성이 무엇인지 탐색하게 한다.
- 친구와 우호적 관계능력을 배울 수 있다.
- 자신의 대인관계의 능력을 인식할 수 있다.

활동방법

① 촉진자는 집단구성원들에게 떠오르는 친구를 생각하게 한다.
② 연상되는 친구의 특징을 소품으로 선택해 모래상자에 놀이
하는 모습을 꾸민다.
③ 친구의 특징이나 놀이에서 표현된 것 중 가장 행복한 것과
힘든 것에 대해 나눔을 한다.
④ 구성원 중 자신도 발표자의 경험과 유사한 부분이 있으면
같이 역할극을 할 수도 있게 한다.
⑤ 전체 소감을 나눈다.

상담적 질문

- 친구 주제에 대한 소감은 어떠한가?
- 이 활동은 어떨 때 도움이 될 것 같은가?
- 왜 친구가 필요한가?
- 자신의 친한 친구는 어떤 성격인가?
- 친한 친구와 자신은 어떤 점이 닮았고 어떤 점이 다른가?
- 힘든 상황일 때 친구가 어떻게 도와주기를 바라는가?
- 친한 친구를 생각하면 어떤 느낌이 드는가?
- 살면서 친구가 없다면 어떨까?

유의점

- 촉진자는 친구가 떠오르지 않는 사람은 미래의 친구나 상상
의 친구를 꾸미게 한다.
- 친구의 기억이 아픔으로 자리하고 있는 구성원은 시간을 좀
더 충분히 주고 구성원들에게 격려와 배려의 표현을 장려한다.
- 촉진자는 집단구성원의 특성을 잘 살펴 '싫어하는 친구'의 주
제도 곁들일 수 있다.

채움과 비움

··

🏛 대상

청년, 성인

🚂 목표

- 주변인에 대한 소중함을 인식한다.
- 자신의 인간관계에 대한 영향을 탐색하게 된다.
- 만남과 헤어짐의 상호작용 감정을 표출하고 승화할 수 있다.
- 인생의 의미를 재인식 할 수 있다.

📣 활동방법

① 촉진자는 구성원들에게 살면서 소중하고 친근한 사람들을
   10명 정도 상징적 소품을 선택해 모래상자에 꾸미기를 요
   청한다.
② 집단구성원들은 각자 친근하고 소중한 사람들을 소개한다.
③ 촉진자는 미리 준비한 위험 요소적 상황의 글을 읽어주면
   서 한 사람씩 모래상자에서 사라지게 한다.
④ 촉진자는 마지막 한 사람을 남기고 이야기를 마치고 잠깐
   침묵의 시간을 허용한다.

🐴 상담적 질문

- 각자 자신에게 소중한 사람들의 특징은 어떠했는지?
- 행복한 상황에서 불행한 상황으로 넘어가면서 자신의 감정
  과 사고와 행동은 어떠했는지?
- 삶에서 인간관계는 무엇인가?

- 제일 먼저 사라진 사람은 누구인가?
- 제일 마지막까지 남은 사람은 누구인가?
- 사랑하는 사람들이 한 사람씩 비워질 때 내 마음은 어떠했는가?
- 사랑하는 사람들이 비워지면 그 자리에는 무엇으로 채울 수 있는가?
- 처음의 행복한 순간과 불행의 순간에 자신의 비교되는 마음을 어떻게 표현할 수 있는가?

🌑 유의점

- 촉진자는 소중한 사람에서 가족이 있는지, 없는지를 파악하며 구성원들의 인간 관계도를 인식하여 기본관계 패턴을 가늠한다.
- 집단구성원들이 소중한 사람들을 내려놓을 때는 무척 힘든 가슴 아픔을 경험하기 때문에 촉진자는 충분히 시간을 주면서 천천히 진행한다.
- 소중한 사람 10명에 자신은 주관적 대상이므로 표현하지 않게 한다.
- 촉진자는 한 사람씩 사라지게 할 때 집단구성원의 역동이나 소모시간에 따라 두 사람이나 세 사람을 한꺼번에 사라지게 할 수도 있다.
- 촉진자가 이야기를 만들 때 처음에는 최고의 행복을 지향하며 점차 비움으로 가는 과정의 이야기가 되어야 한다.

유산(遺産)

🏛 대상
청소년, 청년, 성인(인원: 4~6명)

🚂 목표
- 가족관계를 재인식 할 수 있다.
- 부모자녀 관계에서 상호간에 무엇을 주고받았는지 인식해 본다.
- 부모에게 무엇을 받고 싶은지, 왜 받고 싶은지에 대한 자기 인식을 명료화 할 수 있다.
- 부모자녀 간의 갈등과 수용에 대해 정립할 수 있다.
- 자신의 독립성과 의존성에 대해 인식할 수 있다.

🔻 활동방법
① 집단구성원들은 모래상자를 반으로 나누어 유산으로 받고 싶은 것과 받고 싶지 않은 것을 모래상자에 꾸민다.
② 모래상자에 꾸며진 작품에 대해 나눔을 한다.
③ 구성원들은 대화를 나눈 후 물질적인 것과 비물질적인 것에 대해 나눈다.
④ 구성원들은 위의 나눔에서 자신의 표현은 물질적인 것과 비물질적인 것의 선택 중 어떤 것이 더 많은지, 그 이유는 무엇인지에 대해 나눔을 한다.
⑤ 촉진자는 유산에 대해 구성원들의 역동이나 표현들에 대해 정리해 본다.

- 현재 부모에게 받은 유산은 무엇인가?
- 부모에게 받은 유산이 어떤 영향을 끼치는가?
- 부모에게 어떤 유산을 받기를 원하는가? 받기를 원치 않는가? 그 이유는 무엇인가?
- 부모에게 받을 수 있는 유산은 무엇인가? 그것은 어떻게 활용되기를 바라는가?
- 미래에 자녀에게 줄 수 있는 자신의 유산은 무엇일까?

🪨 **유의점**

- 촉진자는 유산에 대한 역동이나 표현들을 정리할 때 구성원들이 표현한 언어와 소품을 드러내 이야기하는데 반드시 긍정적 이야기가 되어야 한다.

···

문(門)

···

🏛 **대상**

아동, 청소년, 청년, 성인, 노인

🚂 **목표**

- 자신과 타인과의 관계를 자각하게 한다.
- 들어감과 나감의 차이를 인식한다.
- 성향에 따른 차이점을 알게 한다.
- 자신의 내면과 외면을 은유적으로 자각하게 한다.

🔺 활동방법

① 촉진자는 집단구성원들이 문 앞에 서있는 것을 상상하게
한다.
② 모래상자에 문을 꾸미고 안과 밖을 정한다.
③ 모래상자에 꾸민 문 밖과 문 안에 상황을 꾸민다.
④ 모래상자의 문 안과 밖의 이야기를 나눈다.

🐴 상담적 질문

- 이 문은 무엇으로 만들어져 있는가?
- 이 문을 통과하면 어떤 상황이 펼쳐져 있는가?
- 이 문은 자신에게 어떤 의미가 있는가?
- 이 문이 자신의 심리적 경향과 관련이 있는가?
- 자신은 어떤 문을 만들고 싶은가?
- 문을 열었을 때 어떤 상황이었으면 하는 바람이 있는가?

🐚 유의점

- 촉진자는 연령대에 따라 도입부분에 '동 동 동대문을 열어라'
라는 노래와 행동을 하게 하며 문을 드나드는 놀이로 안내
할 수 있다.
- 문 안과 밖에 사람이 있는지 없는지에 따른 적절한 피드백을
하고 이끌어간다.
- 문 안의 상황을 변형시켜 다시 이야기를 만드는 기회를 제공
한다.

사계절

🏔 대상

청소년, 청년, 성인, 노인

🚂 목표

- 계절의 개인적이고 심리적 의미를 탐색할 수 있다.
- 집단구성원들의 나눔 과정에서 각자의 투사적 느낌들을 이끌어 낼 수 있다.

📣 활동방법

① 집단구성원들은 사계절 중 각자 원하는 계절을 선택해 작품을 꾸민다.
② 선택 계절에 대해 나눈다.
③ 집단구성원들은 각 계절 소품을 모아 봄, 여름, 가을, 겨울의 영역별 모음으로 함께 의논해서 꾸민다.
④ 계절표현의 공통점과 차이점에 대해 나눈다.
⑤ 계절을 통한 배움을 나눈다.

🐎 상담적 질문

- 좋아하는 계절은 싫어하는 계절은 어떤 생각을 하게 하는가?
- 자신이 선택한 계절에 색깔과 연관시킨다면?
- 자신의 계절에 제목을 붙인다면?

🎲 유의점

- 촉진자는 이외에도 가장 싫어하는 계절과 가장 좋아하는 계절을 골라 탐색할 수도 있다.
- 사계절을 활용해 집단작품을 꾸밀 수도 있다.

친구사귀기

🔺 대상

아동, 청소년

🚂 목표

- 친해지고 싶은 친구와 친해지고 싶지 않는 친구를 생각하면서 자신의 모습을 살펴본다.
- 친구를 칭찬하는 경험을 통해 긍정적 시각으로 친구를 바라보는 연습을 한다.
- 경청의 의미와 중요성을 파악하게 한다.
- 일상생활에서 공감을 표현할 수 있도록 구체적인 말과 행동을 익히게 한다.
- 상대방에게 자신의 의사를 부드럽고 효과적으로 전달하는 기회를 가지고 익힌다.

🔊 활동방법

① 집단구성원들을 두 팀으로 나누어 단어카드(친해지고 싶은 친구, 친해지고 싶지 않은 친구)를 제시한다.
② 팀별로 단어카드에 대한 소품을 모래상자에 1개 내지 2개

를 놓고 나눈다.

③ 두 팀이 같이 모여 각 팀에서 나눈 이야기를 정리해서 발표한다.

④ 두 팀은 위의 나눈 이야기에서 각각 3개에서 6개 정도의 소품만 남기도록 하고 나머지는 모래상자에서 뺀다.

⑤ 두 팀의 각자 남은 소품을 하나의 모래상자에 옮긴다(소품이 6개나 12개가 된다).

⑥ 각각의 소품에게 한 사람씩 칭찬하는 놀이를 하며 칭찬하는 사람에게 공감을 해준다.

🐎 상담적 질문

- 어떻게 하면 좋은 친구가 될까?
- 자신은 친해지고 싶은 친구인가 아니면 친해지고 싶지 않은 친구인가?
- 다른 친구들의 이야기를 들어보니까 어떤가?
- 친구들의 칭찬하는 모습이 어떠한가?
- 친구의 감정을 제대로 파악하기 위해서는 어떻게 해야 할까?
- 친구들이 나의 이야기를 경청해 줄 때와 그렇지 않을 때의 기분은 어떠한가?

🐚 유의점

- 상담자는 위의 친구사귀기 놀이를 통해 단계적으로 역할놀이를 할 수도 있다.
- 상담자는 구성원들이 이야기 할 때 경청의 모습과 경청하지 않는 모습으로 역할놀이를 해 보는 경험을 하게 할 수 있다.
- 상담자는 친구들이 이야기 할 때 상대방의 감정을 파악하는 놀이로 접근할 수 있다.

역지사지(易地思之)

🜲 대상

아동, 청소년, 성인

🚂 목표

- 처지를 바꾸어서 상대의 모습과 자신의 모습을 살펴보는 관점을 키울 수 있다.
- 역지사지의 경험을 통해 상대를 바라보는 연습을 한다.
- 서로의 주장에 대해 틀리고 맞고의 이분법적인 사고의 틀을 고려해 볼 수 있다.
- 일상생활 언어를 단정적인 면에서 유연성 있고 부드럽게 이완시킬 수 있다.
- 다른 시선으로 문제를 바라보도록 할 때 관점의 전환을 경험할 수 있다.
- 상대방을 이해하고 품을 수 있는 동기가 될 수 있다.

🔺 활동방법

① 집단구성원들은 갈등의 요소가 되는 사례를 만든다.
② 갈등의 사례를 함께 모래상자에 꾸미고 나눈다.
③ 갈등의 사례를 반대로, 구성원들이 자리를 바꾸어 입장의 처지를 바꾸어 보고 이야기를 나눈다.
④ 갈등 전과 후의 이야기 안에서 통찰된 것이 있다면 소품으로 바꾸어 놓는다.
⑤ 자신과 상대의 입장에서 못 보던 것을 볼 수 있는 것에 대해 나눈다.

🐴 상담적 질문

- 갈등의 문제를 이쪽에서 볼 때와 저쪽에서 볼 때의 차이점은 무엇인가?
- 자신의 입장에서 주장할 때 상대방의 감정과 생각은 어떨 것 같은가?
- 단정적 언어와 유연성 언어의 차이는 어떠한가?
- 자신의 주장의 태도에서 자신의 생각과 감정과 행동은 어떠한 패턴을 가지고 있는가?
- 상대방이 이해가 될 때 자신은 어떻게 표현하는가?
- 갈등의 측면을 이완하기 위해 자신은 어떻게 노력하는가?

🎎 유의점

- 상담자는 갈등사례를 만들 때 연령별에 따른 일반 사례를 준비해서 읽어주고 집단의 장면을 열 수도 있다. (예를 들면, 청소년들은 친구 간의 갈등에 대한 이야기 혹은 부모와의 갈등 이야기 그리고 성인들은 사회 안에서의 직장에서의 갈등 이야기 등)
- 상담자는 입장을 이야기 할 때 3인칭의 언어로 말하게 한다. (예: 이 사람은 이러한 것을 이야기하고 싶어 하고 저 사람은 이러한 것을 이야기하고 싶은 것이지요.)

···

부부의 길
···

🏛 대상

부부

🚂 목표

- '틀림이 아닌 다름'을 인식할 수 있다.
- 결혼의 준비에 대한 정도를 재탐색하게 한다.
- 결혼의 현실과 이상의 차이를 살펴볼 수 있다.
- 지속적인 점검과 노력을 다듬을 수 있는 용기를 가질 수 있다.
- 부부는 만들어진 것이 아니라 계속적으로 만들어가는 과정임을 인식할 수 있다.

🔻 활동방법

① 부부는 무엇인가에 대해 소품으로 표현하고 집단에서 나눈다.
② 결혼생활에서 가장 소중한 것은 무엇인지 각자 소품으로 부부가 서로에게 말해준다.
③ ①과 ②의 소품을 합쳐 하나의 스토리가 있는 모래상자의 작품을 상의해서 꾸민다.
④ 다른 집단구성원들에게도 각 부부의 스토리를 말해준다.
⑤ 다른 부부에게 배운 것과 부부행복을 위해 실행해야 할 것을 발표한다.

🐴 상담적 질문

- "부부란?"이라고 할 때 감정은 어떠했나?
- 결혼하고 나면 어떤 세상을 기대했나?
- 결혼생활에서 무엇이 감사한가, 무엇이 아쉬운가?
- 부부는 서로에게 무엇을 배웠는가?
- 배우자에게 한 나의 기대는 결혼 전 어떤 부분에서 온 것 같은가?

- 부부의 유사점과 차이점은 무엇인가?
- 부부 관계 유지에 방해가 되는 것은 무엇인가?

유의점

- 상담자는 부부프로그램에서 현재 갈등이 심한 커플은 각별히 살펴보아야 하며 그들의 긍정적 측면의 표현을 통해 조화로움을 지지해야 한다.

돌아가며 이야기 만들기

대상

아동, 청소년, 성인

목표

- 대화능력 및 상호관계를 향상시킬 수 있다.
- 활동을 통해 자신과 타인의 차이점을 인식할 수 있다.
- 서로 맞추어 살아가는 방법을 자각할 수 있다.

활동방법

① 가위 바위 보를 통해 일등한 사람부터 모래상자에 소품을 놓고 한 바퀴 돌면 멈춘다.
② 위의 작품을 사진 찍어 두거나 다른 상자에 돌아가며 소품을 가져와 놓게 하고 한 바퀴 돌면 또다시 멈추어 사진을 찍어두거나 또 다른 상자에 소품을 놓게 한다.
③ 세 바퀴를 돌면 사진을 찍었다면 세 장의 사진이 나올 것이

고 세 상자에 배치했다면 세 개를 연결해서 각자 이야기를 만든다.

④ 완성된 이야기에 각자 제목을 붙인다.

⑤ 구성원 모두의 이야기와 제목을 나눈다.

🐴 상담적 질문

- 모래상자에 세 번의 소품을 놓을 때는 어떤 느낌이었는가?
- 작품의 어떤 부분이 마음에 들고 혹은 마음이 불편한가?
- 혼자 하는 작품과 함께 하는 작품은 어떤 차이가 있었는가?
- 어떤 소품이 가장 자신을 불편하게 했는지, 반가웠는지?
- 작품의 완성에서 어떤 부분을 바꾸고 싶은가?
- 같은 작품에 다른 이야기와 다른 제목을 들으니 어떠한가?

🐚 유의점

- 상담자는 집단구성원의 수에 따라 소품의 숫자를 제한시켜 배치하게 한다.
- 상담자는 모래상자를 2개 이상 준비해야 한다.
- 상담자는 소품을 배치할 때 시간의 촉박함을 주어서 긴장 시의 태도를 탐색할 수도 있다.

조각 작품 완성하기

🏔 대상

아동, 청소년, 성인

🚂 목표

- 각자의 창조성에 따른 사람마다의 다름을 탐색할 수 있다.
- 자신의 심리적 연결을 통찰할 수 있다.
- 대인 관계적 측면과 사회성 향상을 체험할 수 있다.
- 집단 안에서 존중을 통한 화합의 측면을 배워갈 수 있다.

🔺 활동방법

① 상담자는 모래상자에 3개 정도의 소품을 배치해두고 미완
   성 작품을 완성하라고 제시한다.
② 구성원들은 한 사람씩 미완성된 모래상자에 다른 소품들을
   더 가져와 완성한다.
③ 완성된 모래놀이작품의 상황을 설명한다.
④ 작품의 제목을 구성원들에게 물어 가장 마음에 드는 제목
   을 선택한다.
⑤ 제목을 선물로 준 구성원에게 긍정의 피드백을 한다.

🐴 상담적 질문

- 미완성의 조각을 완성으로 만들 때 어디에 초점을 두었나?
- 다른 구성원과 자신이 작품에 대한 생각이 다를 때 어떠했는
  가?
- 제목을 구성원들이 전해 주었을 때 어떤 느낌이었는가?
- 제목 하나를 선정해야 했을 때 마음은 어떠했는가?
- 이 활동을 하면서 가장 힘들었던 점 혹은 가장 재미있었던
  점은?

🪨 유의점

- 상담자는 구성원의 수에 따라 시간제한을 두어 작품꾸미기

와 나눔을 할 수 있다.

- 작품 설명 시에 구성원들이 질문할 수 있으나 비판이나 충고를 하지 않도록 제안한다.
- 상담자는 자신이 제시한 제목의 선택을 받지 못했어도 불평하지 않도록 창조성에 대한 개성을 격려한다.
- 위의 활동을 다르게 해 본다면 팀별로 나누어 시간을 제한해서 할 수도 있다.

··

가장 아름다운 다리 만들기

··

🏛 대상
아동, 청소년, 성인

🚂 목표
- 집단 안에서 자신의 역할에 대해 깨달을 수 있다.
- 집단의 단결, 화합하는 힘을 키울 수 있다.
- 타인의 의견에 경청할 수 있는 힘을 배울 수 있다.

🔻 활동방법
① 모래상자에서 어느 부분에 다리를 만들지 의견을 나눈다.
② 가장 아름다운 다리 모양을 만들 수 있도록 의견을 나눈다.
③ 서로 화합하여 다리를 만든다.
④ 구성원들은 각자 다리위에 올리고 싶은 소품을 선택한다.
⑤ 다리의 이름을 각자 정하고 다리를 건너면 어떤 곳으로 가게 되는지 표현한다.

🐎 상담적 질문

- 다리의 아름다움은 무엇인가?
- 다리를 만들 때 무엇이 가장 힘들었는가, 즐거웠는가?
- 자신은 다리를 건너면 어떤 세상이 있는가?
- 이쪽과 저쪽의 다리의 어떤 부분이 연결되었으면 좋을 것인가?
- 다리를 만들 때 나는 어떤 의견을 제시했는가?

🎱 유의점

- 상담자는 다리의 상징적 의미를 해석할 수 있도록 준비한다.
- 다리를 꾸밀 수 있는 여러 가지 재료를 준비한다. (예: 여러 가지 종류의 박스, 접착제, 나무젓가락 등)

친구놀이

⛩ 대상

유아, 아동

🚂 목표

- 창의적 경험을 통해 내면적 풍요로움을 갖게 된다.
- 자신감을 갖게 되고 사회적 적응을 가능하게 한다.
- 무의식에 담긴 기억들을 의식화하게 된다.
- 놀이의 경험이 융통적이 되어 사회적 관계에 도움을 준다.
- 놀이의 은유적 경험을 통한 치유적 힘을 갖게 된다.
- 의사표현이 좀 더 성장할 수 있는 기회가 된다.

활동방법

① 친구와 놀이하는 장면을 모래상자에 꾸민다.
② 친구와의 놀이장면에서 놀 수 있도록 자유시간을 준다.
③ 상담자는 놀이 설정을 하여 아동들에게 역할놀이를 하게
   한다.
④ 놀이에서 속상했던 점이나 즐거웠던 점을 나눈다.

상담적 질문

- 친구이름 불러볼까요?
- 좋은 친구와 미운 친구는 어떻게 다를까?
- 나는 좋은 친구일까, 미운 친구일까?
- 친구에게 어떻게 해야 좋은 친구일까?

유의점

- 상담자는 아동들이 어릴수록 모래상자 안에서 놀이하는 것
  이 한계에 부딪히기 때문에 놀이의 확장으로 모래상자를 벗
  어나도 된다는 수용감을 가져야 한다.
- 상담자는 ②번 활동방법에서 아동들의 언어와 행동에 주의
  를 기울이며 싸움이나 상처가 나지 않도록 유의하여야 하며
  특별한 반응을 보이는 아동의 언어와 비언어적 측면을 잘
  기록해야 한다. 기록할 때는 아동의 언어 그대로 기록해야
  한다.
- 상담자는 위의 활동을 할 때 나이가 어린 아동일수록 짧게
  시간을 설정하며 동작이나 음악을 활용해 표현하는 것이 바
  람직하다.

섬에서 놀자

♣ 대상

유아, 아동

🚂 목표

- 모래의 촉감적 활동으로 무의식적 감정을 자극할 수 있다.
- 모래와 소품의 놀이를 통해 비언어적으로 표현을 발산할 수 있다.
- 섬의 혼자놀이에서 심리적 독립의 경험으로 성취감을 얻을 수 있다.
- 상호작용 놀이에서 즐거움을 경험한다.

◣ 활동방법

① 모래를 모아 섬을 만든다.
② 각자 섬에 갖고 갈 소품 5개를 선별해서 배치한다.
③ 배치된 소품으로 섬에서 혼자놀이를 하게 한다.
④ 다른 섬에 놀러가 같이 재밌게 놀이를 한다.

🎠 상담적 질문

- 섬은 무엇인가?
- 섬에 갖고 들어간 5개의 소품 선별 기준은 무엇이었는가?
- 섬에서 무슨 놀이를 할 수 있었나?
- 혼자놀이를 할 때와 함께 놀이를 할 때의 기분은 어떠했는가?
- 섬의 이름은 무엇인가?
- 섬에 무엇이 있었으면 좋겠는가, 그 이유는 무엇인가?

🎾 유의점

- 상담자는 섬 놀이를 할 때 스프레이에 물을 준비해 주며 조금씩 뿌리며 단단한 섬을 만들 수 있는 방법을 제안한다.
- 섬에서 놀이를 할 때 제한시간을 두고 혼자놀이를 하게 한다.

심부름으로 돕기

🔩 대상

유아, 아동

🚂 목표

- 목적의식을 경험하게 된다.
- 긍정적 상호작용의 경험으로 성취감을 갖게 된다.
- 심부름은 신뢰기술의 형태로 자존감을 높여줄 수 있다.
- 자신의 유능감을 경험한다.

📣 활동방법

① 심부름 갔던 이야기를 나누어 본다.
② 상담자가 심부름의 주제를 제시하면 그것에 필요한 소품을 배치한다.
③ 심부름을 하는 역할놀이를 2인1조로 경험해 본다.
④ 서로 심부름을 시키고 할 때 언어적인 고마움을 서로에게 표현해 본다.

🎠 상담적 질문

- 심부름을 해 보았던 기억이 있는지?
- 누구의 심부름이었고 심부름 하는 것이 즐거운지, 힘든지?
- 심부름으로 도와주고 무슨 말을 듣고 싶었는지?
- 누구의 심부름을 하고 싶은지?
- 내가 할 수 있는 심부름은 어떤 것이 있는지?
- 심부름을 시킬 때 어떻게 요청했는지?
- 심부름을 하고 난 후 기분은 어떠했는지?

🍡 유의점

- 상담자가 심부름의 주제를 준비한다. 예로 선생님 도와주기, 엄마 도와주기, 친구 도와주기, 동생 도와주기 등의 예시를 준비한다.

생일날

⛰️ 대상

유아, 아동

🚂 목표

- 생일을 통해 자신의 존재를 새롭게 확인한다.
- 사랑받고 축하 받음으로써 관심욕구를 충족시킨다.
- 또래들의 축하로 스스로 가치 있는 존재라고 인식할 수 있다.

🔺 활동방법

① 모래상자에 생일케이크 소품을 놓고 한 사람씩 차례대로 생일을 맞는다.

② 생일에 받고 싶은 선물의 소품을 가져온다.

③ 생일에 초대하고 싶은 사람의 소품을 가져온다.

④ 구성원들은 주고 싶은 선물의 소품을 선택해 전달한다.

⑤ 구성원들이 생일축하 노래를 해주고 당사자는 감사의 인사를 하고 마친다.

🐎 상담적 질문

- 기억나는 생일은 언제였는가?
- 나는 왜 이 선물을 생일 맞은 사람에게 주고 싶었는가?
- 나는 왜 그 선물을 받고 싶은가?
- 선물을 배치한 후 느낌은 어떠한가?
- 생일은 왜 특별한 날인가?
- 나는 누구의 생일에 초대되어졌는가, 초대되지 못했을 때의 기분은 어떠한가?

🌰 유의점

- 상담자는 ④번 활동방법을 실시할 때 정말 생일에 초대되어진 사람처럼 인사를 하게 하고 선물 받는 사람도 감사의 인사를 전달하게 한다.

전쟁놀이

🏛 대상

유아, 아동

🚂 목표

- 부정적 심리 해소의 통로가 될 수 있다.
- 공격성 표현을 합리적으로 간접적 표현을 해 자유로움을 느낄 수 있다.
- 환경에서의 불안감을 해소할 수 있는 계기가 된다.
- 전쟁의 대안을 탐색해 볼 계기가 된다.

🔺 활동방법

① 모래상자에 전쟁놀이를 각자 표현해 본다.
② 전쟁놀이를 하고 휴전을 하고를 상담자의 언어에 의해 반복적으로 제시한다.
③ 전쟁놀이의 소품들을 모래상자에서 하나씩 차례대로 뺀다.
④ 마지막 남은 소품은 승리의 세레머니를 동작으로 하게 한다.
⑤ 승리한 소품으로 소감을 말하게 한다.

🐴 상담적 질문

- 이 전쟁은 누구랑 싸우는 것이고 왜 전쟁을 하게 되었을까?
- 이 전쟁은 누가 이길까?
- 전쟁할 때와 휴전할 때의 마음은 어떠했나?
- 전쟁하지 않을 수 있는 방법은 있을까?

- 전쟁에서 이기면 무엇을 할까?
- 가족전쟁은 어떻게 할까?

유의점

- 상담자는 전쟁놀이의 목적이 있는지 없는지에 대한 아동놀
  이 탐색이 필요하다.
- 목적이 있는 전쟁보다 목적이 없는 전쟁은 불안의 정도가 크
  다고 볼 수 있어 정서적 지원을 많이 해주어야 한다.
- 전쟁이 인간의 전쟁인지 동물의 전쟁인지에 대한 탐색이 필
  요하다.
- ②번 활동방법에서 반복적인 상담자의 제시는 1분에서 2분
  정도의 짧은 시간을 제공한다. 이는 구성원의 전쟁과 휴전의
  어떤 것에 큰 반응이 있는지 탐색할 수 있고 패턴을 살펴볼
  수 있다.

3 레질리언스Resilience

모든 인간은 역경으로부터 회복의 변화를 경험하여 좀 더 강해
지고 풍부한 능력으로 살아가기를 원한다. 레질리언스는 실패초점
에 관심두기보다는 다시 회복하는 성공과정에 관심을 갖는 것이다.
이는 위기에 반응하고 인내하며 성장해 가는 역동적 과정을 탐색
하는 것으로 괴로운 시련을 통과해 치유될 수 있도록 하고 자신의
삶을 스스로 책임질 수 있는 대안을 갖고 성실하게 살아가며 경험
에 대한 개방성과 상호의존에 대한 유연성을 갖는 것이다.

다음과 같은 학자들의 레질리언스에 대한 정의를 정리해 보면

다음과 같다.

Walsh, F.(1998)는 레질리언스는 역경을 통해 더 강해지고 더 많은 자원을 보유할 수 있는 능력으로 위기나 도전에 반응하고 감당해 나가는, 성장해 가는 적극적 과정이라고 했다.

Wolin, S. & Wolin, S.(1993)은 레질리언스는 역경이 있음에도 불구하고가 아니라 역경을 통해서 더 강해지고 많은 자원을 보유할 수 있다고 하였다.

Luthar, S. & Zigler, E.(1991)는 레질리언스는 효능감으로 스트레스 상황을 대처함으로써 영향을 거의 받지 않으면서 극복해 나가는 과정이라고 하였다.

사람들은 사랑의 마음으로 위기에서 벗어나 새로운 영역으로 뛰어넘으라고 충고하지만 모두 탄력적이고 회복적이지는 않다. 그러므로 분노의 영역에서 자기성장을 막고 있는 상황이라 할지라도 역경에 빠져있는 사람으로 비난하거나 낙인찍지 않도록 해야 한다. 레질리언스는 역동을 통해 형성되므로 삶의 위기는 최고의 어려움을 가져다주어 최고의 도전을 하게 한다.

이러한 레질리언스의 형성 과정은 개인과 집단의 경험을 통합시키기 위해 삶을 어떻게 이끌어 가느냐에 따라 영향은 달라진다. 레질리언스는 '잘 투쟁한다'는 의미로 고통과 용기의 반복적 경험으로 내외적 힘듦을 효과적으로 다루어가는 것을 의미한다(Higgins, 1994). 우리 속담에 '비온 뒤에 땅이 굳는다'라는 말이 있듯이 고통과 역경을 이겨내면 굳세고 강한 사람이 된다는 것으로 고통 뒤의 행복의 감정을 말하는 것이다. 그렇듯이 삶의 고통은 성장과 창조적 변화의 바탕이 될 수 있다. 그래서 레질리언스를 발아되지 않는 씨앗으로 보며 과정의 조건으로 적절한 조건이 주어지면 회복과 성장이 일어나는 힘이 될 수 있다.

　여기에서 적절한 조건의 제공은 긍정적 시각의 희망이나 용기
및 불굴의 인내를 포함하는 것으로 절대적 중요요소이다. 여기서
불굴의 인내는 자부심의 근원으로 어떤 상황도 견뎌내는 강인한
끈기이고 최선을 다하는 확고한 자세이다. 그리고 희망은 문제 있
는 상황과 관계를 개선하는데 필수적인 미래지향적 신념이며 강력
하게 원함의 기대적 사건과 내적 결정의 결합인 것이다. 우리가 아
무리 힘든 상황에 처해 있어도 희망을 가지면 더 좋은 상황을 위
해 노력하게 한다. 마지막으로 용기는 위험을 극복하는 힘으로 도
전의 자세를 갖게 하는 영적인 삶의 숨결이다. 용기는 두려움이 없
는 사람이 아니고 두렵지만 극복하는 것을 말한다. 보통 사람들의
비범한 용기는 다른 사람들에게 심오한 의미와 영감을 준다. 살면
서 우리들에게 오는 '위기'의 단어는 레질리언스로 접근해 보면 우
리에게 어려운 위험이 최고의 기회의 의미를 담고 있다고 볼 수
있다. 모든 사람들은 배움으로 성장이 일어나기를 바라는데 이럴
때 용기를 가질 때 낡은 패턴의 안전지대를 벗어나 자신의 한계를
넓힐 수 있는 것이다.

내 인생에 중요한 순간 3가지

🔗 대상
　청소년, 청년, 성인

- 자신의 인생에서 의미 있고 소중한 사건이나 혹은 어려운 사건을 재경험 하며 정리의 시간이 될 수 있다.
- 각자 다른 환경에서 체험한 감정의 세계를 이해할 수 있게 한다.
- 현재의 자신의 생각이나 행동과 감정이 어떤 영향을 받았는지 다시 재고해 볼 수 있다.

🔻 활동방법

① 촉진자는 구성원들을 눈을 감게 하고 어린 시절부터 현재까지 일어난 사건들을 회상하라고 요청한다(이때 명상음악을 활용할 수도 있다).
② 생각이 정리된 사람은 눈을 뜨고 각자의 사건과 영향의 상황을 모래상자에 꾸민다(이때 소품은 각자 3개에서 5개까지 쓸 수 있음을 적은 종이를 보여준다).
③ 각자 표현한 작품이나 소품상징의 의미를 서로 질문한다.
④ 각자 자기표현 소품의 이미지에게 긍정의 메시지를 전달한다.

🐴 상담적 질문

- 자신의 상황 사건에서 무엇을 잃었고 무엇을 배웠는가?
- 인생의 중요사건이 어떤 부분들이 더 많이 표현되어졌는가?
- 이 활동을 하면서 자신에 대해 어떤 부분을 더 알게 되었는가?
- 사건을 다르게 생각하면 어떤 긍정 메시지를 담고 있을 수 있는가?

🍃 유의점

- 촉진자는 이 주제는 개인적 이야기를 깊이 다루는 부분이어 서 되도록 천천히 말하며 목소리도 차분하게 하도록 한다.
- 개인적 이야기를 집단에서 개방해야 하므로 집단의 회기가 어느 정도 진행되고 익숙해진 다음에 실시하는 것이 적절하 므로 촉진자는 어떤 회기에 이 집단활동을 할지 숙고해야 한다.
- 촉진자나 구성원들은 부정적 사건일 경우 그 상황을 신경증 이나 정신증적인 부분으로 매도하지 않아야 한다.
- 구성원들의 공감과 지지가 좀 더 많을 수 있도록 한다.

시제표현하기(현재, 과거, 미래)

🏛 대상

초등 아동(4~6학년), 청소년, 성인, 노인

🚂 목표

- 긍정, 부정의 기억 회상과 표현으로 심리적 균형을 갖는다.
- 시제를 통해 자신을 회상하고 정리하며 명료화 한다.
- 시제의 위치를 통해 자신의 무의식적 이슈를 관찰한다.
- 각 시제의 상황과 감정의 표현으로 정서적 정화를 경험한다.
- 집단에서의 소품선택의 유형과 크기에 따른 자신과 타인의 다름을 인식한다.
- 자신의 생각과 감정을 표현할 수 있는 기회를 갖고 표현의 자 유로움을 경험함으로써 심리적 치유의 안정감을 갖게 된다.

🔊 활동방법

① 모래놀이상자에 각자의 시제(과거, 현재, 미래)를 생각하며 각 시제에 따른 자신의 연상되는 모습을 소품 하나씩을 선택하여 모래상자에 표현한다.

② 집단구성원들이 순서를 정해 한 사람씩 소품선택에 따른 떠오르는 장면이나 상황과 감정을 언어로 표현한다(각 1인 당 10~15분 정도 대화).

③ 집단구성원들은 작품표현자의 이야기를 경청하고 개방적 질문을 하거나 지지적 언어로 격려 표현한다.

④ 작품표현자의 이야기가 끝나면 구성원들은 각자의 경험과 경청한 느낌을 짧게 전달한다.

⑤ 마무리 하면서 시제 표현에서의 작품표현자의 경험과 느낌을 언어로 표현한다.

🐴 상담적 질문

- 각 시제의 위치는 어디인가?
- 각 시제를 떠올리면 어떤 상황이 연상되었는가?
- 선택한 소품에 대한 감정은 어떤 것들이 연관되어 있는가?

🎯 유의점

- 촉진자는 구성원들에게 모래놀이상자의 소품을 바꿀 수도 있고 소품표현을 안 할 수도 있으며 소품을 선택했으나 언어적 표현도 자신의 선택에 따라 안 할 수도 있음을 알려준다.
- 집단구성원들은 작품표현자의 시제선택에 따른 언어 표현에 적극적 경청을 한다.
- 촉진자는 참여 구성원들은 작품표현자가 자신의 시제를 이

야기 한 후 평가, 충고, 분석, 해석에 대한 부분을 할 수 없음을 분명히 전달한다.

- 작품표현자가 구성원들의 언어적 피드백이 불편할 때는 반드시 그 부분을 나누도록 한다.

....

만약 집에 불이 났다면?

....

🔱 대상

유아, 아동, 청소년, 청년, 성인

🚂 목표

- 급박한 상황에서의 자기 대처능력에 대한 탐색이 가능하다.
- 자신에게 가장 중요한 것의 선별을 인식할 수 있다.
- 자신과 타인의 가치관을 알아보고 비교해 봄으로써 새로운 가치관을 정립할 수 있다.
- 상대방의 가치를 존중하는 개방적 태도가 증진된다.
- 자신의 다양한 가치(사회적 가치, 영적 가치, 경제적 가치, 직업적 가치 등)의 중점을 알 수 있다.
- 자신에게 중요한 의미가 무엇인지 알 수 있다.

🔻 활동방법

① 촉진자는 집에 불이 나고 신속히 빠져 나가야 하는 상황을 설명한다.
② 이런 상황에서 3~5가지만 갖고 나갈 수 있는 것이 있다면 무엇을 선택할지 소품으로 모래상자에 표현하게 한다(꼭 물

건이 아니어도 마음, 추억, 무형적인 것도 무방함을 제시).
③ 선택한 소품과 모래상자 꾸밈에 대해 내용을 토론한다.
④ 구성원들은 각자 자신의 가치관과 욕구에 대한 알아차림을 발표한다.
⑤ 구성원들의 가치관에 대한 다름을 받아들이고 소감으로 마무리한다.

🐎 상담적 질문

- 선택 소품에 대한 이유는 무엇인가?
- 선택 소품이 자신에게 어떠한 의미가 있는가?
- 소품을 모래상자에 놓고 난 후의 느낌과 생각은 어떻게 다른가?
- 자신의 가치관을 단어로 명료화한다면 무엇이라고 할 수 있는가?
- 급박한 상황에서 자신의 태도는 어떠한가? 어떤 감정이 올라오는가?

🎲 유의점

- 구성원들은 서로의 가치관이 다름에 대한 인정을 할 수 있도록 한다.
- 현실적 문제에 얽매이지 않고 자유롭게 표현하도록 장려한다. 예를 들면 '책장이 무거워서 못 들고 나와요' 하는 등의 요소를 자유롭게 들 수 있다고 가정하도록 한다.

CF만들기

🔱 대상

아동, 청소년, 청년, 성인

🚂 목표

- 집단구성원 간의 의견을 조정하고 통합하는 기술을 배운다.
- 각자 구성원마다 자기표현의 기회를 제공한다.
- 소극적이고 자신감 없는 구성원들에게도 표현하도록 지지하고 함께 가는 사회성 증진을 경험한다.

📢 활동방법

① 촉진자는 구성원들에게 최근 유행하는 CF나 인상적인 CF에 대해서 생각하게 한다.
② 구성원들은 각자 1~2개의 소품으로 자신이 생각한 CF를 설명한다.
③ 구성원들은 두 팀으로 나누어 그 소품으로 모래상자에 그룹 CF를 제작한다.
④ 팀별로 연습시간을 주고 (10~15분 정도) 시연하도록 한다.
⑤ 팀별로 창작과정에서의 생각과 느낌, 시연에서의 경험을 나눈다.
⑥ 서로 상대팀에 대한 긍정평가를 돌려주도록 한다.

🐴 상담적 질문

- CF의 중심 내용과 주제에 대한 것은 무엇인가?
- 팀별로 만들어 낸 주제와 내용은 어떠한 이슈에서 시작되었

고 누구의 주장이 선택되었는가?
- 새로운 CF 창작물을 만드는데 각자 어떻게 기여했는가? 기여하지 않았는가?
- 새로운 CF 창작물을 만든 결과는 현실적인가? 이상적인가?

🎯 유의점
- 새로운 창작품을 만들 때 팀을 나누어 가벼운 보상을 제시하면 좀 더 역동적이 될 수 있다.
- 역동적인 작업의 프로그램이므로 보조촉진자가 함께 하는 것이 안정적이 될 수 있다.
- 촉진자는 팀별로 나누어 창작과정에서의 역동분위기를 잘 탐색하도록 하여 경쟁적인 부분에 긍정성을 더해 격려하도록 한다.

난처한 상황

🏛 대상
유아, 아동, 청소년, 청년, 성인, 노인

🚂 목표
- 일상생활 안에서의 다양한 상황에서 다양한 대처방안에 대해 생각할 기회를 갖는다.
- 구성원들의 피드백 패턴에 대한 인식을 높일 수 있다.
- 사회기술훈련에 대한 경험을 간접적으로 익히고 수정 방법을 시행할 수 있다.

🔷 활동방법

① 구성원들은 '난처한 상황'을 연상한다.

② 그 상황에서 자신은 어떻게 대처했는지를 구체적으로 생각하게 하고 글로 적게 한다.

③ 촉진자는 적은 글들을 모아 이름을 말하지 않고 읽고 다룰 상황을 구성원들의 의견을 모아 한 가지 혹은 두 가지를 선택한다.

④ 선택된 상황을 모두 함께 모래상자에 작품을 만든다.

⑤ 만들어진 작품으로 서로 상황과 대처에 대해 역할극을 하게 한다.

⑥ 구성원들은 제시하는 과정과 대처방안의 모습들을 하며 경험한 것의 소감을 나눈다.

🐎 상담적 질문

- 난처한 상황이라는 얘기를 들을 때 떠오르는 상황이 있는가?
- 난처한 상황에 떠오르는 상황에 어떤 감정이 묻어있는가?
- 난처한 상황에 대처방안의 다양성을 어떻게 받아들이게 되는가?
- 대처방안의 수정된 방식의 시행은 자신에게 어떤 생각, 감정이 드는가?

🌰 유의점

- 촉진자는 연령에 따른 난처한 상황을 예시로 제시할 수 있어야 한다.
- 제시되는 상황은 구체적이어야 하고 일상생활에서 흔히 일어날 수 있는 일들로 구성한다.

- 구성원들이 제시하는 상황이라면 경험을 바탕으로 모래상자를 활용해 간접적으로 시행할 수 있다.

좌절의 만남

🜨 대상
아동, 청소년, 청년, 성인, 노인

🚂 목표
- 살아오면서 각자의 좌절된 경험을 표현함으로써 자신의 원함을 인식하게 된다.
- 좌절된 상황에서 어떻게 대처했는지 대처방안에 대해 습관적 방안을 탐색해 볼 수 있다.
- 좌절된 경험은 지금 자신에게 어떤 영향을 미치는지 탐색할 수 있다.
- 좌절된 경험은 자신의 극복 노력에 의해 큰 성취감이 될 수 있음을 자각한다.

📐 활동방법
① 살면서 좌절했던 경험을 생각하게 하고 소품으로 모래상자에 꾸민다.
② 좌절의 경험을 바라보며 묵상하게 한다.
③ 좌절의 경험을 표현하게 하며 나눈다.
④ 다른 구성원들의 이야기를 듣고 자신과 다른 대안에 대해 배운 것을 통해 다시 모래작품을 변화시켜 꾸밀 수 있음을

알려준다.

⑤ 변화시킨 모래놀이작품에서 변화한 대안을 발표한다.

🐎 상담적 질문

- 표현된 좌절은 몇 살 때의 일이었는지?
- 좌절경험이 자신에게 어떻게 영향을 미쳤는지?
- 다른 사람들의 좌절경험을 들으며 현재 어떤 느낌이 드는지?
- 다른 사람의 좌절경험이 자신이었다면 어떻게 대처했을지?
- 좌절경험에서 내가 반응했던 대안들에서 자신에게 긍정피드백을 해 준다면 뭐라고 할 수 있는지?

🏐 유의점

- 촉진자는 연령별에 따른 좌절의 의미를 설명하거나 나누고 모래놀이작품을 시작하게 한다.
- 촉진자는 좌절에서 회복으로 가는 대안에 대해 나아가도록 촉진한다.
- 촉진자는 시간에 따른 제한이 있다면 구성원 중 한 두 사람의 좌절경험을 꾸미게 하고 각자 '자신의 상황이라면'이라는 가정으로 나눔을 할 수도 있다.

무인도

🏔 대상

아동, 청소년, 청년, 성인, 노인

🚂 목표

- 자신의 주관적 상황을 탐색할 수 있다.
- 위기상황을 극복할 수 있는 대안을 모색할 수 있다.
- 개인과 공동체의 힘을 경험해 볼 수 있다.
- 두려움과 스트레스의 유형을 탐색할 수 있다.

📗 활동방법

① 무인도의 모습을 그림으로 표현해 오리고 그것을 모래상자
   에 꾸민다.
② 무인도에 대한 자신의 생각을 소품으로 모래상자에 표현한다.
③ 무인도에서 살아가는 사람의 이야기를 모래상자에서 움직
   이며 발표해 본다.

🐎 상담적 질문

- 무인도라고 했을 때 무슨 생각을 했는지?
- 무인도에서 살아남기 위해 무엇을 할 수 있는지?
- 무인도에 누구와 함께 있다면 힘이 될 수 있는지?
- 다른 구성원들의 무인도 중 누구와 함께 하고 싶은지? 그 이유
  는 무엇인지?
- 무인도에서 한 달을 산다면 어떻게 살 것인지?
- 무인도의 장점과 단점은 무엇인지?
- 무인도에서 어떤 자신의 모습을 만났는지?

🐚 유의점

- 촉진자는 무인도라는 주제를 어떻게 지도하고 싶은지에 따
  른 다양한 촉진이 될 수 있다.
- 촉진자는 무인도 여행의 이야기로 이끌어 갈 수도 있다.

- 촉진자는 무인도를 생활 속에서 공동체에 적응하지 못하는 내면으로 이끌어갈 수도 있다.

쓰레기통과 재생 드링크

🏯 대상
청소년, 청년, 성인, 노인(인원: 6~8명)

🚂 목표
- 인생에서 부정적인 자신을 다시 탐색할 수 있다.
- 버리고 싶은 것은 자신의 상흔을 만날 수 있어 재정립의 기회가 된다.
- 버리고 싶은 것은 재생과정에서의 자신의 가능성을 인식할 수 있다.

📢 활동방법
① 자신의 인생에서 원하지 않거나 버리고 싶은 것을 모래상자에 소품으로 표현한다.
② 버리고 싶은 소품들의 이유를 발표한다.
③ 지금은 버리고 싶고 원하지 않지만 다시 치웠다가 미래에 쓸 수 있는 것을 분리한다.
④ 쓰레기로 취급된 것 중 재생해서 쓸 수 있는 가능성을 집단 구성원들과 토론한다.
⑤ 마지막으로 버릴 것과 쓸 수 있는 가능성의 것으로 나눈다.
⑥ 이 활동에서 느낌을 발표한다.

🐴 상담적 질문

- 원하지 않거나 버리고 싶은 이유는 무엇인가?
- 현재의 원함과 미래의 원함이 다를 수 있을까?
- 쓰레기로 버린 것을 다시 재생하는 과정에서는 어떤 느낌인가?
- 인생에서 나의 원치 않음이 다른 사람들에게 어떻게 쓰여지는 것 같은가?
- 자신의 가능성을 어떻게 보았는가?

🐚 유의점

- 개인이 쓰레기통에 버린 자신의 이유를 발표할 때 촉진자는 충분히 공감해 주어야 하고 집단구성원들도 공감에 대해 연습할 수 있도록 모두 돌아가며 공감적 피드백의 기회를 제공할 수 있어야 한다.
- 재생의 과정을 거칠 때 '꼭 해야만 하는 것'이라는 부담을 주지 않도록 해야 한다.

....

만약에 이렇게 될 수 있다면!
....

🏛 대상
청소년, 청년, 성인, 노인

🚂 목표

- 현재의 상황에 만족할 수 없는 것이 보편성이라는 위로를 얻을 수 있다.
- 자신이 어떤 변화를 원하는지 구체적으로 인식하게 된다.

- 환상 세계 표현의 은유로 안전하게 표현할 수 있다.
- 은유적 표현으로 현실적 가능성을 도모할 수 있다.

활동방법

① 먼저 자유롭게 자신의 경험이나 상황에서 변화되고 싶은 것을 두 가지 이상 토론한다.
② 각자의 변화하고 싶은 내용을 모래상자 왼쪽에 소품으로 배치하고 변화된 후의 내용을 오른쪽에 소품으로 꾸민다.
③ 모래놀이작품을 보며 가능한 변화와 가능하지 않는 변화에 대해 우선순위를 정한다.
④ 소품을 통한 변화에서 필요한 요인들에 관해 소품이나 말로 보완한다.
⑤ 작품을 통해 본 변화의 가능성과 자기만족에 대해 나눈다.

상담적 질문

- 자신은 어떤 것이 변화하기를 바라는지?
- 변화되기를 바라는 것이 변화되었다면 다음에는 무엇을 할 수 있을지?
- 서로 각자 변화하기 원하는 유형들을 들으며 어떤 생각이 들었는지?
- 자신의 변화를 위해 어떤 노력이 가능한지?
- 각자 변화의 이슈가 추상적인가? 현실 가능한 것인가?

유의점

- 촉진자는 먼저 자유롭게 변화되기 바라는 내용을 토론할 때 비판이나 충고는 하지 않도록 한다.
- 촉진자는 환상의 은유적 표현은 자유롭게 할 수 있게 하며 너무 추상적인 부분은 구체적으로 될 수 있도록 이끌어준다.

상실

🏛 대상

청소년, 청년, 성인, 노인

🚂 목표

- 인지와 감정의 발달수준에 따른 현실을 견디는 힘을 성장시킨다.
- 불합리한 죄책감이나 자책감을 인식할 수 있다.
- 대인관계에서 친밀감의 기회를 제공할 수 있다.
- 죽음과 상실에 대한 운명적이고 보편적인 자연현상을 자각하게 한다.

📐 활동방법

① 죽음과 심리적 상실에 대한 대상에 대해 침묵을 하게 한다.
② 모래상자에 죽음이나 상실에 대한 작품을 표현한다.
③ 각 구성원이 말할 때마다 모두 일어나서 함께 발표자에게 정중하게 예의를 차리는 의식을 행한다.
④ 상실에 대한 슬픔을 각 개인마다 충분히 나눈다.
⑤ 각 개인마다 죽음에 감사의 제목을 만들어본다.

🐴 상담적 질문

- 죽음을 경험한 나이와 대상 그리고 친밀감은 어느 정도 였는가?
- 상대방과 무엇을 할 때 가장 행복했는가?
- 지금 당신의 소리를 듣고 있다면 무슨 말이나 행동을 하고 싶은가?

- 죽음은 무엇인가?
- 상실된 그 사람을 어떻게 기억할 것인가?
- 나는 죽음을 어떻게 책임질 것인가?

🌰 유의점

- 상담자는 상실을 경험한 나이와 대상과 상황을 잘 파악해서 촉진해야 한다.
- 상담자는 죽음을 경험한 아동일 경우는 죽은 대상의 대체 대상에 대해 누구인지 알아야 한다.
- 상담자는 구성원들과 각각의 애도시간을 통해 슬픔을 의식화 하여야 한다.
- 상담자는 상실에 대해 설명할 때 발달 단계에 맞도록 적용할 수 있게 연구해야 한다.
- 상담자는 상실의 주제를 다룰 때는 상실의 공통적 요소를 갖고 있는 구성원의 모둠을 하는 것도 효율적일 수 있다.
- 상담자는 이 주제를 다룰 때는 각 개인마다 충분한 시간을 가질 수 있게 설정한다.

이혼 트라우마 극복(이제는 희망을 쓰리라)

🌰 대상

이혼한 성인

🚂 목표

- 내적 치유와 내적 성장으로 나아가게 한다.

- 관계문제를 받아들여 다루고 극복하는 능력을 증진한다.
- 자기정체성과 사회적 통합의 균형 있는 삶으로 나아갈 수 있다.
- 자기 내면과의 대화로 무의식의 문제를 의식화 한다.
- 부정적인 면을 긍정적인 면으로 바꾸는 지혜로움을 획득할 수 있다.

활동방법
① 자신의 이혼을 대변할 수 있는 소품 한 개를 모래상자에 배치한다.
② 이혼을 대변하는 소품에 대해 단어 세 개를 쓴다.
③ 위의 단어 세 개를 연결해 하나의 글을 만든다.
④ 위의 글을 소리 내어 읽는다.
⑤ 주인공의 이야기를 듣고 집단구성원들은 위로의 소품을 주변에 배치한다.
⑥ 집단구성원들은 위로를 준 소품을 한 단어로 말한다.
⑦ 주인공이 자신의 소품과 구성원이 준 소품을 가지고 희망차게 살아갈 모습을 꾸민다.
⑧ 자기 작품에 대해 이야기하고 위로의 소품에 대해 감사함을 전한다.

상담적 질문
- 결혼생활에서 제일 힘들었던 점은 무엇인가?
- 이혼 후 제일 힘들었던 점은 어떻게 변했나?
- 제일 힘들었던 점을 어떻게 다르게 받아들일 수 있나?
- 함께 산다는 것은 무엇이 기본이 되어야 할까?
- 이혼의 경험에서 배울 수 있는 것은 무엇인가?
- 아픔이 자신에게 어떤 융통성을 갖도록 만들었는가?

유의점

- 이 프로그램은 상담자의 준비성과 내면의 강도에 따라 구성원들이 다르게 적응할 수 있다.
- 상담자는 프로그램을 진행할 때 조명을 어둡게 하였다가 점차 조명을 밝게 하면서 물리적 환경을 심리와 함께 갈 수 있도록 환경조성을 한다.
- ④번 활동방법은 이야기를 하게 되면 시간이 길어지고 감정의 통제를 벗어나기 쉽기 때문에 써 놓은 글을 읽으면 이성적인 면을 증가시킬 수 있으므로 활동이 좀 더 용이하게 된다.

문장 만들기

대상

청소년, 청년, 성인, 노인

목표

- 상상력의 창의성을 자극할 수 있다.
- 심리적 근원을 다양한 방법으로 탐구하게 된다.

활동방법

① 카드를 뽑는다.
② 뽑은 카드의 이야기를 마음대로 상상하거나 자신의 경험을 회고해본다.
③ 위의 이야기를 모래상자에 꾸며본다.
④ 구성원들에게 자신의 모래상자 이야기를 나눈다.
⑤ 자신의 작품을 구성원들과 나눈 소감을 말한다.

🎠 상담적 질문

- 카드를 뽑았을 때 떠올랐던 생각을 꾸몄는가 아니면 다른 장면을 꾸몄는가?
- 모래상자작품을 꾸미면서 가장 아픈 부분은 어디인가, 가장 행복한 부분은 어디인가?
- 자신이 다른 카드를 뽑았다면 어떤 카드였으면 좋았을까? 그 이유는 무엇인가?
- 자신의 모래상자 이야기에서 무엇을 느꼈는가?
- 자신에게 주어진 상황은 왜 자신에게 왔을까를 생각해 본다면 어떠한가?
- 다른 구성원들의 이야기에서 가장 공감 가는 이야기는 무엇이고, 그 이유는 무엇인가?

🔔 유의점

- 상담자는 말하기를 피하는 사람들에게 활용하기가 용이하다.
- 상담자는 문장 완성 카드를 준비해서 뽑아서 모래작품을 꾸미게 한다. (예: 옛날에~~~, 어느 날~~~, 마침내~~~, 매일~~~, 왜냐하면~~~, 그 날 이후로~~~, 결국~~~, 언제나~~~ 등의 카드)

···

나는 암 환자예요

···

🏛 대상

청소년, 청년, 성인, 노인

🚂 목표

- 부정적 감정을 발산하고 긴장을 다소 누그러뜨릴 수 있다.
- 모래놀이표현을 통해 몸과 마음을 연결해 위로의 경험을 갖는다.
- 신체와 심리 및 영적 안녕에 균형감을 갖는다.
- 집단구성원들의 존중감을 향상시키는 상호 협조하는 존재로 자각한다.

📣 활동방법

① 상담자는 동작표현놀이를 제안한다.
② 동작을 마친 후 각자 자신이 암에 공격받는 모습을 소품으로 가져와 배치하고 바라보게 한다(1~2분 정도).
③ 다섯 가지 감정(기쁨, 슬픔, 걱정, 두려움, 분노)을 소품으로 가져와 자기모습 주변에 배치한다.
④ 위의 다섯 가지 감정이 하나씩 차례대로 대화하는 시간을 가지며 몸에 어떤 감정이 자신에게 영향을 주는지를 나눈다.
⑤ 자신의 몸과 친해지기 위해 어떻게 할지에 대해 집단구성원들과 나눔을 갖는다.

🐴 상담적 질문

- 동작표현 제안에서 무엇이 가장 힘들었는가?
- 자신이 암에 공격받는 모습을 소품으로 선택할 때 어떤 생각과 감정이 가장 컸는가?
- 감정이 신체와 어떤 관련이 있는가?
- 불확실한 미래에 대해 어떤 생각과 감정이 느껴지는가?
- 자신의 암에 이름을 붙여준다면 무엇으로 할 것인가?

- 자신의 암에게 무슨 말을 하고 싶은가?
- 현재 자신의 생에서의 시간들을 어떻게 기억하고 어떻게 바꾸고 싶은가?
- 자신의 몸에서 가장 자신 있고 고마운 곳은 어디인가?

🎨 유의점

- 상담자는 ①번 활동방법을 할 때 다음과 같은 다양한 동작을 제안하는데 후반부로 갈수록 마무리 동작은 생기 있고 치유적인 에너지를 동작으로 표현하게 한다. (예: 꽃밭에 물 뿌리기, 배 저어가기, 장작패기, 우물에서 물 뜨기, 하늘의 기운받기 등)
- ④번 활동방법의 대화시간은 5분 정도의 시간을 갖고 구성원들의 적극성에 따라 다시 시간을 조금 더 늘려주어도 좋다. 혹은 대화시간을 그림, 글쓰기, 언어, 동작 등으로 대신할 수도 있다.

인격장애자들과의 만남

🔱 대상

청소년, 청년, 성인, 노인

🚂 목표

- 모래놀이표현을 통해 자아에 대한 자각과 이해의 폭이 넓어진다.
- 만족감을 주는 것을 창조해 자존감을 높일 수 있다.
- 학대경험을 재정립의 경험을 통해 극복의 가능성의 계기가

될 수 있다.

- 몸과 감정에 대한 자각을 높일 수 있다.
- 과거의 심리적 외상을 만나고 각자의 잠재적 자원과 긍정적 에너지를 탐색할 수 있다.
- 자신의 정신적, 육체적 상태를 자각할 수 있다.

활동방법

① 모래상자에 네 가지의 분할 영역을 만든다.
② 위의 분할 영역에 '몸'을 표현할 수 있는 소품을 네 분할 중 한 영역에 배치한다.
③ 위의 분할 영역에서 '감정'을 표현할 수 있는 소품을 네 분할 중 한 영역에 배치한다.
④ 위의 분할 영역에서 '생각'을 표현할 수 있는 소품을 네 분할 중 한 영역에 배치한다.
⑤ 위의 분할 영역에서 '영혼'을 표현할 수 있는 소품을 네 분할 중 한 영역에 배치한다.
⑥ 위의 영역 소품들을 가져온 이유를 이야기한다.
⑦ 이야기를 들은 후 집단구성원들이 각각 제목을 지어서 선물한다.
⑧ 집단구성원들이 준 각각의 제목을 통해 어떻게 도움이 되었는지에 대해 피드백한다.

상담적 질문

- 네 분할 영역의 제시 중 어떤 주제가 가장 어려웠고 가장 쉬웠는가?
- 어떤 분할 영역을 표현할 때 가장 시간이 많이 소요되었는가?

- 무엇을 어떻게 이야기해야 좋을지 모를 때 무슨 생각과 감정
  이 자신이 말하도록 했는가?
- 이 활동이 자신에게 어떤 깨달음을 주었는가?
- 이 활동을 다르게 표현해 본다면 무엇으로 표현할 때 자유로
  움이 극대화 될 수 있는가?
- 이 활동을 하면서 좋았던 기억을 해낼 수 있었는가, 어떤 좋
  은 기억이 떠올랐는가?

🌀 유의점

- 상담자는 집단구성원들이 표현의 주저함을 갖고 있으므로
  진정한 존중감을 바탕으로 하는 인내심이 요구된다. 즉 상
  담자의 진정한 내공의 힘이 있어야 긍정적 활동이 될 수 있
  으므로 상담자 자신의 수련으로 보며 천천히 이루어져 가야
  한다.

집단드럼치기

🔼 대상

청소년, 청년, 성인, 노인

🚂 목표

- 개인적이나 집단적인 융화의 협응력을 인식할 수 있다.
- 집단의 의식 상태가 치유를 위한 변화공간이 될 수 있다.
- 표현에 대한 자유로움을 느낄 수 있음을 인식할 수 있다.
- 개개인의 리듬조화가 이상적인 공간을 만들 수 있음을 자각

할 수 있다.

- 교감할 수 있는 근원적 상호교류의 체험을 할 수 있다.

◤ 활동방법

① 상담자는 일상에서의 리듬을 숨소리로 내며 돌아가며 각각의 숨소리를 내고 따라하게 한다.

② 각 팀을 만들어 각 팀이 리듬소리를 내면 다른 팀들은 따라하기를 이어서 돌림노래처럼 반복한다.

③ 위의 활동을 리듬소리와 함께 동작을 하면 다른 팀들은 돌림노래처럼 따라하기를 한다.

④ 각 팀들이 리듬소리와 동작에 대해 상의해서 각 팀들은 하나의 모래상자작품을 꾸민다.

⑤ 다른 팀들의 작품을 만나며 나눔의 시간을 갖는다.

◤ 상담적 질문

- 리듬소리는 자신에게 어떤 영향을 미쳤는가?

- 다양한 리듬소리는 어떤 것들이 있는가?

- 집단의 리듬과 동작의 통합은 무엇을 생각하게 했고 어떤 이미지 같았는가?

- 각 팀들의 모래놀이가 작품으로 상의했을 때와 작품 완성이 되었을 때 어떤 면이 인상적이었나?

- 자신이 악기라면 어떤 악기일 것인가, 그 이유는 무엇인가?

- 이 활동에서 배운 것은 무엇이며 실생활에서 어떻게 활용할 수 있는가?

◤ 유의점

- 상담자는 ①번 활동방법을 할 때 숨소리나 혹은 다른 소리로

시작해도 무방하다. 상담자의 즐거운 자신감의 리더십이 매우 중요하다.

- 상담자는 ②번 활동방법을 할 때 각 팀이 연습할 시간을 주고 음악처럼 계속 연결지어서 할 수 있도록 할 때 흥겨움이 넘쳐 공동체의 리듬적 의사소통과 치유적 즐거움을 경험할 수 있다.
- 위의 리듬경험을 각 연령대에 맞추어 음악을 제공해서 리듬놀이를 활용하는 것도 좋다.

지구가 아파요

🕍 대상

유아, 아동

🚂 목표

- 환경에 대한 관심을 갖게 된다.
- 사회적 지식과 기술을 발달시키는 동기가 된다.
- 새로운 가능성을 열 수 있는 계기가 된다.
- 긍정적 자아존중감을 증진시킨다.
- 긍정적 자아를 형성하도록 도울 수 있다.

🔻 활동방법

① 상담자는 '지구가 아파요'라는 동요를 들려준다.
② 지구를 아프게 하는 것(행위)을 생각하며 모래상자에 관련된 소품을 가져오게 한다.

③ 구성원들이 소품에 대해 이야기하고 모두 아픈 지구를 하나의 작품으로 꾸민다.
④ 아픈 지구 작품을 보며 "~해서 미안하다"고 구성원 한 사람씩 돌아가며 말한다.
⑤ 지구를 낫게 하는 생각을 하며 소품을 모래상자에 배치한다.
⑥ 건강한 지구를 모두 같이 만들어본다.
⑦ 건강한 지구에게 "~해서 고맙다"라고 구성원 한 사람씩 돌아가며 말한다.

🐴 상담적 질문

- 지구가 아프면 앞으로 지구는 어떻게 될까?
- 어떻게 하는 것이 지구를 아프게 하는 것일까?
- 어떻게 하는 것이 지구를 낫게 하는 것일까?
- 아프지 않는 지구를 위해 자신은 무엇을 할 수 있을까?
- 우리는 주변 친구나 부모에게도 미안한 것과 고마운 것은 무엇일까?

🌰 유의점

- 상담자는 '지구가 아파요'라는 동요를 준비한다.
- 상담자는 지구의 아픔을 주변 사람의 예로 질문할 수도 있다.

왕따는 무서워요

🏛 대상

유아, 아동, 청소년

🚂 목표

- 부정적인 것을 긍정적인 것으로 바꾸어 생각해 볼 수 있다.
- 용기를 낼 수 있는 계기가 된다.
- 스스로를 되돌아 볼 수 있어 행동이나 생각을 변화시킬 수 있다.
- 관심을 요청하는 방법을 배울 수 있다.

🔺 활동방법

① '왕따'하면 떠오르는 소품을 한 개씩 가져온다.
② 두 팀으로 나누어 모래상자에 왕따의 현장 한 장면을 꾸민다.
③ 한 팀씩 ②번에 대해 모래상자에서 역할놀이로 팀으로 꾸민 장면을 소개한다.
④ '왕따'에서 벗어나기 위한 방법은 무엇이 있을지에 대해 소품을 가져와 모래상자에 놓고 움직이기도 하면서 서로의 생각을 나누어 본다.
⑤ 위의 활동에서 가장 바람직한 한 장면을 모래상자에 꾸민다.
⑥ 왕따 활동에 대한 마음을 나눈다.

- '왕따'의 주인공이 자신이 된다면 어떨 것인가?
- 자신이 대통령이라면 '왕따'의 문제를 어떻게 할까?
- 자신이 선생님이라면 '왕따'의 문제를 어떻게 할까?
- 자신이 지금 옆에서 '왕따'의 현장을 본다면 어떻게 할 것인가?
- '왕따 문제'는 왜 심각할까?

🪀 유의점

- 상담자는 ③번 활동방법을 팀 구성원이 모두 참여해 모래상 자작품을 사이코드라마의 형태로 직접적 놀이를 활용해도 된다.

천사의 소리

⛪ 대상

유아, 아동

🚂 목표

- 긍정적 자기 확신을 가질 수 있다.
- 주변에 힘이 되어 주는 사람들이 있다는 것을 확인할 수 있다.
- 자신도 다른 사람을 도와 줄 수 있는 힘이 있음을 인식하게 된다.
- 자기존중감과 신뢰감을 증진시킨다.

🔹 활동방법

① 자신의 부족한 부분을 생각해서 자기 역할의 소품을 가져
온다.

② 모래상자 중심에 배치하게 하고 소품에 대한 이유를 말한다.

③ 다른 구성원들은 화자에 대해 도움을 줄 수 있는 소품을 중
심 주변에 동그랗게 배치한다.

④ 구성원들이 갖고 온 소품의 긍정적인 면에 대해 이야기를
한다.

⑤ 주인공은 끝나고 모두에게 고마움을 표현한다.

🔹 상담적 질문

- 자신에게 해 준 말 중에서 좋은 말은 어떤 것이었나?
- 좋은 점을 말해 줄 때 어떤 느낌이 들었나?
- 자신에게 가장 천사 같은 사람은 누구인가?
- 천사 같은 사람은 주로 어떤 좋은 말을 해주는가?
- 사람들에게 들은 좋은 말은 자신에게 어떤 힘이 되었나?
- 자신도 천사 같은 사람인가, 자신도 좋은 말을 자주 하는가?

🔹 유의점

- 상담자는 ①번 활동방법을 할 때 '부족한 부분'을 어린 유아
들은 그들의 언어로 예시를 들거나 부정적 그림을 보여주면
서 설명하는 것이 효율적이다.
- 이 프로그램은 한 사람씩 진행해야 존재감의 소중함을 경험
할 수 있다.
- ④번 활동방법을 할 때 장점이나 회복탄력성을 한 단어로 요
약해 말할 수 있도록 제안한다.

오즈의 마법사

🏛 대상

유아, 아동

🚂 목표

- 안정감을 재정립할 수 있다.
- 내면의 안정감 이미지를 활용해 안정의 구조를 확신하는 계기가 된다.
- 심리적 경직성을 이완시킬 수 있다.
- 위기와 변화에 대한 적응과정에 긍정적 변화를 인식한다.

🔶 활동방법

① '오즈의 마법사' 이야기를 들려준다.
② 마법의 구두를 각자 만든다.
③ 마법의 구두를 신고 가고 싶은 곳을 모래상자에 꾸민다.
④ 모래상자작품에 도로시, 허수아비, 양철사람, 사자를 연상하면서 소품을 가져와 배치한다.
⑤ 모래상자에서 구성원들이 각자의 역할을 맡아 역할놀이를 한다. 이때 한 가지 역할만 하는 것이 아니고 역할을 바꿔가면서 해본다.
⑥ 활동을 마치고 서로의 소감을 나눈다.

🐎 상담적 질문

- '오즈의 마법사' 이야기에서처럼 자신이 필요한 것은 무엇인가?

- 마법의 구두를 만들 때 기분이 어땠나?
- 에메랄드 성으로 갈 때 가장 친하고 싶은 주인공은 누구인가?
- 자신의 소원은 무엇일까?
- 모래상자에서 도로시, 허수아비, 양철사람, 사자의 이야기에서 가장 공감 가는 인물은 누구이고, 그 이유는 무엇인가?
- 자신의 에메랄드 성(편안한 곳)은 어디인가?

🐚 유의점

- '오즈의 마법사'를 영상으로 짧게 편집할 수도 있고 그림동화를 활용할 수도 있다.
- 아동이 어릴수록 시각화와 이미지 유도기법에 중점을 둔다.
- ②번 활동방법을 할 때는 색종이 접기로 신발을 접거나 다르게 해본다면 아기 고무신을 사서 유성펜으로 신발꾸미기를 해 가져가게 할 수 있다.

예문 오즈의 마법사 줄거리

　도로시는 아줌마, 아저씨, 강아지 토토랑 함께 살아요. 도로시는 토토랑 신나게 놀았죠. 그러던 어느 날, 회오리바람이 거세게 몰아쳤어요. 그리고 갑자기 집이 붕! 하늘로 떠올랐어요. 하늘에서 빙그르르 돌던 집이 땅으로 쿵! 떨어졌어요. 그 바람에 나쁜 마녀가 집에 납작하게 깔려 버렸어요. 어여쁜 북쪽 마녀가 도로시에게 말했어요. "나쁜 마녀를 혼내 주어서 고맙구나." 나쁜 마녀는 온데간데없이 사라지고 은색 구두만 남았어요. "이건 마법의 구두란다. 네가 신으렴." 북쪽 마녀는 도로시에게 은빛 구두를 주었어요. 도로시가 집으로 돌아가고 싶다고 하자 북쪽 마녀가 길을 알려 주었어요. "이 길을 따라 가면 에메랄드 성이 나올 거야. 거기 사는 오즈의 마법사에게 부탁해보렴."

도로시와 토토가 길을 가는데, "쟤는 머릿속이 텅 비어서 생각도 못 해." 까마귀들이 허수아비를 놀리고 있지 뭐예요. 도로시는 허수아비가 가여워서 오즈의 마법사에게 생각할 수 있는 뇌를 달라고 부탁하자고 했어요.

숲 속을 지나가는데 어디선가 철컥철컥 소리가 났어요. 도끼를 든 양철 나무꾼이 나무를 자르는 소리였어요. "얘야, 어딜 가니?" "오즈의 마법사에게 가요. 부탁할 게 있거든요." "나도 데려가 줘. 나한테는 따스한 심장이 필요해."

그렇게 셋이서 한참 길을 가다가 엉엉 울고 있는 사자를 만났어요. 왜 울고 있냐고 도로시가 묻자 사자는 자기가 겁쟁이어서 용기가 필요하다고 했어요. 도로시는 사자에게 오즈의 마법사에게 용기를 달라고 부탁하자고 하며 사자도 같이 길을 떠났어요.

드디어 도로시와 친구들은 번쩍번쩍 빛나는 에메랄드 성에 도착했어요. 다들 소원을 빌고 싶은 마음에 성으로 한달음에 달려갔죠. "마법사님, 저희들 소원을 들어주세요." 오즈의 마법사는 못된 서쪽 마녀를 없애면 소원을 들어주겠대요.

도로시와 친구들은 서쪽 마녀를 찾아갔어요. "괘씸한 것들! 감히 날 없애겠다고?" 서쪽 마녀는 분을 못 이겨 부들부들 떨었어요. 그리고 하늘을 나는 원숭이들을 시켜 친구들을 괴롭혔지요. 허수아비는 짚이 뜯겼고, 양철 나무꾼은 팔과 다리가 부러졌어요. 사자와 토토는 그물에 갇혔고, 도로시는 마녀가 끌고 갔어요. 서쪽 마녀는 도로시의 은색 구두가 탐이 나 도로시의 구두를 억지로 빼앗아 갔어요. 화가 난 도로시는 양동이에 있는 물을 서쪽 마녀에게 끼얹었지요. 그런데 이게 어찌된 일일까요? 서쪽 마녀가 스르르 녹아 사라졌어요.

 서쪽 마녀를 물리친 도로시와 친구들은 에메랄드 성으로 갔어요. 오즈의 마법사는 허수아비에게 톱밥으로 된 뇌를, 양철나무꾼에게는 따스한 심장을 주었어요. 사자에게는 용기가 솟는 주스를 마시게 했지요. 도로시에게는 집으로 갈 수 있는 방법을 가르쳐 주었어요. "도로시, 발을 두 번 굴려 보렴." 도로시가 토토를 꼭 껴안고 발을 쿵쿵 구르자, 눈 깜짝할 사이에 집으로 돌아갔어요. 아줌마랑 아저씨가 집에서 나와 반갑게 맞아 주었어요.

······

헨젤과 그레텔

🏛 대상

유아, 아동

🚂 목표

- 분리불안에 대한 정도를 가능할 수 있다.
- 상상력을 키울 수 있다.
- 극복의 대안을 생각하게 된다.
- 창의적 문제해결력을 갖춘다.
- 용기낼 수 있는 방법을 탐색하게 된다.

📢 활동방법

① 상담자는 다음에 있는 헨젤과 그레텔 동화의 요약을 읽어 준다.

② 이야기를 듣고 어떤 감정이 들었는지 소품을 가져와 말해
본다.
③ 요약이야기를 듣고 다음 이야기를 모래상자에 꾸며본다.
④ 모래상자에 작품을 꾸민 상황을 각자 발표한다.
⑤ 용기 있는 자신을 칭찬한다.
⑥ 용기 있는 친구를 칭찬한다.
⑦ 소감을 나눈다.

🐴 상담적 질문

- 이야기를 듣고 어떤 감정이 들었나?
- 다음 이야기를 어떻게 만들었는가?
- 자신이 무서워하는 것은 무엇인가?
- 자신이 만든 이야기에서 힘들었던 점은, 재미있었던 점은 무
엇인가?
- 자신이 산에 버려졌다면 어떻게 살아 돌아올 것인가?
- 살아 돌아오기 이야기를 나눌 때 누구의 방법을 배우고 싶은
가, 그 이유는 무엇인가?

🐚 유의점

- '헨젤과 그레텔'의 요약
- 가난한 나무꾼은 아내와 헨젤과 그레텔이란 두 남매와 산기
슭에 살고 있었다. 가난한 살림에 흉년이 들어 먹고 살기가
힘들었다. 어느 날 새엄마는 두 아이를 산속에 갖다 버리자
고 말했다.

4 창조성

창조성은 삶을 살아가는데 '인생 정답이 하나만 있다'라는 사실을 부정할 수 있는데 큰 위로를 주는 개념이다. 창조성은 삶의 낡은 패턴을 벗기고 새로움의 산물을 끊임없이 제공해 주는 모든 면에서의 '생기(활기)의 자아'이다. 이 '생기의 자아'는 억압의 문을 열기 위해 노력하는, 침묵하는 감각의 경험이다. '생기의 자아'를 소유한 사람들은 사물이나 사람에 대한 관심과 호기심이 많으며 모호함을 견디고 인식하는 능력이 있으며 새로운 정보와 느낌을 삶의 경험에 적용할 줄 알게 되며 위험한 도전을 받아들이는 용기를 갖는 사람들이다. 우리들은 살아가면서 많은 사람들을 만나게 되는데 유난히 새로운 생각을 다양하게 하는 사람들을 만날 수 있다. 그들은 곤란에 처해 있는 상황에서 새로운 길을 쉽게 찾아가거나 다른 길을 쉽게 안내해 주며 그 난관을 뚫고 나간다. 그들과 나는 무슨 차이가 있는 것일까를 곰곰이 생각해 보면 '나는 그럴 수 없어, 나는 창조성이 없어 그것은 예술가에게나 있는 것이야'라며 스스로에게 걸림돌을 놓아두는 것이다. 이러한 걸림돌은 창조성과 관련된 자발적으로 행동하는 자발성과 자기주장의 표현을 방해한다.

창조성은 무엇인가? 창조성은 사고하고 문제해결 하는데 있어서 독창성에 의해 특징지어지는 지능을 말한다. 즉 새로움의 산물을 수반하는 것이고 그 산물은 개개인마다의 독특함이 될 수 있어 흉내내기가 아닌 것이다.

인간은 살아가면서 힘겨운 일에 누구나 직면하게 될 때 누구에게나 있는 본능적 욕구인 창조성은 꾸준한 노력을 통해 무궁무진하게 키워나갈 수 있는 능력으로 자신을 믿고 호기심을 따라간다면 창조력을 발휘할 수 있다. 그러나 창조성을 표현하는데 있어서 환경이 경험하고 표현하려는 창조력을 방해하거나 손상시키기도 한다. 이렇게 창조력이 억압되면 내면의 불안은 증폭되면서 결국 강박적인 사람이 된다. 강박적인 사람은 명령만 기다리거나 눈치만 보거나 혹은 자신이 명령하거나 눈치 주는 사람이 될 수 있다. 그러므로 창조성의 변질된 모습의 일면이라고 할 수 있다. 그래서 많은 사람들이 집단경험 안에서 창조성의 다면적 억압을 호소하기도 한다. 정신적 상처는 창조적 인간이 되는데 걸림돌이 되기 때문에 집단상담의 형태나 개인적 치유 형태에서는 창조적 자아를 재발견하고 삶의 모든 면에서 활기를 불어넣어 줄 수 있는 특성을 확인하도록 해야 하는 것이다. 상담자가 창조적인 표현을 할 수 있도록 돕는 것은 곧 부정적인 태도를 인식하고 천천히 떨쳐 버리도록 하게 하는 것이다.

이러한 창조성은 자신의 잠재력에 귀를 기울이면 일상생활의 리듬을 변화시킬 수 있으며 환경을 바꿀 수 있다. 예를 들면 놀이(play)로 쉽게 변화할 수 있으므로 놀이를 할 수 있는 사람은 건강한 사람이라고 볼 수 있다. 놀이는 자연스럽게 자신의 본능을 타인들과 함께 살아 움직이게 한다. 놀이는 공감의 찰나를 만나게 하기 때문에 즐거움을 동반하게 되고 스트레스를 해독하게 한다. 그러므로 놀이는 치유활동이며 봉인된 무의식이 열리는 등 소소하다고 볼 수 있으나 두려움을 안정감으로 흐르게 하는 변화의 결과가 된다. 그러므로 놀이는 우리에게 다양한 방법을 찾게 하여 창조성을 향상시킨다. 그러므로 우리는 살아가면서 삶을 놀이에 대입한다면 어떤 새로운 답안을 찾을 때 습관처럼 하나의 답을 찾는 것 보다 다양한 답을 찾는 즐거움을 가져보고 세상에 불가능을 없다는 믿음을 갖고 자신을 믿어본다면 다면적 사고가 익숙해지며 창조적 능력은 향상될 것이다.

창조적 능력은 긍정적 상관관계가 존재하므로 틀에 갇힌 생각을 탈피하고 누구도 가보지 않는 길을 가야 하는 급변하는 시대를 살아가고 있는 현대인들에게는 무엇보다 필요하다. 융의 분석심리에서 그림자(shadow)는 적절한 관계를 맺지 못하고 살아보지 못한 삶이고 거들떠보지 않은 것들이어서 능동적인 것 같지만 수동적 형상들의 창조성의 씨앗들이다. 그림자는 부정적 속성만 갖고 있는 것이 아니고 활력을 가진 가치 있는 속성을 가지고 있으며 적절한 관계 맺기를 선호한다. 예를 들면 분노를 억압해 왔다면 분노를 통합할 수 있는 적절한 관계 맺기 계기만 찾는다면 분노는 분별력 있고 강한 사람이 되는데 도움을 줄 수 있다. 즉 그림자와의 적절한 관계 맺기는 우리 모두가 갖고 있는 각자만의 고유하고 독특함을 찾아 자기가 되어가는 개성화과정의 첫 관문으로 창조를 낳는 원동력이 될 수 있다.

또한 대상관계이론가이며 영국의 소아과 의사였던 도날드 위니컷(D. Winnicott)은 창조성은 인간의 타고난 본성이며 가장 건강한 삶의 한 마디라고 했다. 창조성의 뿌리는 인간의 본능에서 시작하며 심리적 안전감을 찾아내는 치유력으로 확장하고 뻗어나가고 성장하려는 본능의 에너지로 몸, 마음, 정서, 영혼 전체를 통해 일어나는 심신의 균형적 건강함이다.

즉흥 스토리텔링

🎎 대상

아동, 청소년, 청년, 성인

🚂 목표

- 감각적인 면과 직관적인 사람의 정보 인식패턴을 알 수 있다.
- 창의성의 증진과 발휘를 위한 연습이 될 수 있다.
- 스토리텔링을 통해 현재의 감정을 자각할 수 있다.
- 자신의 잠재적 콤플렉스를 직면할 수 있다.
- 같은 작품을 바라보면서 다른 이야기의 스토리를 들으며 인간의 다름을 인식할 수 있다.

🔻 활동방법

① 촉진자는 구성원들이 어떤 소품이든 선택해 모래상자를 꾸미게 한다.
② 하나의 꾸며진 모래놀이작품을 보면서 종이에 짧은 글을 지어본다.
③ 구성원들이 돌아가며 읽게 한다.
④ 첫번째 발표자가 자기의 글을 읽고 다음의 연결할 글을 선택해서 지정하면 지정받은 사람이 이야기를 이어서 만들어 본다.
⑤ 또다시 다음 사람을 지정해 글을 이어가며 계속 구성원들의 이야기를 모두 연결해서 하나의 새로운 긴 이야기를 만들어 간다.
⑥ 자신의 짧은 글이 긴 이야기로 수정되어 만들어져 가는 과정에 대해 나눔을 한다.

🐴 상담적 질문

- 자신의 이야기에는 무슨 상황과 감정이 들어있는가?
- 이야기들이 줄지어 연결되어 가는 과정에서 어떤 경험을 했는가?
- 이야기의 흐름에서 어떤 상황의 감정의 변화가 있음을 느꼈는지?
- 자신과 타인의 어떤 차이점을 발견했는가?
- 창의성에 대한 변화에 대해 어떻게 느끼는가?
- 창의성은 인간에게 어떤 영향을 미치는가?

🌰 유의점

- 촉진자는 발표를 힘들어 하는 구성원에게는 간단하게 하도록 격려한다.
- 창의적 스토리텔링은 쉬운 일이 아니므로 그룹 구성원의 역동에 따라 시간적 고려를 한다.
- 창의성 발표가 어려울 때는 도움을 요청하는 글을 선택할 수 있도록 한다. (예: '도와줘! 천사님!' 등의 글자 종이를 준비해 둠)

인생기차

🏛 대상

청년, 성인, 노인

🚂 목표

- 개인마다 살아온 세월을 되돌아 볼 수 있다.

- 삶의 경험을 되돌아보며 안아줄 것, 위로해 줄 것, 격려해 줄 것에 대한 자기피드백이 가능해서 스스로 변화의 동기를 깨달을 수 있다.
- 경험의 정점마다 배울 것과 버릴 것을 자각하며 긍정적 미래의 희망을 인식한다.
- 자신의 삶에서 기쁨과 슬픔의 시절을 한 눈에 볼 수 있다.

활동방법

① 촉진자는 모래상자에 '10대'에서 '60대'까지의 표시판을 올리고 모래상자 영역을 구분 짓고 구성원들은 갖다 놓고 싶은 영역에 자신의 인생은유 소품을 갖다 놓는다.
② 구성원들은 각자 자신이 떠올린 연령대에 소품을 갖다 놓는다.
③ 촉진자는 '10대'부터 차례대로 같은 연령대 영역에 있는 소품의 주인공들을 소개하고 나눔을 갖는데 그 연령대에 소품을 갖다 놓지 않았어도 모두 대화에 참여하게 한다.
④ 촉진자는 모든 연령대의 이야기를 나눈 후 구성원들이 각 연령대마다 느낀 느낌들을 나눈다.
⑤ 구성원들은 전체 연령대를 나누면서 어떤 것이 인상적이었는지를 나눈다.

상담적 질문

- 기억나는 연령대에는 어떤 감정이 들어있는가?
- 기억나지 않는 연령대는 무엇이 있었으면 하는 바람이 있는가?
- 인생기차에서 무엇을 보고 느끼고 경험했는가?
- 삶의 다양한 모습들을 들으며 자신의 삶에서 변화하고 싶은

것은 무엇인가?

- 다른 구성원의 발표에서 자신의 삶에서도 유사한 경험이 있었는가? 다른 구성원과 자신의 대처방법은 어떤 차이가 있었는가?

🌑 유의점

- 촉진자는 집단연령대에 따라 연령지표를 줄이고 늘일 수 있다.
- 같은 연령대를 나눌 때 자신의 느낌에 집중하게 하며 원하는 새로운 이미지를 생각하고 나누게 할 수 있다.

그림감상

🔺 대상

아동, 청소년, 청년, 성인, 노인

🚂 목표

- 제시된 그림을 보고 각자 떠오르는 감정을 표출할 수 있어 정화경험이 가능하다.
- 무의식적 내용을 의식화하고 자신을 수용한다.
- 제시된 그림을 통한 심리적 재창조 능력을 함양한다.
- 각자 다른 생각과 정서를 재조명하는 기회를 갖게 된다.

🔻 활동방법

① 촉진자는 제시 그림을 집단구성원에게 보여주나 설명하지

않는다.

② 구성원은 그림을 보고 떠오르는 생각이나 혹은 가장 인상적인 부분을 보고 생각으로 이야기를 모래상자에 꾸며본다.

③ 2인1조가 되어 꾸민 이야기를 들려주며 서로 피드백을 주고 받는다.

④ 또 다른 짝과 2인1조가 되어 자신의 이야기를 들려주고 피드백을 주고 받는다.

⑤ 구성원 모두 짝이 되어보며 피드백을 주고 받았으면 그림을 보고 꾸민 모래상자작품을 수정하고 제목을 정한다.

⑥ 구성원 전체와 이야기 나눔 과정에서 자신의 창작과 구성원의 피드백에 대한 소감을 나눈다.

🐴 상담적 질문

- 그림에는 무엇이 들어있다고 생각하는가?
- 그림 감상 소감은 어떠했는가?
- 보여진 그림에서는 어떤 생각이 떠올랐는가?
- 인상적인 부분은 무엇 때문인가?
- 각각의 구성원들과 같은 이야기를 반복하면서 어떤 차이점을 발견했는가?
- 자신의 창의성에 대해 어떻게 생각하는가?
- 새롭게 꾸민 작품을 어떻게 느끼는가?
- 각각의 구성원들과 모래놀이작품을 나누면서 자신에게 어떤 변화를 경험했는가?

🐚 유의점

- 촉진자는 제시된 그림을 보고 구성원들이 작품을 만들 때 힘

들어 하는 구성원을 격려한다.

- 촉진자는 제시 그림을 선정할 때 구성원들의 연령, 특성 등을 고려해서 선정한다.
- 촉진자는 구성원들이 짝지를 바꾸어 가며 이야기 나눔을 할 때 자리를 겹으로 안팎으로 하여 안이든 밖이든 한 쪽으로 움직이게 하며 이야기 나눔에 방해를 덜 받기 위한 공간구성을 해야 한다.

....

인간 Mirroring
....

🔺 대상
유아, 아동, 청소년, 청년, 성인(인원: 8~12명)

🚂 목표
- 움직임을 통해 구성원들이 자신들의 감정을 지적으로 감각적으로 인지하도록 도와준다.
- 더 많은 감정과 생각을 창조할 수 있는 계기가 된다.
- 집단구성원은 통찰력과 창조성의 내적 영역을 인식하게 된다.
- 자기이해와 통찰력을 얻을 수 있다.

📢 활동방법
① 촉진자는 두 사람씩 짝을 짓게 하고 마주 보게 한다.
② 두 사람 중 먼저 할 사람을 선정해 먼저 하는 사람이 표정이나 동작을 하면 짝이 그대로 따라하는데 따라하는 사람은 거울역할이어서 말할 수 없고 그냥 따라만 한다.

③ 행위자와 피행위자는 모래상자에 행위자의 동작의 느낌과 생각을 꾸민다.

④ 구성원 개인마다 자신의 작품에 제목을 붙인다.

⑤ 모래상자에 꾸민 작품을 나눈다.

🐎 상담적 질문

- 자신과 타인의 동작에서 어떤 감정의 움직임을 보았는가?
- 행위자의 움직임에 행위자는 얼마나 몰입했는가? 아니면 어떤 생각이 방해되었는가?
- 피행위자는 행위자의 움직임에 얼마나 몰입했는가? 아니면 어떤 생각이 방해되었는가?
- 동작을 하는 동안 어떤 상황, 감정, 단어 등이 떠올랐는가?
- 동작을 하는 것과 모래상자작품에서의 연결성은 무엇이고, 차이점은 무엇인가?
- 동작과 작품표현과 나눔에서 무엇을 느꼈고 무엇을 경험했는가?

🐚 유의점

- 촉진자는 대상자가 어릴수록 인간 미로링 놀이가 즐거움을 촉발하도록 음악을 함께 활용할 수도 있다.
- 촉진자는 구성원의 역동에 따라 음악의 종류를 다양하게 활용할 수 있다.
- 촉진자는 따라하는 표정과 동작에 시간을 정해준다. 구성원들의 역동에 따라 2~10분까지 할 수 있도록 한다.
- 촉진자는 움직이는 사람이 주변을 의식할 수 있으므로 안대를 준비할 수도 있고 표현자의 위험한 상황에서는 따라하는 사람이 보호해 주는 역할도 하게 한다.

타임라인

....

🔼 대상

청소년, 청년, 성인, 노인

🚂 목표

- 자신의 인생을 되돌아 볼 수 있고 즐거움은 힘이 되고 억눌러 놓은 힘듦도 다시 보고 위로할 수 있는 계기가 된다.
- 자신의 인생에서 기억할 만한 특별한 날을 알 수 있다.
- 즐거운 일이나 슬픈 일이 누구에게나 있음을 알게 된다.

📢 활동방법

① 촉진자는 긴 테이프에 자신의 나이를 간격을 두고 현재 나이까지 그리게 한다.

② 나이 간격 표시 테이프를 바닥이나 벽에 길게 붙인다.

③ 그 나이를 천천히 걸으며 자신에게 어떤 특별한 일이 있었는지 생각하게 한다.

④ 각 나이마다 상징적 소품을 앞에 갖다 놓는다(생각나지 않으나 궁금하면 나이대에 물음표를 그릴 수 있으며 생각나지 않는 나이대는 검정테이프를 붙인다).

⑤ 각 나이대의 소품을 모래상자에 나열하고 2인1조로 나눔을 갖는다.

⑥ 각자의 나눔이 끝나면 상대방에 대한 이야기에서 특별한 것을 발표한다.

🪀 상담적 질문

- 나이 테이프에서 천천히 가면서 자신의 특별한 일을 생각할 때의 정서적, 신체적 영향은 어떠한가?
- 즐거움이 많았는지 힘듦이 많았는지?
- 즐거움에는 어떤 사람과 상황이 있었고, 힘듦에는 어떤 사람과 상황이 있었는가?
- 힘듦을 극복한 상황이 있었는지? 극복상황에는 어떤 사람이나 상황이 있었는가?
- 돌아가고 싶은 나이대는 언제이고, 그 이유는 무엇인가?
- 자신이 살아온 시간을 되돌아보며 자신에게 하고 싶은 말은 무엇인가?

🎱 유의점

- 타임라인에 표시할 때 테이프가 아니어도 바둑돌이나 스티커로 활용할 수도 있다.
- 촉진자는 어린 시절의 기억이 없어도 부모님이나 친척들로부터 들은 것을 표현해도 가능하다고 한다.
- 상대방의 이야기 발표시간에 상대방이 꺼려하는 내용은 삼가도록 촉진한다.

전래동화

🐾 대상

청소년, 성인, 노인

🚂 목표

- 동심의 에너지를 회복하는 기회를 가지며 어린 시절을 회상한다.
- 동화 내용의 메시지를 탐색하는 기회를 갖는다.
- 동화를 들으면서 어린 시절과 현재의 느낌의 차이를 인식할 수 있다.
- 동화를 변형시켜 이야기를 만들며 자신의 현재의 삶을 인식할 수 있다.

⚓ 활동방법

① 전래동화를 기록해 한 장씩 나누어준다.
② 집단구성원이 돌아가며 몇 구절씩 나누어 읽는다.
③ 읽은 전래동화를 변형시켜 모래상자의 작품을 각자 자유롭게 꾸민다.
④ 모래상자작품을 보며 구성원들과 소품을 움직여 가며 역할놀이를 해보기도 한다.
⑤ 전래동화 활동에 대해 나눈다.

🎠 상담적 질문

- 전래동화는 자신에게 어떻게 다가오는가?
- 전래동화를 들으며 무엇이 연상되는가?
- 전래동화를 변형시킬 때 무엇이 중점적으로 움직여졌는가?
- 전래동화의 결말은 어떻게 되었으면 하는 바람이 있는가?
- 어린 시절의 동화와 성장해서 듣는 동화의 차이는 무엇인가?

🦔 유의점

- 촉진자는 전래동화 놀이에서 결말을 다르게 만드는 놀이도 할 수 있고, 이야기를 완성하지 않고 읽게 하여 다음 장면을 상상해서 표현하게 할 수도 있다.
- 소품을 활용해 모래상자 외부에서 역할놀이를 하는 것도 활용가능하다.

행복

🔺 대상

아동, 청소년, 청년, 성인, 노인

🚂 목표

- 행복의 의미를 다시 살펴볼 수 있다.
- 행복은 오는 것이 아니고 자신 안에서 찾을 수 있음을 자각한다.
- 행복원함의 요소와 정도에 따른 자신의 현재 이슈를 자각할 수 있다.
- 각 구성원마다 다양한 형태의 행복을 알 수 있다.
- 추상적 단어로 구체적 내면의 이미지를 만날 수 있다.

🔖 활동방법

① 촉진자는 행복에 대해 꾸미게 한다.
② 각자 꾸민 행복에 대해 제목을 짓는다.
③ 제목과 가장 가까운 상황이나 소품을 지정하고 말하게 한다.

④ 다른 사람의 행복에 대한 제목과 이야기를 듣는다.

⑤ 자신의 모래상자 꾸밈을 다시 변형하여 꾸민다(각자의 마음에 따라 변형하지 않아도 된다).

⑥ 다시 제목을 짓고 행복의 모래상자에서 자신의 실천적 부분을 나눈다.

🐎 상담적 질문

- 행복작품을 만들면서 어떤 생각을 했는지?
- 다른 사람의 행복작품과 자신의 행복작품에 어떤 차이가 있는지?
- 자신의 행복작품의 이슈는 무엇이고 그 속에 어떤 희망이 숨어있고, 어떤 아픔이 있는지?
- 자신의 행복작품이 극복의 가능성이 있는지, 없는지?
- 행복작품의 극복 요소는 어떤 것(사람, 상황, 물건)이 있는지?

🌰 유의점

- 촉진자는 행복의 구체적 실천적 요소를 더 강조해서 꾸밀 수도 있게 한다.
- 구성원들의 행복을 모두 격려하는 1:1의 나눔 시간을 가질 수 있다.

일상생활

🔺 대상

아동, 청소년, 청년, 성인, 노인

목표

- 집중력과 기억을 증진시키거나 유지하기 위한 유용성을 가지고 있다.
- 아동이나 노인들에게 현실감각을 놓치지 않도록 도울 수 있다.
- 일상생활의 경험에서 개인적 가치를 재확인하게 할 수 있다.
- 일상경험을 활용할 수 있다.

활동방법

① 최근의 일상생활에 관련된 것 (최근의 식사, 최근에 만난 사람들, 최근의 행사, 최근의 놀이) 중 기억나는 부분을 꾸민다.
② 꾸민 모래상자의 작품을 세부적으로 기억하고 발표한다.
③ 다른 구성원들의 감상을 듣고 나눈다.
④ 자신의 작품에 제목을 붙이고 이유도 발표한다.

상담적 질문

- 일상생활에서 이 작품을 선택한 것은?
- 일상생활의 작품이 자주 경험하는 것인지, 아닌지?
- 다른 구성원들의 일상생활의 작품과 자신의 작품의 차이점은 무엇인지?
- 모래상자에 표현한 일상생활의 경험의 긍정성과 부정성은 무엇인지?

유의점

- 이 활동은 학습장애를 가진 아동과 치매문제를 가진 노인들이 '현실감각'을 놓치고 있는 부분이 무엇인지 탐색하는데 유용하게 활용할 수 있을 것이다.

쉐도우 댄싱

🔺 대상

아동, 청소년, 청년, 성인, 노인

🚂 목표

- 동작 그림자를 통해 자신의 느낌 방식의 영향을 인식할 수 있다.
- 객관적인 자신을 관찰하는 기법이 된다.
- 다른 사람을 관찰하면서 움직임을 통한 이완을 경험할 수 있다.
- 수용 받는 느낌을 경험한다.
- 우리 내면의 경험을 다르게 표현할 수 있음을 체험할 수 있다.

📣 활동방법

① 2인1조를 만든다.
② 전등을 끄고 각자 벽을 향해 서서 각자의 랜턴을 켜서 음악을 들으며 자기 몸의 움직임을 관찰한다(이때 2인1조의 한 사람은 랜턴을 비춰주고 한 사람은 조명을 받고 몸을 움직인다. 이러한 움직임을 두 사람이 번갈아 3분 동안 경험한다).
③ 위의 그림자 관찰의 느낌을 모래상자에 소품으로 표현한다.
④ 자신의 그림자 관찰과 상대방의 그림자 관찰에서의 표현작품을 서로 나눈다.

🐎 상담적 질문

- 동작할 때의 느낌은 어떠했는가?
- 동작하는 상대방을 바라볼 때 어떤 경험을 했는가?
- 육체와 정서의 어떤 연결을 알 수 있었는가?
- 모래상자에 표현한 경험은 동작과 어떤 차이가 있었는가?
- 당신은 몸은 유연한가, 경직되어 있는가?

🌰 유의점

- 이 활동은 일상생활의 다양한 도구를 활용해 자신의 다른 모습을 발견하고 탐색하는데 유용하다.
- 음악은 구성원의 특성과 주제에 맞게 다양하게 활용할 수 있다.

저항감 극복

🔱 대상

아동, 청소년, 청년, 성인, 노인

🚂 목표

- 일상적 저항감과 도움을 필요로 하는 저항감을 관찰할 수 있다.
- 저항적 문장에서 강렬한 반응의 경험을 스스로 인식할 수 있다.
- 모래놀이작품을 하면서 느낌의 변화를 몸으로 체험할 수 있다.

- 저항감의 느낌이 자신이 어떤 주장을 하고 싶은지를 인식하게 한다.
- 자신의 통제력의 상태를 알려줄 수 있다.

🔖 활동방법

① 집단구성원들이 중앙에 모래상자를 놓고 천천히 침묵하며 걷는다.
② 상담자는 명령, 위협, 걱정 및 자만의 짧은 문장을 읽어준다.
③ 위의 문장을 듣고 모래상자에 꼴라주로 표현한다.
④ 모래상자의 작품을 나누며 작품주인공이 소리치고 싶은 멘트를 하게 하고 모두 주인공의 멘트를 함께 따라한다.

🐎 상담적 질문

- 침묵하고 걸을 때의 느낌은 어떠했는가?
- 문장을 들을 때 어떤 경험을 했는가?
- 다양한 문장에서 어떤 문장이 나에게 가장 강렬한 저항을 불러일으켰는가?
- 모래상자에 표현한 콜라주 경험은 동작과 어떤 차이가 있었는가?
- 경험과 나눔에서 무엇을 느꼈는가?

🔘 유의점

- ③번 활동방법을 할 때 표현하고 싶지 않은 사람은 표현하지 않을 수 있으며 가위로 오리기보다 찢어서 하는 편이 효율적이다.
- 저항의 문장은 아주 다양하게 활용할 수 있으며 되도록 구성

원들의 연령이나 증상 및 환경에 최대한 일상생활에서 쉽게 들을 수 있는 용어를 활용하는 것이 유용하다.

예 (학생) 공부나 좀 해라! 네가 하는게 그렇지 뭐! 나는 쉬운 데 너는 왜 안 되니!
(성인) 승진 보류해야겠네! 일을 제대로 좀 해! 00의 반만 큼만 해 봐라! 등

- 상담자가 저항에 대한 두려움이 있다면 활용적 측면에서 고려해야 할 것이다

둘이 하나로

🔱 대상
아동, 청소년, 청년, 성인, 부부

🚂 목표
- 작품을 통해 의사소통 능력을 증진시킨다.
- 창의력을 개발하고 표현하는 능력을 키운다.
- 정서적 이완의 계기를 갖게 된다.
- 어려운 과업에 전념할 수 있는 동기를 인식한다.

📐 활동방법
① 두 명이 한 조가 된다.
② 모래상자에 마주 보고 앉는다.

③ 각자 소품 5개 이하를 선택해서 의논하지 않고 침묵하며 작품을 꾸민다.

④ 상담자는 두 사람이 서로 자리를 바꾸어 앉도록 제안한다.

⑤ 두 명은 소품 5개 이하를 선택해서 다시 침묵으로 작품을 꾸민다.

⑥ 작품을 완성하고 각자 모래상자의 상황과 제목을 쓴다.

⑦ 두 명이 쓴 기록을 서로 읽어주며 느낌을 나눈다.

⑧ 두 명의 작품과정에서 떠오른 생각이나 느낌을 나누며 두 명이 함께 의논하여 하나의 제목으로 마무리한다.

🐴 상담적 질문

- 자신은 어떨 때 창의성이 있다고 생각하는가?
- 자신의 창의성은 일상생활에서 어떨 때 많이 활용되어지는가?
- 작품을 꾸밀 때는 어떤 기분이었고 자리를 바꾸었을 때는 어떠했는가?
- 두 명이 한 작품을 만드는 경험에서 무엇을 느꼈는가?
- 파트너의 생각을 감지하고 따라갔는가, 아니면 나의 생각만 몰입했는가?
- 이 활동을 하면서 어떤 것을 경험했는가?

🌑 유의점

- 상담자는 두 명이 작품을 꾸밀 때 주제를 정하지 않고 꾸미게 한다.
- 상담자는 바꾸어 앉는 경험을 관찰하고자 하는 측면이 있다면 여러 번 해도 무방하다.

나의 나무

🏛 대상

아동, 청소년, 청년, 성인, 노인

🚂 목표

- 자기성장의 욕구와 바람을 간접적으로 인식할 수 있다.
- 창의력과 상상력을 개발할 수 있다.
- 자신의 연결성의 정체성을 객관적으로 자각할 수 있다.
- 자신의 신체적, 정신적, 심리적 상태를 경험할 수 있다.

🔻 활동방법

① 상담자는 다양한 나무의 사진들을 보여준다.
② 집단구성원들은 동작으로 나무의 모습을 표현해 본다.
③ 각자 나무를 만들어 모래상자 안에 배치한다.
④ 모래상자에 모두의 나무를 보며 소감을 나눈다.

🐴 상담적 질문

- 나무의 그림을 볼 때 어떠했는가?
- 동작으로 나무를 표현할 때 어떠했는가?
- 나무를 만들 때는 어떠했는가?
- 자신에게 나무는 어떤 연상을 가져오는가?
- 자신의 나무를 보니 어떤 가능성이 느껴지는가?
- 자신의 나무는 당신의 어떤 상황이 표현되었는가?

🎨 유의점

- 상담자는 ②번 활동방법을 하기 전 "여러분은 자신의 몸을 현재 신체적, 정신적, 심리적 상태를 잘 표현하는 나무가 되어봅니다." 이때 부끄럽고 당황스러워 하는 사람이 있을 수 있으므로 모두 눈을 감게 하고 조용한 명상음악을 제공할 수도 있다.
- 상담자는 ③번 활동방법을 할 때는 "여러분은 살면서 한 번도 보지 못한 여러분만의 나무를 만들어 봅니다."하며 준비물을 제공한다. (준비물 예: 두꺼운 종이, 달력폐지, 박스, 컬러철사, 색지, 잡지, 가위, 풀 등)

혼란 모래상자

🔺 대상

아동, 청소년, 청년, 성인, 노인

🚂 목표

- 신체적, 심리적 이완을 경험할 수 있다.
- 창의적 표현을 격려, 지지하는 경험을 할 수 있다.
- 경직성을 해소할 수 있다.
- 카타르시스를 경험할 수 있다.

🔻 활동방법

① 종이(잡지, 신문지)를 찢어 켄트지에 붙이거나 색칠도구로 낙서를 해본다.
② 상담자는 "그만"을 지시하고 끝낸 낙서를 바라보게 한다.

③ 낙서 그림 안에서 보여지는 형태를 유사한 소품을 선택해 모래상자에 배치한다.

④ 모래상자의 소품을 뒤집어 엎어 혼란의 상태를 만든다.

⑤ 떠오르는 단어 5개 정도를 적어 짧은 글을 완성한다.

⑥ 활동의 느낌을 구성원들이 나누도록 한다.

🐴 상담적 질문

- 눈을 감고하는 낙서는 어떠했는가?
- 낙서를 바라볼 때의 심경은 어떠했는가?
- 낙서 안에서 어떤 형태를 만났는가, 그 형태는 자신과 어떤 관련이 있는가?
- 활동 시작과 마칠 때의 느낌은 어떠했는가?
- 떠올랐던 단어와 자신의 삶은 어떻게 연결되는가?
- 자신의 혼란은 어떨 때 경험했고 어떻게 극복했는가?

🔮 유의점

- 상담자는 켄트지, 크레파스, 사인펜, 색연필, 연필, 풀, 잡지나 신문지를 준비한다.
- 상담자는 ①번 활동방법을 할 때 눈을 감고 종이 찢기나 색칠도구로 낙서를 해보게 한다.

천지창조

🏛 대상

아동, 청소년, 청년, 성인, 노인

🚂 목표

- 자신의 가치세계를 객관적으로 관찰할 수 있다.
- 자신의 잠재력을 탐구할 수 있다.
- 힘겨운 외적, 내적 삶의 혼란에서 벗어나는 휴식을 경험할 수 있다.
- 신선한 조망을 갖고 세상에 대해 다시 생각할 수 있는 기회를 갖는다.
- 자신의 창의력에 대한 확장의 계기가 된다.

📣 활동방법

① 세상을 처음 열 때 내가 창조주라면 나는 무엇을 할지 생각한다.
② 앞의 생각이 정리되면 소품 3개를 모래상자에 배치한다.
③ 집단구성원들과 돌아가면서 한 사람씩 이유를 말하고 나눔의 시간을 갖는다.
④ 천지창조 각각의 소품 3개씩을 모두 모아 하나의 작품을 꾸민다.
⑤ 하나의 협동 작품을 통해 각자 기여할 수 있는 부분을 이야기하며 서로 격려한다.

🐴 상담적 질문

- 자신이 만든 세상의 초점은 무엇인가?
- 자신이 만든 세상에서 우려되는 것은 무엇인가?
- 집단구성원들이 각자의 천지창조 세상에서 무엇을 깨닫게 되었는가?
- 어떤 구성원의 세상이 자신에게 어떻게 영향을 미쳤는가?
- 각자의 창조세상을 통합하고 난 후에 작품을 보면서 어떤 생각과 느낌이 들었는가?

🍡 유의점

- 상담자는 나눔의 시간에 '비판이나 충고'에 대한 것은 자제하
도록 하며 긍정적 격려에 대한 피드백을 하도록 한다.

풍선이야기

🏛 대상

아동, 청소년, 청년, 성인

🚂 목표

- 상상으로 해소하는 자유로움으로 심리적 이완을 경험한다.
- 이야기 속에서 이미지를 끌어내는 창조성을 발견한다.
- 심리 투사적 정보를 제공한다.

🔺 활동방법

① 다양한 풍선을 준비해 풍선을 불어 자기 이름을 쓰게 한다.
② 집단구성원들은 자신의 풍선을 들고 눈을 감는다.
③ 상담자는 준비한 '풍선이야기'를 읽어준다.
④ 집단구성원들은 이야기를 들으며 자신의 안전한 장소를 생
각했다가 모래상자에 꾸민다.
⑤ 모두 각자가 만든 장소에 대한 이야기를 나눈다.

🎠 상담적 질문

- 하늘에서 혼자 날고 있는 풍선은 어떤 기분일까?

- 시원한 바람이 나무에 있는 풍선을 다시 날아가게 해 주었을 때 기분은 어땠을까?
- 심술궂은 태풍이 다가올 때의 어떤 것을 느꼈고 어떤 사람이 떠올랐는가?
- 자신의 풍선은 어느 곳에 안전하게 내려앉았는가?
- 내려앉은 곳의 장소에서 자신의 풍선은 어떤 일들이 일어날 것인가?
- 다른 곳으로 옮긴다면 어느 곳으로 가고 싶은가, 그 이유는 무엇인가?

🎈 유의점

- 상담자는 연령별에 따라 조금씩 다르게 '풍선이야기'를 마음대로 만들어 들려준다.

> 예 노랑 풍선이 두둥실 날아 바다 위를 날고 있어요. 그때 파란 풍선 하나가 더 높은 곳에서 손짓하고 있었어요. 두 풍선은 중간쯤에서 만나 두둥실 날아가다가 산꼭대기에 있는 나무에서 잠시 쉬고 있었어요. 그러다 시원한 바람이 두 풍선을 날려주어 다시 두둥실 날아갔어요. 저 아래 운동장에 아이들이 달리기를 하고 있고 줄넘기를 하고 풍선놀이도 하고 있어요. 온통 알록달록 풍선들이 춤을 추고 있어요. 아이들이 풍선에게 "높이 높이 날아라, 자유롭게 날아라" 하며 놓아 주었어요. 풍선들이 높이 오르다 각각 바람을 타고 날아갔어요. 태풍이 저 멀리서 심술궂은 얼굴로 다가오고 있어요. 알록달록 풍선들은 안전한 장소에 내려앉기 위해 노력하고 있어요. 어디로 가야 안전할까요?

- 상담자는 청소년이나 성인들에게 접근할 때는 명상적 접근
  으로 이완을 유도하도록 한다.
- 트라우마를 겪은 구성원들은 풍선을 터뜨리거나 안전한 장
  소를 찾지 못할 수 있기 때문에 잘 보살펴 상상의 이미지라
  는 것을 강조하여 창조성을 열 수 있도록 도와야 한다.

새가 나에게만 말해 줘요

🔱 대상
유아~초2

🚂 목표
- 자의식을 높일 수 있다.
- 내면의 언어를 표현할 수 있는 기회를 갖게 되어 명확한 이
  미지를 창조한다.
- 언어표현의 긍정적 기능을 강화할 수 있다.
- 부정적 감정을 이완시켜 즐거움을 확장할 수 있다.
- 잠재되어 있는 부정확한 언어적 설명을 도움 받을 수 있다.

🔊 활동방법
① 다양한 새소리를 들려주고 따라하게 해본다.
② 새소리를 들으며 새가 무슨 말을 하는지 들은 것을 말해본
  다.
③ 상담사가 새가 되어서 알아들어 고맙다고 보상을 해준다.
④ 위의 ①~③번까지의 활동을 반복한다.

⑤ 보상 숫자만큼 소품을 가져와 구성원들이 함께 꾸미는 놀이를 한다.

⑥ 활동에 대한 느낌을 소리와 몸으로 표현하면 다른 구성원들이 따라한다.

🐎 상담적 질문

- 새는 우리에게 어떤 도움을 주고 어떤 방해를 하였나?
- 새소리를 들을 때 어떤 기분이었나?
- 새가 한말은 누구에게 들었나, 누구에게 하고 싶은가?
- 우리 주변에서 새처럼 말하고 행동하는 사람은 누구인가?
- 자신은 새에게 무슨 말을 해주고 싶은가?

🏀 유의점

- 상담자는 ③번 활동방법의 보상은 스티커를 주어 스티커 숫자만큼 소품을 가져와 놀 수 있는 규칙을 제안한다.
- 상담자는 새소리 모음을 준비한다.

가위, 바위, 보

🏛 대상

유아, 아동

🚂 목표

- 적절한 자극과 긴장을 통해 자신의 모습을 발견하게 된다.
- 놀이를 통해 안전하고 직접적인 통제 방식을 배울 수 있다.

- 즐거움을 느끼며 존재감을 갖는다.
- 일상적인 놀이를 창조적 놀이로 변화시킬 수 있다.

🔊 활동방법

① 2인1조를 만든다.
② 일상적 가위, 바위, 보 놀이를 하면서 진 사람은 "사랑합니다" 이긴 사람은 "감사합니다"하며 가위, 바위, 보의 규칙을 익힌다.
③ 소품 10개씩 가져와 자기 앞에 놓는다.
④ 가위, 바위, 보 놀이에서 이긴 사람이 모래상자에 넣어 먼저 다 넣은 사람이 이긴다.
⑤ 모래상자에 있는 소품 수를 모두 세어본다.
⑥ 모래상자 안에 있는 소품으로 두 사람이 놀이방법과 규칙을 만들고 놀이한다.
⑦ 놀이 마침시간을 상담자가 알려주면 두 사람은 잘 놀았다는 즐거움을 언어로 표현한다.

🐴 상담적 질문

- 가위, 바위, 보 놀이를 누구와 해 보았나?
- 이겼을 때는 마음이 어땠나?
- 졌을 때는 마음이 어땠나?
- 가져온 10개의 소품 중에서 제일 마음에 드는 소품은 무엇인가, 그 이유는 무엇인가?
- 모래상자에서 놀이 방법이 마음에 들었는가?
- "사랑합니다. 감사합니다. 잘 놀았습니다."하고 인사할 때 기분은 어땠나?

유의점

- ③번 활동방법을 할 때는 눈을 감고 숨긴다.
- ⑥번 활동방법은 5~10분 정도의 시간을 정해서 놀이한다.

손바닥 찍기 놀이

대상

유아, 유아와 부모, 아동

목표

- 양육활동의 근본으로 즐거움을 획득한다.
- 새겨지는 글자나 그림으로 존재감을 인식한다.
- 긍정적인 보살핌의 경험을 제공한다.
- 유아동과 양육자 사이의 공감을 강화한다.
- 양육자와 아동의 손으로 창조적 그림을 만들어 공동 성취감을 느껴본다.

활동방법

① 양육자의 손과 아동의 손의 크기를 재본다.
② 아동이 손으로 양육자에게 사랑을 표현하고 난 후 반대로 양육자도 행한다.
③ 두 사람의 손을 펴서 서로 닮은 점과 다른 점을 살펴보고 이야기 한다.
④ 모래상자에 두 사람의 손바닥을 찍어본다.
⑤ 두 사람 손을 활용해서 모래상자작품을 만들어 본다.

⑥ 두 사람이 작품에 대한 이야기를 하고 제목을 붙인다.

⑦ 젖은 물수건으로 두 사람이 서로를 닦아준다.

🐎 상담적 질문

- 놀이 활동에서 무엇이 제일 재미있었나?
- 손의 중요성은 무엇인가?
- 엄마와 나는 어떤 점이 닮았나, 어떤 점이 다른가?
- 엄마가 손으로 해 주는 사랑표현은 어떠했는가?
- 엄마를 칭찬해 본다면?
- 자녀를 칭찬해 본다면?
- 모래상자작품은 어떠했는가?

🐚 유의점

- 모래상자에 모래를 글씨나 그림을 그릴만큼만 모래를 넣어 준비한다.
- 모래상자에 모래가 너무 많으면 그림의 성취감을 표현하기 어렵다.

소품으로 마음 알리기

⚙ 대상

유아동과 부모

🚂 목표

- 부모와 유아동 사이의 애착 관계의 질을 향상시키기 위한 정

보를 얻을 수 있다.

- 감각기억을 창조적 이미지화 할 수 있도록 돕는다.
- 통제로부터 자유로움을 경험하게 된다.
- 인정받는 존재로 자신을 바라보게 된다.
- 긍정적 상호작용의 언어를 창조할 수 있게 된다.

🔹 활동방법

① 아동과 엄마는 동요에 맞추어 서로 바라보며 엄마는 아동을 따라하며 춤을 춘다.

② 반대로 아동은 엄마를 따라하며 춤을 춘다.

③ 아동과 엄마는 모래상자에 음악에 맞추어 손가락 춤을 추고 음악이 끝나면 엄마와 손바닥을 맞대고 '파이팅'을 외치고 마친다.

④ 엄마와 아동에게 마음에 드는 소품 3개씩을 가져와 서로의 이야기를 나누게 한다.

⑤ 엄마와 아동에게 마음에 들지 않는 소품 3개씩을 가져와 서로의 이야기를 나누게 한다.

⑥ 엄마와 아동이 가져온 소품들을 모두 합쳐 모래상자에 하나의 작품을 만들고 제목을 붙인다.

⑦ 모래상자작품을 사진 찍게 한다.

⑧ 활동 시작에 불렀던 동요를 부르며 마친다.

🐎 상담적 질문

- 어떤 놀이가 즐거웠나?
- 엄마가 이야기 할 때 내가 이야기 할 때 어떤 기분이었나?
- 엄마는 아동에게 어떤 것을 배웠는가, 어떤 정보를 얻었는가?

- 엄마와 모래놀이작품을 만들면서 어떤 소품이 가장 마음에 들었나?

🐚 유의점

- 프로그램 진행을 위해 즐거운 동요와 감정표현에 따른 다른 음악을 준비한다.
- 소품으로 이야기 나누기는 유아동에게 금방 지루함을 느끼게 하기 때문에 시간을 설정(2~5분)해서 "이야기 준비 시작!" "이야기 끝" 하는 종소리나 멘트를 주면 놀이로 여겨 덜 지루하게 된다.

상상 유도 놀이

🏔 대상

유아, 아동

🚂 목표

- 마음의 눈과 모든 감각을 사용할 수 있다.
- 각자의 이미지를 창조할 수 있다.
- 아동의 사고의 과정을 탐색할 수 있다.
- 아동의 트라우마적 감각근원을 탐색할 수 있다.
- 상상의 여행에서 창조적 능력을 발휘할 수 있다.

📢 활동방법

① 상담자가 말하면 귀를 기울여 상상의 여행을 떠난다고 소

개한다.

② "문을 열고 들어갔어요. 모든 곳을 보세요."

③ "벽은 어떤 색 인가요?"

④ "무엇이 보이나요?"

⑤ "무슨 냄새가 나나요?"

⑥ "무슨 소리가 들리나요?"

⑦ "무엇을 만져보세요. 어떤가요?"

⑧ "무엇을 먹었어요. 맛이 어떤가요?"

⑨ 상담자는 본 것, 냄새, 소리, 만진 것, 먹은 것을 소품으로 가져오게 한다.

⑩ 소품을 모래상자에서 갖고 놀게 한다.

🎠 상담적 질문

- 문 안에 들어갔을 때 무서웠는가, 재미있었는가?
- 문 안에서 누가 있었는가?
- 문 안과 문 밖은 어떤 것이 달랐나?
- 문 안에서 본 것, 만진 것, 들은 것, 먹은 것, 냄새 맡은 것에서 제일 무서운 것은 무엇인가?
- 문 안에서 본 것, 만진 것, 들은 것, 먹은 것, 냄새 맡은 것에서 제일 좋았던 것은 무엇인가?

🪨 유의점

- 아동이 어릴수록 발달장애적 측면이 있다면 감각의 오감을 회기별로 나누어 한 가지나 두 가지 정도로만 활동할 수도 있다.

5 영성 Spirituality

영성은 문명화되어지면서 그 중요성이 점차 크게 부각되고 있다. Mayers와 Williard(2003)는 영성은 의미와 성장 그리고 관계와 관련된 것이라고 주장했다. 그들은 영성을 "삶과 존재의 의미를 찾아 세우고 개인적인 성장과 책임감 그리고 다른 이와의 관계를 향해 움직여 가는 모든 인간 속에 존재하는 능력과 경향"이라고 정의했다. 영성의 힘은 신체, 영혼, 마음을 통합하는 에너지로 존재에 대한 의미를 주관하게 하고 당면 현실을 초월하여 앞으로 나아가게 한다. 즉 영성은 생명과 힘의 근원이다. 영성은 인간의 삶의 가장 높고 본질적인 부분이며 내적인 자원의 총체로서한 개인이 자신, 타인, 상위 존재와의 의미 있는 관계를 유지시킨다.

그러므로 영성은 한 가지가 모든 것과 연결될 수 있는 것으로볼 수 있으며 다른 사람들과의 친교나 신성한 경험도 포함될 수 있다. Mayers와 Williard는 영적 체험은 "이전에 언급된 형태와 위험의 변화를 넘어 움직이는 능력에서 보여 지는 바와 같이 개인적인 성장을 발전시키고 새로운 의미를 만들어 내는 개인적인 삶에서의모든 경험 혹은 과정"이라 했다. 그래서 Mayers와 Williard는 그들의 영성에 대한 정의는 종교적 믿음과 세속적 이념을 포괄할만큼 광범위하다고 한다. 즉 종교가 영성이라는 단어와 혼용되어쓰여지기도 하는데 이는 경건하거나 신비로워서 신성한 실재적심리태도의 전환으로 보기 때문이기도 하다. 그리고 종교는 위기시에 집단적 지지뿐만 아니라 핵심신념을 갖고 사는 일관된 유형을 제공해주는 신념체계로 조직되어 있기 때문이다. 영적 신념의 실천은 문화에 따라 다를 수 있으나 우리가 죽은 조상에게 기도로 제사로 경의를 표현하고 축복을 요하는 행위의 실천이 영과 소통의 믿음신념을 갖고 있다고 보는 것이다. 그러므로 믿음은 영성이며 살면서 고통의 상황에서 우리는 영성적 영역으로 옮겨가 이해를 넘어서는 의미와 평안을 제공하려는 극복의 노력을 한다.

이러한 극복의 노력은 영성적 연속성과 회복으로 자연과의 교감, 순례여행, 높은 영적 에너지를 가진 정신적 지도자와의 만남 등이 있다. 그리고 옛날 어머니들이 장독대에 정수를 떠서 두 손 모아 간절히 바라는 모습이거나 시골동네마다 있던 신성한 사당의 섬김도 그러한 영성적 회복의 삶의 한 형태라고 볼 수 있다. 또한 내가 만났던 자폐진단을 받은 소년은 학교에서 집으로 돌아오면 자기 방으로 들어가 문을 잠그고 음악을 틀고 두 팔을 하늘로 뻗어 한 방향으로 지속적으로 도는 행위를 한다며 어머니는 무척 걱정하셨다. 문득 그것은 터키의 세마의식(Mevlana dance)에서 세마(sema)라고 불리는 명상춤이 떠올랐다. 이 세마의식의 수피댄스는 신비종교주의자들에 의한 의식형태로 신과 융합하는 절대적 완벽성을 표현하는 자기에게 벗어나 신과 하나가 되고자 하는 수련의 일종으로 계속 돌면서 신 앞에 자신을 내려놓는 것이다. 그들의 의상 또한 하얀 수의는 자아의 죽음을 상징하고 긴 갈색모자는 자신의 묘비를 상징한다. 이러한 신비스러운 행위를 소년은 자기방 안에서 행하고 있으며 그 행동은 마치 무아지경에 이르러 자신의 과거, 상처와 마주하며 아픔을 털어내는 자기사랑의 체험처럼 느껴졌다. 그는 그 행위를 하고 나면 학교에서 받는 스트레스가 날아가는 것 같고 시원하고 개운해지며 힘이 생긴다고 말했다.

그의 이야기는 Dossey(1993)에 의한 영성적 의식이 실제로 건강을 강하게 하고 면역과 심혈관계에 영향을 주는 정서를 유발하여 치유에 도움이 된다는 연구결과와 일치한다고 볼 수 있다. 호피 인디언들은 "춤추는 것을 보는 것은 우리 심장이 말하는 것을 듣는 것이다."라는 말이 있다. 영성은 자기초월을 향하는 본질적인 인간의 역동성을 통합하는 높고 선한 것을 추구하는 삶의 실제로 객관적 상황을 초월해서 새로운 차원을 볼 수 있는 능력으로 장애와 비장애를 뛰어넘는 초월적 존재 의식의 확장이다. 다시 말해 그는 현재의 자기 자신과 환경을 뛰어넘어 의미와 가치를 찾는 능력을 표현하는 것이라고 볼 수 있다. 그러므로 우리 상담자들은 내적 자원의 총체를 만나려는 그들에게 아직 표현되지 않은 것을 경청하고 내면세계 탐색에 존중감을 표하며 새로운 가능성을 지지하여 상담심리치료에 대한 비전을 확대해야 할 것이다.

본 저자는 많은 마음 아픈, 마음 닫힌 사람들을 만나오면서 영성을 사랑으로 이해할 때 가장 쉬웠고 인성 내에 깊숙이 있는 영혼은 변화의 핵심이며 이 변화는 인간의 영성이 고려되어야 한다고 보았다. 즉 사랑은 육체적 실체를 뛰어넘는 것이고 영적 실체인 내적 자아에서도 가장 깊은 의미를 발견할 수 있게 한다. 쉽고 간단히 말하면 '사랑은 동물을 사람으로 변화시킨다'고 볼 수 있고 이런 테마는 동화에서 흔하게 볼 수 있는 것이다. 그러므로 영성은 회복, 치유, 레질리언스를 위한 강력한 치료적 자원이 될 수 있기에 상담심리가의 영성적 접근연구는 필수적 과제라고 할 수 있다.

연상놀이

🏛 대상

유아, 아동, 청소년, 청년, 성인

🚂 목표

- 지금까지 자각한 자신의 모습을 통합할 수 있다.
- 전체로서의 자신을 인식할 수 있다.
- 자기 역동성에 대한 통찰이 향상될 수 있다.

📐 활동방법

① 촉진자가 소품 한 개를 모래상자 위에 놓는다.
② 촉진자는 모래상자에 놓인 소품으로 자신과 대화하는 시간을 갖게 될 것이라고 설명한다.
③ 소품을 보면서 떠오르는 연상이 있으면 이야기를 할 수 있음을 전달한다.
④ 소품 연상 발표자는 이야기를 하면서 모래상자를 확장시켜 만들 수 있게 한다.
⑤ 다른 구성원들은 자신의 경험을 말하거나 지지하는 말을 하도록 한다.
⑥ 소감을 나누고 마무리한다.

🐴 상담적 질문

- 무슨 연상이 되었는가?
- 어떤 상황인가? 어떤 감정이 동반되는가?
- 어떻게 하고 싶은가?

- 모래놀이작품을 꾸미고 난 후에 마음의 변화나 신체적 변화
  가 있었는가?

⚙️ 유의점

- 바닥에 앉아서 하는 것이 좀 더 효율적이며 조용한 음악이
  있으면 더 효과적이다.
- 촉진자가 심리 경험이 많을 때 더욱 잘 버텨줄 수 있다.
- 개인적 연상이어서 자발적인 선발이 좋다.

··

칭찬 샤워

··

🏛️ 대상

유아, 아동, 청소년, 청년, 성인

🚂 목표

- 칭찬의 구체적 방법과 기술을 배우고 연습한다.
- 각 개인마다 자신이 칭찬의 표현 방법의 패턴을 인식한다.
- 칭찬경험이 자신에게 어떻게 경험되는지에 따른 각자 다른
  수용들을 경험한다.
- 자신의 칭찬을 타인을 통해서 시각과 청각을 통해 경험하므
  로 오랫동안 뇌리에 남는다.
- 화자와 청자 모두가 내면에 행복함과 동기유발의 계기가 되
  는 경험을 한다.
- 칭찬의 짧은 대화와 긴 여운의 활력소를 경험하게 된다.

🔺 활동방법

① 촉진자는 모래상자 주변 의자에 주인공의 자리임을 구성원들에게 알린다.
② 구성원들은 주인공의 모습에서 느껴지는 이미지나 구체적 칭찬에 대한 부분을 생각한다.
③ 구성원들이 주인공을 생각하며 떠올린 소품 한 개씩을 주인공 앞 모래상자에 놓아준다.
④ 구성원들이 다 놓아준 소품선택의 이유를 차례대로 이야기한다.
⑤ 구성원들의 이야기가 마무리 되면 칭찬주인공은 듣고 난 후의 자신의 심경을 피드백한다.
⑥ 칭찬주인공은 자신의 칭찬에 이름을 붙이고 마무리한다.

🐎 상담적 질문

- 나에게 칭찬은 무엇이라고 생각하는가?
- 칭찬자리에 앉았을 때의 심경은 어떠한가?
- 칭찬 받을 때 자신의 태도와 감정은?
- 칭찬 받은 후의 자신은 어떤 생각과 감정이 들었는가?
- 구성원들이 준 칭찬에 제목을 붙인다면?

🔵 유의점

- 촉진자는 칭찬받을 주인공 의자에 방석이나 스카프로 차별화만 시켜 간단하게 할 수 있는 방법으로 만든다.
- 칭찬의 능력에 대한 설명을 약간 곁들어 설명한다.
- 촉진자는 구성원들이 칭찬할 때 충고적 칭찬은 하지 않도록 예를 제시한다. (예: "~만 하면 좋을 것 같다" 등)

감정 고르기

🔱 대상

유아, 아동, 청소년, 청년, 성인(인원: 4~6명)

🚂 목표

- 감정탐색을 할 수 있는 기회를 가지며 감정의 중요성을 인식
  한다.
- 억제된 감정을 수용한다.
- 감정에서 긴장과 이완을 경험 해본다.
- 감정표현을 통해 정화 경험을 해본다.
- 자신의 감정의 긍정, 부정의 양을 시각적으로 탐색할 수 있
  다.

🎤 활동방법

① 촉진자는 구성원들에게 짧은 이야기를 읽어주고 감정을 적
  어보게 한다.
② 이야기를 듣고 쓴 감정들을 소품으로 선택해서 모래상자에
  놓는다.
③ 자신들이 선택한 감정들에 대해 이야기를 나눈다.
④ 감정의 긍정과 부정을 나누어본다.
⑤ 부정감정의 욕구와 표현방법을 나누어본다.
⑥ 감정과 인간의 관계에 대해 이야기하게 한다.

🐴 상담적 질문

- 소품으로 감정을 표현하면서 느낀 점은 무엇인가?

- 촉진자가 읽어주는 이야기에서 감정표현이 다른 사람들과 유사했는가? 달랐는가? 다르다면 어떤 점이 달랐는가?
- 감정을 표현하면서 어떤 변화를 느꼈는가?
- 다른 구성원의 감정표현에 어떤 피드백이나 질문을 하고 싶은가?

🍡 유의점

- 촉진자는 짧은 이야기를 10개 정도 준비해서 읽어주고 감정을 찾게 한다.
- 촉진자는 제일 많이 사용되어지는 집단의 감정을 한두 개 정도 선택해서 감정의 형태와 표현의 방법에 대해 나눔을 요청할 수 있다.

가치관 나무

🏛 대상

청소년, 청년, 성인

🚂 목표

- 개인의 욕구와 바람을 인식할 수 있다.
- 개인의 내면의 풍성함과 피폐함을 탐색할 수 있다.
- 다양성을 수용하고 유연해 질 수 있다.

📐 활동방법

① 촉진자는 만든 나무를 만들 수 있는 컬러와이어 철사와 구

성원 수만큼 준비한다.

② 집단구성원들은 컬러와이어로 자신의 나무를 만든다.

③ 자신의 나무를 모래상자 위에 놓고 가치관의 잎사귀나 열매를 달아 놓는다.

④ 구성원들이 돌아가면서 자신의 나무 이름과 가치관의 잎사귀와 열매를 소개한다.

⑤ 구성원들은 같은 재료로 다른 모양과 다른 가치관에 대해 이야기한다.

🐴 상담적 질문

- 나무를 만들면서 어떤 생각을 했는지?
- 만들어진 나무에서의 가치관은 자신에게 어떤 영향을 미쳤는지?
- 자신의 가치관이 변화하는 계기는 무엇이었는지?
- 다양한 모양의 나무와 가치관을 보면서 어떤 생각과 감정을 경험했는지?
- 자신의 가치관 나무가 다른 구성원들과 어떤 점이 유사하고 어떤 점이 다른지?
- 나무의 나이는? 나무의 생각은? 나무의 소원은 무엇인지?
- 나무가 있고 싶은 장소는 어디인지?
- 자신의 나무가 성장하는데 필요한 요소는 무엇인지?

🍙 유의점

- 촉진자는 자신의 나무를 만들면서 되도록 침묵하며 만들기를 권유한다.
- 그룹의 역동과 대상에 따라 가치관 잎과 열매에 대한 개수를 한정지어 줄 수 있다.

두려움 풍선

🏯 대상

아동, 청소년, 청년, 성인, 노인

🚂 목표

- 두려움을 만날 수 있는 점진적 방법을 알게 된다.
- 자신의 피해의식을 알게 되고 피해의식에 자신의 욕구를 알 게 된다.
- 피해의식과 두려움을 표현하고 표현하지 않는 것에 대한 차 이를 경험하게 된다.
- 자기문제의 두려움에서 자기 욕구 문제해결 능력을 증진한 다.
- 자신감을 높일 수 있다.

🔺 활동방법

① 촉진자는 풍선을 각자 좋아하는 색상으로 선택하게 하고 불어 풍선공을 만들게 한다.
② 구성원들은 풍선공에 매직펜으로 자신의 두려움을 적어보 게 한다.
③ 구성원들은 눈을 감고 자신이 적은 두려움의 경험을 생각 하며 긴 호흡을 한다.
④ 구성원들은 자신의 두려움의 대상과 상황에 대해 생각하며 모래상자에 작품을 꾸민다.
⑤ 두려움 모래놀이작품을 보면서 나누고 소감을 발표한다.
⑥ 두려움 풍선공을 터뜨리고 구성원 모두 함께 소리를 지른 다.

🐎 상담적 질문

- 두려움의 활동이 자신에게 어떻게 느껴졌는가?
- 두려움을 작품으로 만들고 이야기로 표현하니까 생각했던 것 보다 어떻게 다른가?
- 두려움의 마음이 처음과 나눔 후에 어느 정도 달라졌는가?
- 두려움에 이름을 붙인다면 어떤 이름을 붙이고 싶은가?
- 두려움에 말을 한다면 어떤 말을 하고 싶은가?

🌰 유의점

- 촉진자는 풍선불기를 두려워하는 구성원이 있을 때는 대신 불어서 준다.
- 촉진자는 구성원들에게 두려움과 무서움을 같이 사용하게 허용한다.
- 촉진자는 구성원들이 두려움의 정도가 높으면 짧게 나누고 지나가거나 그 한 사람의 작품만으로 구성원들이 자신의 두려움을 만나고 위로할 수 있도록 한다.
- 촉진자는 두려움 풍선을 터뜨릴 때 한 사람씩 발로든 손으로 든 하고 싶은 대로 경건하게 의식처럼 행하게 한다.
- 두려움 풍선을 터뜨린 후 모두 축하의 악수를 하게 하면 훨씬 가벼움 느낌을 갖게 된다.

사 원소

🎎 대상

아동, 청소년, 청년, 성인, 노인

🚂 목표

- 자연과 자신의 관계를 인식할 수 있다.
- 자연의 모습을 통해 자신을 재인식 할 수 있는 계기가 된다.
- 인간의 자연스러움에 대한 가치에 대해 재조명하는 기회가
  될 수 있다.

🔺 활동방법

① 촉진자는 구성원들에게 사 원소에 대해 명상으로 인도한다.
② 구성원들은 각자 자신이 사 원소의 어떤 경향이 더 많은지
  를 생각한다.
③ 구성원들은 사 원소 중 한 가지를 선택한 것을 소품을 이용
  하며 모래상자에 표현한다.
④ 각자의 작품을 감상하며 이야기를 나눈다.

🐎 상담적 질문

- 자신이 선택한 사 원소 중에 하나는 어떤 특성의 성격을 가
  지고 있는지, 개성을 가지고 있는지?
- 자신이 선택한 원소는 어떠한 이로운 점들을 갖고 있는지,
  위험요소를 갖고 있는지?
- 같은 원소의 집단에서는 어떤 유사성과 차이점을 발견했는
  지?
- 자연은 자신에게 어떤 영향을 미치는지? (예: 계절, 날씨, 아
  침, 점심, 저녁, 월과 요일에 따른 차이 등)

🌰 유의점

- 집단구성원의 인원이 많을 경우 촉진자는 같은 원소끼리 모
  아 작업을 할 수 있게 한다.

- 촉진자는 구성원들이 발표할 때 "나 공기는……"이라고 말하게 한다.

....

성공과 성취

....

🏛 대상

청소년, 청년, 성인, 노인

🚂 목표

- 성공과 성취의 의미를 다시 살펴볼 수 있다.
- 성공을 위한 자신의 노력을 점검할 수 있다.
- 성취의 경험을 기억하며 성취요인을 성찰할 수 있다.
- 인간의 삶에 성공지향이 어떤 영향을 미치는지 살펴볼 수 있다.
- 성취경험의 상황을 격려보상으로 긍정 각인이 될 수 있다.

📣 활동방법

① 촉진자는 살면서 자신의 성취했던 경험을 모래상자에 표현하게 한다.
② 집단구성원들은 한 사람씩 자신들의 성취경험 상자를 소개한다.
③ 각자의 성취경험 상자를 소개 받은 후 집단구성원들은 다른 구성원들에게 한 사람씩 지지하는 면을 소품으로 가져다주며 격려한다.
④ 격려 소품을 받은 구성원들은 현재의 느낌을 피드백 한다.

⑤ 구성원 모두의 성취감 표현과 격려 느낌이 끝난 후 촉진자
는 구성원 모두가 이 장면을 풍성하게 만들었음을 알리고
"난 멋지다", "우린 멋지다"를 외치며 마무리 한다.

🎠 상담적 질문
- 성공하기 위해 무엇을 해야 하는지?
- 자신의 개인적 성공은 무엇인지?
- 성취의 경험은 무엇이 있는지?
- 성공을 위한 자신의 노력을 통해 무엇을 얻을 수 있고 무엇
을 잃을 것인지?
- 성취감을 느낄 때 어떤 감정이 올라오는지? 그 감정은 어떻
게 행동하게 하는지?

🐚 유의점
- 촉진자는 성취경험을 떠 올리지 못하는 구성원들은 다른 사
람의 성취경험을 듣고 떠오르면 표현하도록 하는 여유를 준
다.

＊＊＊

엄마 뱃속의 아기
＊＊＊

🏛 대상
아동, 청소년, 청년, 성인

🚂 목표
- 존재의 의미와 생명의 힘을 경험한다.

- 안전감과 보호 받음을 느끼며 따스함의 경험이 될 수 있다.
- 어머니의 존재를 절실하게 경험하며 근본의 힘을 깨닫는다.

◢ 활동방법

① 촉진자는 구성원 한 사람씩 돌아가며 엄마뱃속 경험을 할
   것을 알려준다.
② 촉진자는 집단구성원들에게 한 사람씩 경험할 때 나머지
   구성원들은 모두 산파역할을 할 것이므로 한 사람의 탄생
   에 신비하고 엄숙한 마음을 갖고 바라보도록 도움을 요청
   한다.
③ 촉진자는 명상음악을 들려주며 선택된 구성원은 편안하게
   누워 깊은 심호흡을 하게 한다.
④ 촉진자는 엄마뱃속에 있는 구성원에게 태아자세를 취하게
   하고 얇은 천을 덮고 긴 끈을 손에 잡게 한다.
⑤ 다른 구성원들은 모두 뱃속 경험하는 구성원 주변에 둥글
   게 앉는다.
⑥ 다음 차례에 할 구성원은 긴 끈을 잡고 태아의 호흡을 느낀
   다.
⑦ 촉진자는 작은 소리로 말한다.
⑧ 참여구성원은 뱃속에서 상상한 것을 모래상자에 묘사하고
   나눈다.

◢ 상담적 질문

- 엄마 뱃속은 어떠했는지?
- 엄마 뱃속에서의 기분은 어떠했는지?
- 자신의 존재가 삶 안에서와 뱃속에서는 어떻게 유사하고 달
  랐는지?

- 어머니에 대해 어떤 생각과 느낌이 들었는지?
- 정서적, 육체적으로 편안했는지? 불편했는지?

🎾 유의점
- 촉진자는 인간이 자연임을 느낄 수 있도록 환경을 조성하는 것도 도움이 된다.
- 촉진자의 준비물은 파스텔에 가까운 천을 한두 가지를 준비해 태아역할을 하는 사람이 색상을 선택하게 하는 것도 도움이 된다.

> **예문** 아가야! 너는 엄마 뱃속에 누워 있구나. 너를 감싸고 있는 따스한 물이 있고 그 물이 너를 부드럽게 감싸고 있구나. 그곳은 엄마의 심장소리가 조용한 자장가처럼 들리는구나. 그리고 엄마가 건강한 음식을 먹고 있을 때 너는 손과 발에 힘찬 심장소리를 만들어 내는구나. 매일 매일 너가 태어나기만 기다리고 있다는 엄마 아빠의 웃는 소리도 들리는구나. 자 이제 팔 다리를 힘차게 움직이고 새로운 세상에 발돋음하려므나 우리는 기다리고 있으니 아무 걱정 말고 어서오려므나 사랑스런 아기사람아!

상상여행

🎎 대상
아동, 청소년, 청년, 성인, 노인

🚂 목표

- 상상여행에서 자신의 정체성을 유지할 수 있는지 탐색할 수 있다.
- 상상으로 또 다른 세계를 경험할 수 있으며 그 경험에서의 자신을 인지적, 정서적, 신체적으로의 몰입정도를 탐색할 수 있다.
- 상상여행으로 새로운 즐거움을 깨닫게 한다.
- 개인의 경험과 집단의 경험에서 긍정으로 향하는 보편성을 탐색할 수 있다.

◀ 활동방법

① 촉진자는 상상여행에 대한 준비로 조용한 음악을 통해 출발할 구성원 각자가 자신의 이미지를 눈을 감고 떠올리게 한다.
② 촉진자는 상상여행의 이야기를 조용히 시작한다.
③ 눈을 뜨고 상상여행에서의 떠올린 이미지를 꾸미게 한다.
④ 각자 꾸민 작품을 이야기로 나눈다.
⑤ 각자의 작품을 구성원들이 하나의 작품으로 만들어 본다.
⑥ 의논해서 꾸민 하나의 작품을 공통의 주제로 나눈다.

예문 상상여행이야기

당신은 오랜만에 마음먹은 여행을 떠나게 되었습니다. 갯벌이 있는 아름다운 물가에 다가갔습니다. 가만히 물을 바라보고 있다가 발 하나를 슬그머니 담그어 보니 비단결 같은 물결이 발목을 감고 들어오라고 합니다. 한걸음 한걸음 물 바닥에 있는 작은 돌들의 감촉이 느껴집니다. 그리고 한걸음 한걸음 따라 들어가 보니 커다란 바위가 하나 있습니다. 몸을 담그어 헤엄

쳐 동굴로 들어갑니다. 그곳에는 덩그러니 빈터가 있고 아주 인자한 할머니와 할아버지가 미소를 머금고 손에 들고 있는 선물박스를 건네줍니다. 그들은 나에게 주는 선물이라고 하는 것 같습니다. 선물을 받고 당신은 동굴을 나와 다시 물 밖으로 되돌아 왔습니다.

🐴 상담적 질문

- 당신이 만났던 사람은 누구였는가? 어떤 선물을 받았는가? 어떻게 쓰였는가?
- 상상여행을 하면서 떠올린 이미지는 어떠했는가?
- 상상여행에서 듣는 경험과 꾸미는 경험에서의 차이는 무엇인가?
- 일상에서의 상상여행을 어떻게 적용해보고 싶은가?
- 상상여행이 주는 장점과 단점은 무엇인가?
- 같은 내용의 상상여행에서 각자 다른 표현들이 자신에게는 어떻게 느껴지는가?

🔵 유의점

- 촉진자는 또 다른 세계로 상상여행을 했다가 현재 이 집단구성원으로 돌아오도록 안내하는 것이 매우 중요하다.
- 촉진자는 상상여행에서 현재로 돌아오지 못하는 구성원에 대한 적절한 조치의 대안을 갖고 있어야 한다.
- 촉진자와 구성원들은 적절한 지지를 해주는 것이 매우 중요하다.

유언장

🏛 대상

청년, 성인, 노인

🚂 목표

- 살아 온 인생을 재정립하는 기회를 가질 수 있다.
- 살아 온 인생에 주변인들을 만나며 감사함을 전하는 진솔한 마음을 만난다.
- 자신의 존재를 더욱 사랑하는 계기를 갖게 된다.
- 영적 자신 존재의 의미를 다시 살펴볼 수 있다.
- 자신에게 가장 중요함의 비중을 알 수 있다.
- 자신의 선한 마음을 경험할 수 있다.

🔻 활동방법

① 촉진자는 자신의 죽음을 생각할 수 있는 침묵의 시간을 갖게 한다.
② 모래상자에 유언장의 상황을 꾸민다.
③ 모래상자에 꾸민 유언장을 글로 옮겨 적는다.
④ 글로 옮겨 적은 자신의 유언장을 천천히 읽는다.
⑤ 구성원 모두 읽고 침묵의 시간을 갖고 진정한 후 나눈다.

🐴 상담적 질문

- 유언장이라는 것은 당신에게 어떻게 생각되었나?
- 유언장에서 자신의 표현을 다 할 수 있었는가?
- 작품꾸미기와 글쓰기에서 더욱 자신의 표현이 확장된 것이

있는가? 오히려 축소되었는가?
- 표현하지 못한 아쉬움은 있는가?
- 유언장에서 무엇을 표현하고 싶었는지 스스로 알게 되었는
  가?
- 유언장을 쓰고 난 지금 당신의 삶은 어떻게 변화할 것 같은가?
- 누구에게 하던 말이 가장 감정을 격렬하게 만들었는가? 그
  이유는 무엇인가?
- 유언장을 꾸밀 때와 읽을 때의 차이점이 있었는가?
- 유언장을 꾸밀 때 어떤 것이 가장 큰 의미가 있었는가?
- 유언장을 꾸밀 때 가장 후회스러운 것과 가장 자랑스러운 것
  은 무엇이었는가?
- 유언장은 무엇을 자각하게 했는가?

🎯 유의점

- 촉진자는 죽음은 누구에게나 받아들여야 하는 의식임을 재
  인식하게 한다.
- 인간은 잘 사는 것도 중요하지만 잘 죽을 수 있는 준비도 거
  룩한 것이라는 인식을 하게 한다.
- 유언장에 대한 감정이 너무 격렬하게 올라오는 구성원에게
  는 침묵의 시간으로 대치하는 것의 유연성을 발휘하는 것도
  바람직하다.
- 촉진자는 유언장을 꾸밀 때 구성원들에게 약간의 명상시간
  을 주어 자신의 인생을 회고하게 한다.
- 집단구성원들은 한 구성원이 유언장을 읽을 때 감정이 크게 올
  라오는 구성원에게 주변에 반원으로 뒤에서 긍정적 에너지의
  기운을 갖고 병풍처럼 서 있게 하며 지지의 벽이 되게 한다.

만다라

🏛️ 대상

아동, 청소년, 청년, 성인, 노인

🚂 목표

- 원의 모양에 각자의 모양을 꾸미며 몰입과 이완의 경험을 할
  수 있다.
- 창의적이고 적극적인 자신의 표현을 경험할 수 있다.
- 자율적이고 자연적인 의식의 집중을 이끌어낸다.
- 자기발견의 통로가 될 수 있다.
- 각자의 경험을 잘 통합하여 일체감을 형성한다.

🔊 활동방법

① 모래상자에 원의 모양을 만들게 한다.
② 원의 모양에 각자의 심상을 꾸미게 한다.
③ 각자 꾸민 만다라에 제목을 짓는다.
④ 각자 꾸민 만다라의 심상을 나눈다.
⑤ 구성원들은 발표자에 대해 적극적 지지를 해 준다.

🎠 상담적 질문

- 만다라 꾸미기에서 어떤 생각을 했는지?
- 만다라 꾸미기를 하는 과정과 현재의 모습에서 어떤 느낌이
  드는지?
- 만다라의 이야기를 나누며 평소 염원하던 자신의 모습이 표
  현되어졌는지?
- 만다라를 꾸미며 새로운 어떤 내면의 에너지를 경험했는지?

- 촉진자는 각자의 만다라에 옳고 그름이 없음을 알게 한다.
- 촉진자는 만다라를 하는 과정에서 각자의 새로운 에너지를 발견할 수 있음을 인식하게 한다.
- 만다라를 꾸미는 과정에서 집단구성원들이 각자의 시간에 침묵으로 몰입할 수 있도록 배려하게 한다.

죽음에 대하여

🔺 대상

청년, 성인, 노인

🚂 목표

- 죽음에 대해서 생각해보게 되면서 삶에 대한 진정성을 알게 된다.
- 죽음에 대한 자신의 감정을 표현해 볼 수 있어 감정의 중요성을 인식하게 된다.
- 가까운 사람의 죽음을 통한 자신의 진실을 자각하게 된다.
- 자신에게 죽음의 트라우마를 인식할 수 있다.

🔻 활동방법

① 촉진자는 그림이나 관이나 흰 천으로 죽음을 표현한 것을 보게 한다.
② 집단구성원은 죽음의 상황을 보고 모래상자에 사람과 상황을 꾸민다.

③ 모래상자에 꾸민 작품을 보면서 글을 쓰게 한다.
④ 쓴 글을 소리 내어 읽는다.
⑤ 죽음에 대하여 나눈다.

🎠 상담적 질문

- 죽은 사람은 누군지, 언제인지, 어떤 상황에서 이었는지?
- 그 사람에게 무엇을 말 해 줄 수 있는지?
- 그 사람에게 아쉬운 부분은 무엇인지?
- 그 사람에 대해 가장 기억에 남는 것은 무엇인가?
- 그 사람이 옆에 없다는 것을 어떻게 이겨낼 수 있는가?
- 그 사람은 내게 어떤 영향을 미쳤는가?

🌰 유의점

- 촉진자는 대상 연령을 고려해 접근해야 한다.
- 죽음이 공포가 아니라는 것을 깨닫게 한다.
- 성인의 경우는 '유서쓰기'를 곁들어 자신의 죽음을 말할 수 있다.

나의 장례식

⛩ 대상

청년, 성인, 노인

🚂 목표

- 자신의 죽음에 대한 시각적 감각은 현재의 소중함을 알게 된다.

- 삶의 한시성 안에서 살고 있는 현실적 본질의 성숙정도를 자
  각하게 된다.
- 새로운 자각의 동기가 된다.
- 자신의 삶의 의미를 재조명 할 수 있다.

🔺 활동방법

① 각자 자신을 표현할 수 있는 자아상을 한 개씩 가져오게 하
  여 모래상자에 놓는다.
② 모래상자에 놓인 자기상을 눕히고 흰 천이나 흰 크리넥스
  를 활용해 덮게 한다.
③ 자기상의 죽음을 바라보게 한다(이때 고요한 음악을 활용할
  수 있다).
④ 지금까지의 자신에게 위로해 주고 싶은 말을 하게 한다.
⑤ 구성원들은 위의 말을 낮은 소리로 따라하게 한다.

🐴 상담적 질문

- 자신의 죽음을 언제 생각해 보았는가?
- 자신의 삶에서 가장 아쉬운 점은 무엇일까?
- 자신의 인생은 어떤 삶이었나?
- 다시 살아난다면 어떤 인생의 주인공이 되고 싶은가?
- 내 인생에 감사할 대상은 누구인가?
- 내 인생에 행복한 시기는 언제였나?
- 자신의 죽음을 직접 눈으로 바라보니 어떠했는가?

🔵 유의점

- 상담자는 이 활동은 반드시 한 모래상자에 한 사람씩 실시하
  게 한다.

- 죽음을 통한 새로운 삶에 대한 정립을 표현하는데 감정적 카
  타르시스를 충분히 허용해야 한다.
- 이 활동은 각자 이루어질 때 충분히 의식을 치르듯이 성스럽
  게 접근하도록 한다.
- 음악이 필요한 개인은 요청하게 하여 최대한 성스럽게 진행
  한다.
- 상담자가 꽃상여의 한국 살풀이 음악을 활용할 수도 있다.

걱정 인형

🏯 대상
청년, 성인, 노인

🚂 목표
- 예술적 과정의 치유를 경험할 수 있다.
- 내담자의 온전성 추구를 탐색할 수 있다.
- 변형의 활동이 활력적인 힘을 생성한다는 믿음을 체험할 수
  있다.
- 자신이해의 새로운 통찰력을 갖게 된다.
- 놀이를 통한 각자의 사고, 정서의 내면세계와 연결될 수 있
  다.
- 스트레스에서 심리적 해방감을 경험한다.

🔻 활동방법
① 컵과 컬러철사를 활용해 인형을 만들고 길게 자른 색종이

에 걱정을 적어 컵 인형의 몸통에 글자가 보이지 않게 돌려 끝에만 풀을 붙이고 모래상자에 배치한다.

② 걱정 인형의 이야기 내용을 표현한다.

③ 걱정 인형의 해결책을 구성원들이 다른 소품들을 가져와 걱정 인형 주변에 놓아준다.

④ 집단주인공이 해결책의 인형들을 재배치한다.

⑤ 구성원들은 해결책에 대한 소품 설명을 한다.

⑥ 집단주인공은 구성원들의 소품 마음에 대해 들은 부분을 피드백한다.

🐴 상담적 질문

- 걱정 인형을 만들 때 어떤 기분이었나?
- 걱정 인형은 자신에게 무엇을 요청하고 있는가?
- 걱정 인형을 소원 인형으로 바꾼다면 어떤가?
- 자신은 평소에 어떤 걱정을 많이 하는 편인가?
- 부모님이 걱정하시는 것은 주로 무엇인가?
- 걱정이 자신에게 도움이 되는 것은 무엇이고 방해가 되는 것은 무엇인가?

🎱 유의점

- 상담자는 ①번 활동방법을 할 때에 모래놀이 소품을 가져와 활용하는 것도 상징적 의미로 더 깊이 탐색할 수도 있다.
- 자신이 만든 걱정 인형을 가져가게 하거나 폐기의 의식활동으로 활용할 수도 있다.
- 주제를 '소원 인형'으로 바꾸어 적용할 수도 있다.

음악과 표현

⛩ 대상
청년, 성인, 노인

🚂 목표
- 표현은 치유임을 인식하게 된다.
- 자신의 좋아하는 음악이 심신에 미치는 영향을 자각하게 된다.
- 비언어적 전달 수단의 유효함을 인식하게 된다.
- 음악과 모래놀이의 연결 작품에 대한 성취감을 갖게 된다.
- 오감적 활동의 효율성으로 카타르시스를 느낄 수 있다.

📐 활동방법
① 자신이 좋아하는 음악을 이어폰으로 듣도록 한다.
② 음악을 들으며 모래놀이작품을 꾸미도록 한다.
③ 작품에 대한 상황 이야기를 한다.
④ 구성원들이 공감의 피드백으로 격려한다.
⑤ 구성원들의 공감적 피드백이 자신에게 어떤 힘이 되었는지 말한다.
⑥ 자신의 음악을 소개하며 작품의 제목을 붙인다.
⑦ 구성원들이 작품주인공의 제목을 함께 큰 소리로 따라하고 마무리한다.

🐎 상담적 질문
- 자신이 즐겨 듣는 음악은 언제부터 들었는지?

- 즐겨 듣는 음악은 당신에게 어떤 영향을 주는지?
- 살아오면서 좋아하는 음악의 장르가 바뀌었는지?
- 음악을 들으며 꾸민 모래놀이작품은 어떤 면에 중점을 두었는지?
- 음악을 들을 때와 모래놀이작품을 할 때 생각, 느낌, 신체적 반응은 어떠했는지?
- 다른 사람들의 작품연결과 자신의 작품연결에 어떤 차이를 느꼈는지?

🌀 유의점

- 상담자는 ①번 활동방법 시에 각자 휴대폰과 이어폰을 준비물로 제시해 음악을 들을 수 있도록 환경을 만든다.

미운 오리 새끼

👥 대상

유아, 아동

🚂 목표

- 화날 때의 공격성을 놀이에서 표현할 수 있어 고착되지 않는다.
- 화풀이의 다양한 방법을 배울 수 있다.
- 위로 받을 수 있는 자신의 방법을 표현할 수 있어 적절한 도움을 받을 수 있다.
- 동화를 모래상자에 연결하는 표현에 따른 지적능력의 정도

를 감지할 수 있다.

- 건강한 영성의 길을 찾을 수 있어 안녕감이 증진된다.

활동방법

① 상담자가 '미운 오리 새끼'의 동화를 읽어준다.

② 집단구성원들이 말하지 말고 상담자가 나누어 주는 미운 오리의 그림에 색칠을 한다.

③ 동화내용을 듣고 생각난 것을 모래상자에 마음대로 꾸미게 한다.

④ 꾸민 모래상자의 이야기를 돌아가며 발표한다.

⑤ 상담자가 나누어 주는 또 하나의 멋진 오리 그림에 색칠을 하고 모래상자에 배치한다.

⑥ 자신이 꾸민 모래상자에 새로운 제목을 붙인다.

상담적 질문

- 친구들이 미운 오리를 놀릴 때 미운 오리의 기분은 어땠을까?

- 당신을 미운 오리처럼 놀린 적이 있나, 누구였을까?

- 무슨 말로 놀렸을까, 어떤 행동으로 놀렸을까?

- 지금 당신을 화나게 하는 사람이 있나?

- 나를 화나게 하는 사람에게 해주고 싶은 말은 무엇인가?

- 당신이 화가 났을 때 위로할 수 있는 방법은 무엇인가, 누구의 위로를 받고 싶은가?

유의점

- 상담자는 ②번 활동방법의 미운 오리 그림 인쇄물을 나누어 줄 때 세울 수 있도록 반을 접어서 한 면에 색칠하도록 제안한다.

- 색칠된 오리는 ③번 활동방법을 할 때 모래상자에 배치하게
  한다.
- ⑤번 활동방법을 할 때 멋진 오리 그림에 색칠하게 하고 모
  래상자에 미운 오리를 빼고 배치하게 한다.
- 여기에서 오리그림에서 미운 오리와 멋진 오리의 표정을 다
  르게 하고 크기 정도는 A4용지 4분의 1정도의 크기로 하면
  모래놀이를 꾸미는데 균형적 크기가 될 수 있다.

마술가게

🏛 대상
유아, 아동

🚂 목표
- 자신의 심리적 동기(인정, 성취, 사랑, 소속, 명예 등)를 인식하
  고 해소한다.
- 자신이 추구하는 모습이 무엇인지 알게 된다.
- 놀이를 통한 무의식적 통찰의 기회를 제공한다.
- 욕구에 담긴 긍정적인 면과 부정적인 면의 에너지를 감지할
  수 있다.
- 새로운 관점을 발달시킬 수 있다.

📣 활동방법
① 상담자는 구성원들에 '마술가게'를 소개한다.
② 집단구성원은 상담자가 제시한 모래상자 안에 있는 욕구

소품들의 설명을 경청한다.

③ 자신에게 필요한 욕구를 사기 위해서는 가게 주인에게 필요한 이유를 말해 설득한 후 대가를 소품으로 지불해야 한다.

④ 상담자는 마술가게 놀이를 마치고 구성원들이 갖고 있는 욕구소품 하나를 선택해 자신에게 어떤 도움이 되는지 발표한다.

⑤ 소감을 나누고 마무리 한다.

🐴 상담적 질문

- 마술가게 놀이에서 무엇이 재미있었고 무엇이 힘들었는가?
- 자신이 선택한 욕구소품을 살 때 상대방을 이해시키는 설득은 어떠했는가?
- 나의 가치는 무엇이 가장 중요하다는 것을 알게 되었는가?
- 혹시 바꾸고 싶은 가치는 무엇인가?
- 자기 모습 중에 가장 마음에 들지 않는 것은 무엇이었는가, 그것이 자신을 어떻게 방해하고 있는가?
- 대가의 버리고 싶은 가치나 욕구를 줄 때 어떠했는가?

🐾 유의점

- 상담자는 유아동에게 심리적 동기의 욕구에 대해 생활용어로 최대한 쉽게 풀어 설명할 수 있어야 한다.
- 상담자가 '마술가게'를 소개할 때 다음과 같이 할 수 있고 다르게 소개할 수도 있다.

예문 여기는 아주 특별한 마술가게입니다. 여기는 욕구소품으로 여러분의 마음을 내어 놓고 필요한 여러 마음을 소품으로 교환할 수 있습니다. 이 마술가게는 여러분의 마음에 큰 힘을 주는 특별한 가게입니다(욕구 종류: 기쁨, 행복, 건강, 화목한 가족, 든든한 친구, 착한 마음씨, 아름다움, 칭찬, 건강, 사랑, 편안함 등).

- 상담자는 모래상자에 전시할 욕구소품에 대한 것을 한 개씩만 하는 것이 아니고 다른 모양이라도 다양하게 준비해 둔다(사랑욕구소품도 여러 개 준비해 둔다).
- ③번 활동방법에서의 대가는 자신이 버리고 싶은 가치나 욕구(예: 욕심, 게으름, 느림, 의존성, 욕심, 완벽해야 하는 마음, 화 등)가 될 수 있어서 설명을 하면서 주인에게 교환을 하여야 한다.
- 어린 유아동 일수록 상담자는 최대한 유아동이 이해할 수 있도록 쉽게 설명하거나 욕구소품 선택에 각별한 주의를 기울여야 한다.

··

바지에 오줌 쌌어요(앗! 나의 실수)

··

🏛 대상

유아, 아동

🚂 목표

- 당황스러울 때의 적절한 요청의 방법을 배울 수 있다.
- 심리적 위축의 회복 기회가 될 수 있다.
- 실수는 누구나 다 할 수 있는 것의 수용력을 증진시킨다.
- 마음 읽어주기의 지지적 격려를 배울 수 있다.

- 모래놀이에서 간접적 역할놀이로 흥미롭게 상처받지 않게 접근하는 경험을 할 수 있다.

활동방법
① 상담자는 실수한 아동의 그림을 보여주며 이야기를 들려준다.
② 집단구성원들은 모래상자에서 이야기의 주인공들이 되어 소품으로 역할놀이를 한다.
③ 앞전의 역할을 다른 역할로 바꾸어 역할놀이를 한다.
④ 역할놀이를 마치고 모두에게 서로 칭찬하는 시간을 갖는다.
⑤ 놀이에서 배운 것을 나눈다.

상담적 질문
- 실수한 아동은 어떤 마음일까?
- 친구들이 놀린다면 어떤 마음일까?
- 어떻게 도움을 요청할 수 있을까?
- 실수의 도움을 받았을 때 마음은 어떠할까?
- 실수했을 때 어른들의 어떤 행동이나 말이 무서운가?
- 놀이하면서 무엇을 배웠나?

유의점
- 상담자는 오줌 싼 아동의 사례뿐만 아니고 실수의 다양한 사례들로 적용할 수 있다.
- 역할놀이를 할 때 모래상자에서 마치 인형극처럼 움직이는 모습을 하면서 소리를 내며 해본다.
- ④번 활동방법 시에 오른쪽으로 돌아가며 하거나 혹은 2인1조가 되어 칭찬을 3가지씩 하게 한다.

감사합니다

🏛 대상

유아, 아동

🚂 목표

- 긍정적 심리를 경험해 활기 있는 일상의 근간을 만들 수 있다.
- 편견을 극복하고 조화와 균형을 회복할 수 있다(잘 노는 아동의 편안 모습이 된다).
- 인간의 잠재성을 일깨울 수 있다.
- 차별 없이 사랑하는 방법을 익힐 수 있다.
- 마음의 성장을 도와 한계를 넘을 수 있도록 돕는다.

◤ 활동방법

① 감사함을 느끼는 순간을 떠올려 보고 발표하게 한다.
② "감사해요"의 언어적 게임놀이를 해본다.
③ 감사함의 소품을 3~5개씩 가져온다.
④ 소품들을 모두 동그랗게 모래상자에 배치한다.
⑤ 오른쪽에 있는 소품을 보고 "~~해서 감사합니다" 하는 패턴을 돌아가면서 한다.

🐴 상담적 질문

- 어떤 상황이 감사했나?
- 누구에게 감사하다고 말해 보았나, 들어 보았나?
- '감사합니다'의 게임놀이는 어땠나?

- '감사합니다'를 많이 표현하면 어떻게 될까?
- '감사합니다'를 할 때 구성원들의 표정은 어떠했나?
- 매일 '감사합니다'를 얼마나 표현할 수 있을까?

유의점
- 상담자는 ②번 활동방법을 할 때 '아이 엠 그라운드'처럼 리듬을 붙여서 돌아가며 놀이를 즐겁게 익힌다.
- ③번 활동방법을 할 때 집단 인원수에 따라 소품수를 줄일 수도 있고 늘일 수도 있다.

싫어! 좋아!

대상
유아, 아동

목표
- 아동의 성장발달에서 애착의 정보를 얻을 수 있다.
- 정신세계 형성에 관여된 부적절한 환경적 요소를 탐색할 수 있다.
- 아동의 환경모방의 내면화를 알 수 있다.
- '좋다, 싫다'의 이분법적 의사소통 반응에서 아동의 정서성에 대한 측면을 살펴볼 수 있다.

활동방법
① 상담자는 유아동들에게 둥글게 앉아 오른쪽에 있는 구성원

에게 "좋아"하면 그 다음 구성원이 오른쪽에 있는 구성원에게 "좋아"하며 한 바퀴 돌아간다.

② "좋아"를 한 후의 느낌을 나눈다.

③ 상담자는 유아동들에게 둥글게 앉아 왼쪽에 있는 구성원에게 "싫어"하면 그 다음 구성원이 왼쪽에 있는 구성원에게 "싫어"하며 한 바퀴 돌아간다.

④ "싫어"를 한 후의 느낌을 나눈다.

⑤ 이제 "좋아"와 "싫어"를 섞어서 하는 놀이게임을 한다. 오른쪽을 보며 "좋아"해도 "좋아"를 들은 아동이 "싫어"할 수 있는데 반복적인 "싫어"를 들으면 화를 내거나 울 수 있기 때문에 상담자는 두 번 이상은 "싫어"할 수 없는 규칙을 세운다.

⑥ 구성원들은 "좋아 싫어" 놀이를 하고 난 후 각자 "좋아"의 소품과 "싫어"의 소품 중 한 개만 선택해 가져와 모래상자에 배치하는데 상담자는 모래상자의 반씩 "좋아 싫어"의 영역을 나누어서 갖다 놓으라고 제안한다.

⑦ 자신이 가져온 둘 중 하나의 소품에 대한 나눔을 한다.

🐎 상담적 질문

- 누가 자신을 싫어하나, 좋아하나?
- 좋아할 때는 어떻게 느끼고 싫어할 때는 어떻게 느낄 수 있나?
- 나는 누구에게 '싫어'하는 말이나 행동을 했는가?
- 누가 나에게 '싫어'하는 말이나 행동을 했는가?
- '좋아'라는 말을 하는 놀이와 '싫어'하는 말을 하는 놀이에서 무엇을 느꼈는가?
- 놀이할 때 '싫어'하는 소리를 들었을 때 어떤 기분이고 어떤 생각이 떠올랐는가?

⦿ 유의점

- 상담자는 유아동들이 "좋아 싫어" 놀이에서 과잉반응을 보이
는 아동들에게 따스한 지지와 보호를 해 주어야 한다.

집단모래놀이상담 사례

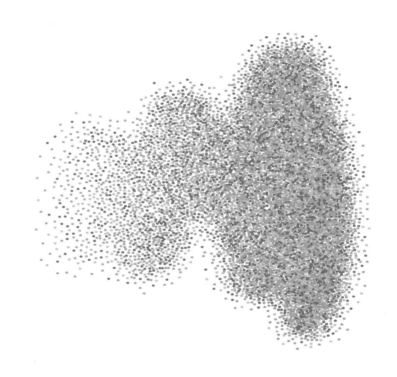

4부

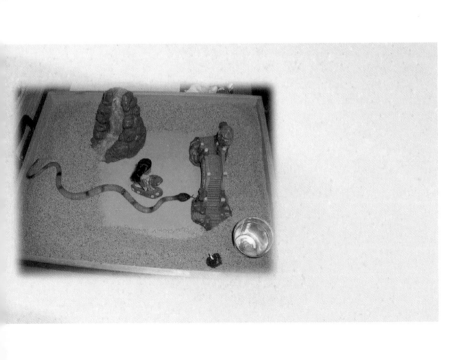

1 꿈과 집단모래놀이상담

꽃들이 날아가 버리면
또 다른 상처와 아픔이
날 힘들게 하겠지요.

옆의 그림을
모래놀이로 표현한 작품
김나현(중 3학년)

꿈과 모래놀이상담의 만남

꿈은 꿈을 꾼 사람이 꿈속에서의 사건으로부터 나온 것이지만 깨어나 꿈 이야기를 하는 것은 사고의식의 표현으로 변형된 것이다. 모래놀이상담은 사고의식의 표현이라고 볼 수 있지만 무의식적으로 모래상자에서 부여한 이미지는 의미 탐색의 변형이 일어난다. 모래놀이에서 주도적으로 창조하여 드러난 작품은 원형적 의미를 부여하며 정신적 세계의 실재를 깨달음으로써 거듭날 수 있게 내적 정신의 변형을 주도한다. 이처럼 꿈은 이미 심리학적 문제를 구성하고 있는 것으로 볼 수 있고 인간의 정신활동으로 정의할 수 있으므로 심리학을 기본으로 구성한 모래놀이상담과도 같은 맥락의 선상에 있다고 보아도 무방하다고 본다.

본 저자는 '심리를 읽어가는 모래놀이(2012)'의 저서에서 '모래놀이는 눈을 뜨고 꾸는 꿈'이라고 정의했다. 이것이 꿈과 모래놀이상담의 짝지움으로 보여지며 '꿈은 무의식에서 의식으로 여행하고 모래놀이상담은 의식에서 무의식으로 여행'을 하는 한 세트의 순환적인 만남이라고 보았다. 융은 꿈의 해석을 두 가지 측면에서 볼 수 있는데 하나는 꿈의 내용을 외부 현실이나 의식의 상황과의 관계에서 보고 두 번째로 꿈 자체가 갖고 있는 인간의 무의식에 내재하는 본연의 구성의미를 중심으로 본다고 했다. 이것이 모래놀이와 꿈의 짝지움이 될 수 있다. 즉 꿈은 서로 다른 층의 실재들 사이에서 중재자 역할을 하며 변천과정은 빛의 세계로 올라가거나 또는 어둠의 세계로 내려가는 이미지들로서 긍정적 또는 부정적으로 알려준다. 즉 융은 누구나 환상의 이미지로 품고 있던 무의식적 욕구와 대면하는 영웅적 여행이 꿈이라고 했다. 우리는 알지 못하는 사이에 잠재적 감각은 경험하고 반응하며 영향을 미치며 살아가고 있으며 이것이 꿈의 재료가 된다. 꿈을 꾸고 나면 꿈 꾼 사람은 심리적 통합성이 결여되어 꿈의 의미가 궁금해져서 호기심이 생길 수 있고 심지어 괴롭기까지 할 때도 한다. 그래서 꿈을 해석하고 싶어 하는데 이때 꿈 상담자는 꿈 꾼이가 자신의 꿈을 충분히 이해하고 주관적으로 만족할 수 있는 요건을 충족하도록 발견하는 방법을 함께 동반할 뿐이다. 그럴 때 꿈 꾼이가 자신의 경험적·의미적 특정체계를 받아들여 자신의 꿈을 풀이한다면 어떤 해석이든 옳다고 볼 수 있다. 모래놀이상담도 같은 방법의 탐구와 해석이 적용된다.

모래놀이상담은 은유(metaphors) 출현의 장으로 우리가 감지되어 알고 있는 것의 추상적인 것과 구체적인 것을 특별한 방법으로 배합해 이미지로 드러나 상징의 세계로 나아가는 것을 가능하게 한다. 은유는 내담자 자신에 의해 만들어지며 강력한 감정에서 시작하기도 하고 새로운 감정을 불러일으키기도 하는 강력한 치유표현이다. 그러므로 은유의 출현은 치유적 해석이 뒤따를 수 있으나 가장 중요한 것은 내담자 자신의 해석이라고 Kalff(1980)가 언급한 것에 대해 본 저자도 깊이 공감한다. 꿈도 모래놀이상담도 한 개인이 주인공이며 한 개인의 마음과 경험이 녹아 있으므로 그것을 어떻게 경험했는지가 중요하다. 이것은 내담자의 욕구충족과 성장에 도움이 되도록 의도된 것이라는 점에 대해 주의를 기울여야 할 필요가 있다.

꿈과 모래놀이는 현실적이고 실재적인 부분에서 자신의 무의식까지 쉽고 자연스럽게 넘나들며 여러 심상들과 사건들의 무질서함에서 제자리를 찾기 위한 틀과 구조를 관찰할 수 있다. 이는 놀라운 일이고 꿈의 의미를 발견하기 위해 꿈에 접근하기 위한 최고의 파트너 기법이라고 할 수 있다. 모래놀이상담은 입체적이면서 평면적이고 활동적이면서 정적이며 전경(figure)과 배경(ground)의 이슈를 자유롭게 전환시키며 다각적인 체험을 순간적으로 할 수 있는 기법이다. 위의 모래놀이에서의 작품은 꿈의 명확하지 않는 대부분의 장면들과 자유분방한 장면들의 요소와 많이 닮아있으며 이러한 이미지들이 언어를 앞서는 정신의 일부에서 나오는 것으로 개인적 상징 언어로 말하는 것도 꿈과 모래놀이상담은 유사하게 닮아있다.

꿈을 꾼다는 것은 누구에게나 보편적인 현상이며 생명의 가치를 갖고 있는 것이다. 꿈의 이치는 우리가 존재하는 일상세계의 본질을 이루는 것이며 생명의 풍요를 위한 수단과 방법이다. 우리의 꿈에는 생명이라는 인류 보편적 내용과 보편적 상징이라는 조형성을 동시에 가지고 있는 커다란 축복의 길이 있다. 미국의 심리학자 프리츠 펄츠는 일생을 "꿈 안에 있는 모든 것이 투사다."라고 했고 꿈을 증명하기 위해 일생을 바쳤다. 그는 꿈 안에 있는 모든 것, 그것이 인물이건 물체건 아니면 아주 미세한 변화건 아니면 냄새건 맛이건 이 모든 것이 결국은 꿈 꾼 사람의 일부를 상징적으로 반영한 투사라고 했다. 즉 꿈은 꿈 꾼이의 내면적인 어떤 측면을 상징적으로 반영한다는 것이다.

그러므로 꿈에 대한 보편적 상징에 대한 연구는 무의식을 들여다 볼 수 있는 중요한 열쇠가 될 수 있다. 꿈에 나타난 이미지들의 보편적 상징은 생태적 상징으로 출발해 오랜 세월동안 여러 상징을 통합하고 불필요한 요소를 제거하면서 정립되었다. 보편적 상징은 논리나 경험의 세계를 넘어선 직관의 세계이다. 누가 보더라도 단번에 그 의미를 총체적으로 이해할 수 있다. 그래서 보편적인 상징을 생태적인 상징으로 해석하면 이해의 폭이 좁아지거나 오류가 발생한다. 생태적 상징은 오랜 세월을 거치면서 유사한 요소를 통합하고 쓸데없는 요소를 제거하는 과정을 통해 쓰임새나 생태의 상징을 넘어선 보편적인 상징으로 발전한다. 이렇게 정립된 보편적 상징은 다시 자신의 몸을 녹여 수많은 생태적 상징으로 분화된다. 분화되는 과정에서 기존 생태적 상징의 수준을 한 단계 높인다. 또한 보편적 상징을 녹여 변주하는 과정에서 사회문화적인 창의성과 다양성이 쏟아져 나온다. 보편적 상징은 민족이나 국가, 시대를 넘어서 모든 인류가 공감하고 이해할 수 있는 내용을 담고 있다. 즉 보편적 상징과 생태적 상징은 서로 보완관계에 있다는 것이다.

미술과 같은 예술작품을 이해하기 위해서는 사회나 자연에 대한 많은 지식과 이해가 필요하다. 상징은 어떤 특정인이 만들지 못한다. 오랜 세월을 거치면서 사회적 합의를 이루어야 상징으로 자리 잡는다. 상징의 대상은 인간의 삶을 둘러싼 모든 사물이다. 인간과 주변사물의 관계를 통해 복잡한 사연이 하나의 사물에 투영된다.

처음에는 주로 쓰임새나 생태를 기반으로 한 상징이 만들어진다. 같은 사물이라도 환경이나 삶의 방식에 따라 다르게 해석되는 상징을 가진다. 예를 들면 호랑이를 보는 상징은 제각각인데, 서양에서는 용맹과 전사, 왕의 상징이지만 우리나라에서는 액을 막고 귀신을 쫓아주는 상징으로 사용한다.

또한 장미꽃에 붙어있는 상징도 은총과 축복, 헌신, 회춘, 사랑, 경계 따위로 모두 다르다. 같은 내용이라도 투영하는 대상이 다르고 시대에 따라 바뀌는 경우도 있다. 사물에 붙어 있는 좋은 상징이 시대가 달라지면서 나쁜 상징이 되기도 한다.

위대한 정신과의사이면서 심리학자인 융은 인간이 알아야 할 가장 중요한 것은 우리가 진짜로 의식하지 못한다는 점을 강조하면서 이것을 꿈을 통해 알 수 있다고 생각했다.

그리고 꿈은 영적에너지의 순환으로 무의식의 창조물을 각 개인의 정거장에 선물로 보내 주는 것이라 본다. 이 영적에너지는 영성을 말하며 영성은 자신에게 창조를 원하고 필요로 한다. 영성은 '인간이 무엇을 해야 하는가?'를 아는 것이고 알게 하는 것이다. 그러므로 꿈은 우리에게 작품을 보내며 의미를 알게 하는데 창조를 멈추면 영적에너지는 멈추고 창조를 하고 있을 때는 영적에너지가 자신을 통해 흐른다.

꿈은 우리의 영적에너지를 흐르게 하는 창조로서 의미를 알아가는 것은 영적에너지의 흐름을 같이 타고 노는 놀이라고 할 수 있다. 나는 매일 꿈을 기다리며 꿈놀이를 하고 있으며 때로 기다려도 오지 않는 저 멀리에 보이나 자세히 보이지 않을 때는 '눈을 뜨고 꾸는 꿈'인 모래놀이로 대신 놀이를 할 때도 있다.

사람들은 꿈을 꾸는 동안은 사실적으로 느끼나 꿈을 깨고 나면 사실이 아닌 듯 허망하기도 하고 설레는 기대를 맛보기도 한다.

인도의 철학자 바그완 스리 가즈니시(Bhagwan Shree Rajneesh)는 "꿈은 중요한 주제들 가운데 하나다. 그러나 아직은 베일에 가려져 있어 잘 알려져 있지 않고 숨겨져 있다. 그것은 은밀한 지식에 속한다. 그러나 이제 기회는 왔다. 은밀히 가려져 있었던 모든 것이 그 모습이 드러내고 이제껏 숨겨져 있던 모든 것이 이제 더 이상 베일에 싸여 있을 수 없게 되었다."라고 했다. 이는 우리가 경험을 통해서 배우기 시작한다는 내적메시지가 담겨있을 수 있다고 본다.

꿈은 각자의 개별세계를 형성하고 어떤 의미에서는 짙은 안개 속에 있는 것이라 할 수 있다. 그리고 꿈속에서는 의식도 그 안개의 심연 속에 잠겨있다고 볼 수 있다.

프로이드는 꿈 자체를 정신활동의 왜곡된 형태로 보며 꿈을 통해 환자의 노이로제 증세에 접근했다. 반면 융은 꿈을 무의식의 정상적이고도 자발적이며 창조적인 표현으로 보았다. 융은 꿈이 우리를 나쁜 길로 인도하는 것이 아닌 인간정신에 대한 지도를 가질 수 있다고 본다. 그러므로 꿈은 영적목적 달성과 자기 탐구를 위한 탐구대상이므로 풍요로운 무의식에서 표면으로 떠올라야 하는 것이라면 무엇이든 떠오르게 해야 건강해진다고 했다.

융은 꿈에 영적인 잠재력이 있어서 미래의 사건을 예지하는 형태를 띠기도 하고 타인의 마음을 읽어내는 텔레파시도 가능하다고 생각했다. 그는 꿈 분석 작업을 '적극적 상상'이라고 불렀다. 여기서 꿈을 통해 집단의 상호작용을 이끌어 내는 것은 삶의 경험을 재현하는 역할을 하는 것이므로 다른 사람들과 상호작용하는 방법을 배울 수 있는 가장 편안한 활동으로 집단모래놀이로 연결하는 체험을 하고자 한다.

꿈과 모래놀이의 유사점과 차이점

꿈을 꾸기 위해서는 어떠한 자극도 필요치 않고 꿈을 꾸는 상태는 깨어있는 것과 같이 그저 그 꿈을 사실로 경험할 뿐이다. 꿈을 꾸는 순간에는 일상에서 사용하는 사고의식과는 다른 의식이 작용을 하게 된다. 꿈에 사용되는 표현수단도 일상에서 사용하는 언어가 아니라 주로 형상으로 이루어진 상징 언어로 이루어지는데 상징은 심리적 현실에서 결코 사라지지 않는다.

그러나 상징은 성급한 일반화를 해서는 안 된다. 왜냐하면 상징은 다른 인식 수단으로 전혀 포착할 수 없는 현실의 어떤 심오한 양상들을 밝혀주는 아무렇게나 만들어 놓은 창조물이 아니기 때문이다. 그 기능은 존재의 가장 내밀한 양상을 숨김없이 드러내 준다.

모래놀이상담도 즐거움으로 다가서지만 심리적 측면의 이론적 측면으로 보면 실제 적용이 한없이 어렵다고 느낄 수 있고 꿈은 누구나 쉽게 경험하는 실재적 측면이고 누구든지 쉽게 표현하고 나눌 수 있어서 활용이 쉽다고 느껴 다가서기가 쉽다. 그러나 모래놀이상담도 꿈 상담도 쉬운 듯 하나 자칫 상징의 깊은 의미를 고정시켜 참의미를 없앨 수 있으므로 무의식과 의식의 관계를 단절시킬 수도 있다. 의식과 무의식의 관계는 함께 속해 있으므로 꿈과 심상과 같은 무의식적 요소의 역동을 일상적으로 경험하며 의식적인 연결을 발전시키고 유지하는 것이 성장의 목표이므로 매우 중요하다. 그러므로 꿈의 심상을 모래놀이상자에 표현하는 것은 상징적 심상의 활동과 움직임을 관찰하며 심리적 성장의 길을 되짚어 보게 되는 것이다.

꿈과 모래놀이상담은 앞서 말한 것처럼 매우 유사하기도 하지만 각각의 영역에서 서로 다른 차이점들도 있어 다음에서 살펴보기로 하겠다.

꿈과 모래놀이의 유사점

공통점	
	• 상징을 사용한다.
	• 무의식을 만나고 투사를 담고 있다.
	• 개인적인 이미지의 표현으로 주인공이 주로 자신이다.
	• 이미지로 보여지며 감각적이다.
	• 감정이 느껴지고 카타르시스가 가능하다.
	• 에너지의 흐름이 있고 주제가 있다.
	• 시공간을 초월해서 나타난다.
	• 스스로 자신이 의미를 부여할 수 있다.
	• 의미를 다층적으로 해석할 수 있다.
	• 성장을 위한 메시지를 포함하고 있다.
	• 변화해 간다.
	• 예술성이 있다.

꿈과 모래놀이의 차이점

꿈	모래놀이
• 꿈 꾼이가 통제하기 어렵다.	• 작품자가 통제 가능하다.
• 다소 모호하기도 하다.	• 작품에 변화를 주거나 할 수 있으므로
• 시공간을 초월해 보여진다.	즉각적으로 시각적인 해소가 가능하다.
• 거짓말을 할 수 없다.	• 모호함을 명확함으로 표현할 수 있다.
• 의식개입이 불가능하다.	• 의식의 개입이 가능하다.
• 주어지는 것이어서 시각적인 것으로부	• 손으로 하는 작품이어서 촉각적인 자
터 시작된다.	극으로부터 시작한다.
• 재료에 제한이 없다.	• 재료에 제한이 있다.
• 표현공간의 제한이 없다.	• 표현공간의 제한이 있다.
• 의도대로 안 된다.	• 의도대로 변화 가능하다.
• 직접적이지 않다.	• 더 직접적이다.
• 무의식의 메시지를 주어지는 대로만	• 해결하는 쾌감을 느낀다.
받을 수 있다.	• 카타르시스가 더 크고 분출이 크므로
• 과정이 엉켜있어 의식화되는 시간이	강도가 다르다.
길다.	• 명료화 되는 시간이 더 빠르다.

꿈의 집단치유과정과 상징

모든 꿈은 심오한 의미를 가지고 있다. 그러므로 인간은 심상적 상징에 대한 관심은 무의식적인 자기와 친숙해지는 방법임을 알고 있었다. 그러면서 차츰 사회 속에서의 상징은 오랜 세월을 거치면서 사회적 합의를 이루어야 상징으로 자리 잡는다. 상징의 대상은 인간의 삶을 둘러싼 모든 사물이며 처음에는 주로 쓰임새나 생태를 기반으로 한 상징이 만들어진다. 인간과 주변 사물의 관계를 통해 복잡한 사연이 하나의 사물에 투영된다. 같은 사물이라도 환경이나 삶의 방식에 따라 다르게 해석되는 상징을 가진다. 생태적 상징은 오랜 세월을 거치면서 유사한 요소를 통합하고 쓸데없는 요소를 제거하는 과정을 통해 쓰임새나 생태의 상징을 넘어선 보편적인 상징으로 발전한다. 보편적 상징은 민족이나 국가, 시대를 넘어서 모든 인류가 공감하고 이해할 수 있는 내용을 담고 있다.

보편적 상징은 논리나 경험의 세계를 넘어선 직관의 세계이다. 누가 보더라도 단번에 그 의미를 총체적으로 이해할 수 있다. 그래서 보편적인 상징을 생태적인 상징으로만 해석하면 이해의 폭이 좁아지거나 오류가 발생하기도 한다.

사물에 붙어 있는 좋은 상징이라도 시대에 따라 국가에 따라 달라지면서 나쁜 상징이 되기도 한다. 예를 들면 호랑이를 보는 상징은 제각각인데, 서양에서는 용맹과 전사, 왕의 상징이지만 우리나라에서는 액을 막고 귀신을 쫓아주는 상징으로 사용한다.

또한 장미꽃에 붙어있는 가시의 상징도 은총과 축복, 헌신, 회춘, 사랑, 경계 따위로 모두 다르다. 같은 내용이라도 투영하는 대상이 다르고 시대에 따라 바뀌는 경우도 있다.

이렇게 대중들의 생태적 특성의 경험과 상식에 따른 해석과 수용은 강력한 중독성과 확산성을 가진다. 보편적 상징과 생태적 상징은 서로 보완적 관계이다. 보편적 상징은 생태적 상징으로 출발해 오랜 세월동안 여러 상징을 통합하고 불필요한 요소를 제거하면서 정립된다. 이렇게 정립된 보편적 상징은 다시 자신의 몸을 녹여 수많은 생태적 상징으로 분화된다.

분화되는 과정에서 기존 생태적 상징의 수준을 한 단계 높인다. 또한 보편적 상징을 녹여 변환하는 과정에서 사회문화적인 창의성과 다양성이 쏟아져 나온다.

이처럼 꿈은 자신만을 위한 것이며 보완과 성장의 메시지임을 알아차리는 과정에서 흘러가는 물 같은 표현으로 말할 수 있는데 '잡으면 내 것'이 되고 '안 보면 무의식에 잠긴다'고 말할 수 있다. 이렇게 꿈같은 삶의 개인적 경험에서 꾸준히 형성되어온 무의식에 잠긴 것들은 다시 우리에게 다른 모습의 형상으로 지속적인 노크를 하다가 결정적인 순간에 불쑥 나타나 자신을 집어삼키기도 한다. 이럴 때 우리의 의식은 "정말 어떻게 해야 할지 모르겠어요." 라는 언어적 표현으로 혼란 속에 빠져들게 된다. 그러므로 나는 꿈꾼 사람이 자신의 꿈을 다시 모래놀이로 표현한다는 것은 꿈의 탐구를 의식적으로 끌어올렸다가 다시 눈을 뜨고 꿈속으로 들어가 우리 마음속의 방치된 에너지와 감정을 서로 연결시키는 의식과 무의식의 재교량의 심오한 탐구 작업이라고 본다. 이처럼 모래놀이에서 표현되는 소품의 상징을 체험하고 느끼며 바라보면서 꿈속의 두드러진 부분과 대화를 하고 스스로에게 내면의 일부인 각 상징들이 우리에게 무엇을 알려주는지? 어떤 감정과 관련이 있는지? 마음의 어떤 욕구와 관련 있는지?를 탐색하며 좀 더 창조적이고 적극적인 노력을 할 때 인생의 의미는 진지해지고 몰입되는 즐거움을 맛볼 수 있다. 꿈은 밤마다 나를 단독으로 초대하는 예술 활동으로 나의 이야기가 바탕이 되고 나는 주인공이고 또한 관객이 되어 즐기기도 하고 두려워하기도 한다. 이는 곧 나의 인생극장을 밤마다 만나는 꿈의 문화 활동으로 나의 내면 실제를 보고 즐기고 사는 즐거운 삶을 살게 한다. 내가 꿈의 초대에 응하면 삶은 자유로운 긍정과 연관되는 활동이 확장될 수 있어 훨씬 의미 있는 삶의 시간을 만들 수 있다.

미국의 심리학자 캘빈 홀(Calvin Hall)은 전문가만이 꿈의 의미를 밝혀낼 수 있는 것이 아니라고 했다. 꿈은 연속성의 원리로 꿈속의 모든 것은 현재나 과거의 현실과 연관시킬 때 그 의미가 올바르게 해석될 수 있다고 보았다. 독일의 정신분석가 프리츠 펄스(Fritz Perls)는 꿈을 '체험할 수 있다'고 본다. 꿈은 우리가 방치해둔 여러 내적측면을 담고 있고 전체적인 자아로 재통합시키려고 한다고 했다. 펄스는 꿈을 해석하려면 꿈꾼 사람이 다시 들어갈 필요가 있다고 했다. 이때 꿈으로 들어간다는 것에 집단의 지지와 격려로 '함께 하는 체험'은 그 어떤 것보다도 안전하고 용기를 낼 수 있는 '안전하고 보호된 지지 공간'이 된다.

집단에서 꿈에 담긴 다양한 의미 중 무엇이 옳은지 말할 수 있는 사람은 궁극적으로 꿈을 꾼 사람밖에 없다고 말하며 꿈에 담긴 의미가 분명해질 때 꿈꾼 사람은 말없이 '아하'라는 느낌을 받게 된다. 짜릿한 느낌, 어떤 감각변화, 무의식이 이미 알고 있던 것을 의식에서 확인하는 순간에 드는 느낌 때문에 꿈의 의미는 꿈을 꾼 당사자만이 확신할 수 있다. 그러나 집단에서 구성원들의 격려와 지지는 무의식의 힘이 될 수 있다.

꿈 모래놀이 사례

꿈 사례 1

〈꿈 사례 1〉은 50대 여성으로 아이들을 가르치는 일을 하며 예술성이 뛰어나 그림과 사진작품을 통해 자신을 만나려고 노력한다. 그녀는 이외에도 명상 전문가로 활동하고 표현예술로 소통하려는 시도를 지속적으로 하고 있다.

그녀는 꿈의 내용을 모래놀이로 하고 나면 자신의 진솔한 모습을 글로도 기록했다. 집단모래놀이에서 자신의 글을 기록한 사례를 살펴보고자 한다.

내 용

화장실에서 똥을 싸고 물을 내리고 청소를 했다. 비가 오고 홍수가 났다. 대학교 때 미술실기를 수업하시는 교수님이 수업

하고 나와 보니 어떤 친구의 작품이 펼쳐져 있다. 등과 왼쪽 가슴에 '연결'이라는 단어가 떠오른다. 나의 작품은 땅속의 괭도와 동굴이 그려져 있는데 나는 흙, 괭도, 동굴이라고 말한다. 다양한 색깔로 표현되었다. 청소기로 청소를 한다. 그런데 모기가 나의 옷을 뚫고 물었다. 가슴이 답답하고 슬퍼 울었다. 바둑판에 흐트러진 바둑돌을 다시 놓는다. 지성적인 남성과 키스를 했고 우린 사귀고 있는데 엄마가 우리 둘을 긍정적으로 바라보며 우리 둘은 서서히 더욱 좋아진다.

여성의 자기기록

언제나 꿈을 모래놀이로 하고 나면 큰일을 겪은 듯 하루나 이틀은 멍한 기분이다. 그러다 서서히 전과 다른 것을 느끼게 되는데 안정감이 생기고 기쁨이 왈칵 올라온다. 생활 속에서 미루고 있었거나 부담으로 느끼던 일들의 해답이 떠오르고 벌써 어렵지 않게 해결하고 있는 나를 발견하게 된다.

이번 꿈의 모래상자(위의 작품)에서는 모래의 힘을 절실하게 느낄 수 있었다. 물이 넘쳐 잠겨있던 장면을 위해 바닥의 파란색을 보이게 하려고 모래를 만졌는데 모래의 감촉이 손에 자극을 주며 모래가 물인 것처럼 손을 감싸고 흘렀다. 그때부터 손이랑 모래가 함께 움직이기 시작했다. "철썩 쉬익 쿠루릉" 물이 세차게 흐르며 내는 소리가 더욱 격렬하게 움직이더니 뱃속이 수축되는 듯하며 괴성이 올라왔다. 입으로 소리를 내지는 않았지만 울음 섞인 비명을 지르며 계속 모래를 만졌다. 모래 만지기를 멈출 수가 없었다. 내면에서는 비명이 멈추질 않고 입 밖으로 튀어나오려고 했다. 침을 삼키며 속도를 늦추고 진정시키려고 호흡을 깊게 쉬었다. 서서히 잦아드는 듯 하더니 다시 세차게 움직이게 되었다. 가슴이 답답하고 기침이 나왔다. 몸 전체가 열이 나는 듯 하고 속에서는 아우성치듯 울음 섞인 비명이 목구멍으로 나오려 했다. 나는 소리를 밖으로 내지 않았다. 충분히 너무 쎄고 시끄러웠으니까. 그런데 점점 숨이 막히려 하고 입이 자기마음대로 벌려졌다.

　그때 상담자가 나에게 와서 꽉 안아주었다. 조금 진정되는 듯 했지만 여전히 내면에선 아우성치고 있었다. 상담자가 내 등을 두드렸다. 시원했다. 등은 상담자가 주는 자극을 좋아하는 듯 편안해졌다. 등은 하나도 아프지 않았고 몸이 진정되고 편안해지자 저절로 울음이 터져 나왔다. 울어도 되냐고 나는 상담자에게 물었다. 왜냐면 집단에서 구성원 한 사람이 몹시 떨고 있는 모습을 보았기 때문에 작고 조그맣게 의식도 되었기 때문이다. 뱃 속에서 꿈틀거리며 고통과 비탄으로 아우성치고 울부짖던 것이 밖으로 나오는 것이 흡사 내장을 내놓는 것 같았다.

　얼마나 지났을까. 울고 나니 고요해지고 힘이 났다. 동굴의 팽도와 사람들이 보였다. 정말 의도 하나 없이 세 사람을 만들고 그 중 하나는 색깔이 달랐다. 크기도 하나는 작게 둘은 크게. 작은 인간을 잡자 손이 떨리고 정체모를 감정이 울컥 올라왔다. 작은 인간을 팽도의 끝에 놓으며 그 작은 인간이 어린 나란 것을 확신했다. 인간 대신 가져온 굵은 컬러철사들을 배치하는데 빨간색을 더 가져올 걸 했다. 뭔지 모르지만 빨간색이 제일 마음에 들었다. 배치를 다 하자 갑자기 인간들 배치를 바꾸고 싶었고 파란색 인간을 보자 이혼한 남편 같았다. 죽이고 없애고 싶었다. 대놓고 화를 내지 못한 게 억울했고 끝없이 속이는데 계속 속아준 나도 똑같이 한심했었다. 무조건 죽이고 싶은 살의가 올라왔다. 진짜 살의가 올라오니 나 스스로가 무서워졌다.

집단구성원들은 나에게 "죽여도 된다"며 용기를 주었다.

조각조각 잘라내며 하고 싶은 말을 원 없이 했다. 그리고 작은 종이컵에 꽁꽁 싸서 묻어주니 뭔가 큰 일을 한 거 같았다. 그리고 마음에 여유가 생겨 나무도 심어주었다. 나의 찌질하고 어그러진 성장을 멈추고 고착된 부정적 아니무스, 심장에 얼음이 박혀 영혼을 잃어버린 마비 상태의 상징, 우울의 추위와 어둠에서 웅크리다 자신을 향해 창과 화살, 검을 휘두르던 붉은 눈, 회색 눈의 괴물인 것이었다. 이혼한 남편에게 투사한 괴물은 죽여야 했고 그 괴물을 죽였다.

나에게 이러한 퍼포먼스에는 용기가 필요했고 힘이 필요했다. 참여한 집단구성원들이 도와주셔서 감사했고 그곳에 함께 있어 주어서 감사했다. 새로운 나의 탄생이 기대된다. 팽도를 통한 새로운 탄생이 기대된다.

위의 사례는 자신의 억울함과 고통의 시간을 표현한 것으로서 남편을 죽인 자리에 자신의 부정적 아니무스의 주장성의 결핍을 만나며 남편에게 투사한 괴물이 자신임을 알게 되었다.

우리는 꿈을 꿀 때 창조적인 사람은 빈손으로 깨어나지 않고 가치 있는 것을 다시 가져오는 법을 배운다. '심장에 얼음이 박혀 영혼을 잃어버린 마비상태의 상징'인 괴물이 남편인줄 알았지만 우울의 추위와 어둠에 웅크리고 살아온 자신임을 깨닫는 통찰을 얻었다.

특히 이 꿈은 50대 여성의 개성화를 지향하는 추진력을 목적으로 하며 자아의 발견을 목적으로 하는 '새로운 탄생'인 것이다. 붉은색 컬러철사를 더 가져오고 싶다는 것은 탄생의 생명에너지를 표현하는 탄생의 비명이고 괴성의 갈라짐을 나타낸 것이다. 집단에서 몹시 떨면서 이 작품을 함께 하던 구성원 1도 아마 유사한 심리현상을 고찰했기 때문에 그 나름의 극복 연결이 된 것 같다. 구성원 1은 사례자의 경험을 통해 희망이 주입된 것 같다고 하며 자신의 두려움과 불안을 함께 느꼈고 대리만족감도 느꼈다고 했다. 이 꿈에서의 배설, 청소 그리고 또다시 홍수의 힘, 대학교의 미술수업과 자신의 땅속 그림, 청소와 작은 모기의 쓰라림, 바둑돌의 정리와 지성적 남자와의 키스, 마지막으로 엄마에게 인정받는 눈빛, 이것이 사례자의 인생의 굴곡의 정리였다. 비로써 엄마에 대한 미움과 원망이 시나리오처럼 연결되어 등의 그림자가 가슴에 닿아 '연결'이라는 안정감으로 가는, 넘어지고 일어서고의 반복된 자신의 인생 여정의 모습이었다. 이제 한 단계 다른 세계로 넘어가는 이 사례자만의 아리랑 고개였다.

꿈 사례 2

〈꿈 사례 2〉는 중 1 여아의 작품으로서 등교에 대한 두려움으로 의뢰되었던 사례로 성적은 매우 우수한 편이며 다양한 분야에 관심이 많아 글쓰기, 댄스, 그림 동아리 등의 활동을 선호하였다. 그러나 마른 체형이면서 다소 무표정한 모습이었고 언어적 표현은 말의 속도가 매우 느리며 목소리는 아주 작았다. 그리고 자신이 반복해서 꾸는 꿈이 무서워 잠을 자는 것이 두렵고 공포스럽기까지 했다.

내 용

하늘에서 아주 긴 동아줄이 땅까지 내려와 있다. 그것을 보고 있는데 이미 나는 동아줄에 매달려 있었고 아래를 내려다보면 아주 까마득하고 하늘을 올려다보아도 까마득하여 내려갈 수도 없고 올라갈 수도 없는 중간에 매달려 공포스러워하고 있다.

장면이 바뀌며 공이 하나 나에게로 굴러와 그 공위에 올라갔는데 공이 돌면서 발을 돌려야 했고 공은 점점 커져 집도 차도 모든 것을 파괴하며 굴러가는데 나는 그 공위에서 심하게 발놀림을 하고 있고 무서웠다.

꿈 사례 모래놀이

호랑이 두 마리 사이에 힘없는 양 한 마리가 중간에 있고 언제 잡혀 먹힐지 모르는 두려움에 휩싸여 있다고 하며 모래상자에 하늘과 땅의 중간지점의 동아줄에 매달린 것을 이렇게 표현을 하고 보니 더욱 두렵다고 했다. 그러나 꽃 세 송이를 놓으면서 마음이 편안해 지는 것 같다. 전체적인 모래상자는 꽃잎이 있고 없고의 차이가 크다고 하며 자신의 보호울타리처럼 느껴진다고 했다. 현실에서 두려운 사람은 아버지의 막말이고 초등학교 5학년 때 성추행했던 중학생 동네오빠이다. 나는 위로해 주지 않고 막말을 했던 아버지에 대한 미움으로 아버지와 싸우기도 하고 학교에서 여학생들을 괴롭히는 오빠들과 싸우기도 하는 것 같다. 나는 두려움과 분노가 함께 있는 것 같아 갑자기 충동적으로 아버지에게 막말을 하기도 하며 엄마에게 함부로 하는 아버지에게 대들기도 했다. 그러나 이제는 아버지의 속상한 마음도 이해하지만 갑자기 밀려드는 두려움은 화가 되어 싸우기도 한다고 했다.

위의 사례는 내담자의 꿈과 모래놀이의 형태는 매우 다르나 공포스러움에 대한 표현은 실감나게 흡사했다. 꿈을 모래놀이로 창조하는 것은 자신의 감각, 생각, 느낌을 자극해 시간과 공간 그리고 물리적 한계를 초월하는 확장의 자유로움을 표현하게 된다. 그래서 내담자는 언어적 표현보다 뭔가 만들기를 하면서 자신의 창의성을 발휘하는 것을 할 수 있는 모래상자의 장점인 입체적이고 감각적이고 평면적이며 쉽게 유동적일 수 있는 접근이 내담자에게 그대로 적용되었다. 내담자는 의식적으로는 다 괜찮아 진 것처럼 살지만 모래놀이를 통해 무의식에 그대로 잔재해 있는 공포의 정서를 꿈을 통한 모래놀이에 그대로 표현되었다. 모래놀이의 작품을 통해 두려움의 정서를 이완시키는 즉각적인 퍼포먼스도 내담자에게 부정적인 감정으로 차단하는 하나의 대안도 스스로 창조해 갈 수 있는 힘이 생겼다. 내담자의 공간적 활용도 에너지가 부족하다고 볼 수 있는 비움의 자리가 있으나 새로운 출현을 준비하거나 낡은 이미지의 소거적 초점도 함께 표현하고 있다고 볼 수 있다. 그리고 내담자가 작품을 만들 때의 고요함과 긴장적 분위기는 꽃 세 송이를 놓으면서 크게 한숨을 쉬며 표정이 온화해지고 오른손으로 호랑이를 쓰다듬듯이 만지는 모습이 인상적이며 변화가 일어나고 있음을 관찰할 수 있었다. 그리고 아버지에 대한 양가적 감정에 대해 이야기하는 모습을 보이며 이해하려는 노력도 보였다. 아버지에 대해 이해하려는 내담자의 노력이 마음의 여유를 다소 찾아가는 과정처럼 보였다. 위의 모래놀이는 공격의 움직임 직전의 정적이면서도 매우 긴장적 요소를 보였으나 언어와 모래상자의 표현으로 변화를 만들면서 상징물에 대한 느낌도 변화되는 과정을 보여주고 있었다. 위의 사례에서 동아줄을 동물로 표현한 내담자는 어떤 차원에서는 무의식을 향하는 마음을 표현하고 있다. 처음에는 무의식의 부정적 태도의 무서운 동물 호랑이가 점차 긍정적인 도움을 주는 동물로 변환하고 있는 과정이다.

호랑이는 아시아에서 특히 한국에서는 매우 무서운 동물로 자리하거나 신적인 요소로도 쓰인다. 한국에서는 호랑이가 포효하는 그림을 이사하거나 개업했을 때 선물하기도 했다. 이것은 곤란을 물리치는 하나의 보호자 상징으로 쓰인다는 의미이다. 신들은 호랑이를 타고 다니며 자신의 힘을 보여주고 전사들은 전투의 상징으로도 썼다. 이와 대조적으로 양은 지도자의 보호가 필요한 나약함을 표현하는데 여기서의 어린양은 그리스도의 상징이며 제물이자 구원의 상징이다. 그 외에도 양은 순수성, 재생, 인내심 그리고 다른 차원에서는 의롭지 못한 희생에 대한 의미이기도 하다.

그리고 내담자가 이야기하다가 중간에 표현한 꽃잎 퍼포먼스를 살펴보면 꽃은 보편적으로 평화, 온화함이나 삶과 죽음의 재생 순환의 상징이기도 하다. Cirlot, J. E.(1962)는 꽃은 봄의 재창출 자체의 상징이며 자연적 만다라로서 중심을 나타내는 원상적 이미지의 영혼이라고 했다. 그리고 신성한 아이를 양육하는 자궁을 상징하는 유럽 종교의 전통에서도 나타난다. 특히 여기서의 연보라의 꽃은 신비로운 경험에 대한 표현과 함께 심리적 재탄생을 생성하게 하는 영성성의 깨어남을 축하하는 것을 대변하기도 한다고 S. F. Fincher(1991)는 언급했다. 연보라색은 미덕과 생산성, 감사하는 마음과도 연관되어 있고 불신과 여러 경고의 의미도 포함한다. 그리고 특별한 창조적 소질을 갖고 있는 사람들에게도 영향을 준다고 한다.

세 송이의 셋의 의미를 살펴보면 피타고라스는 숫자 셋이 시작, 중간, 그리고 끝을 대변하는 것으로 완성을 의미한다고 했다. 또한 삶의 과정에서 가족형성의 숫자로 부모와 자녀의 상징으로 한 개인이 부모에게 분리되어 독립적인 정체감을 가지려는 생각과 행동이 시작될 때 분출되는 에너지라고 했다. 이와 유사한 의미로 융은 셋은 성찰과 의식성의 솟아남으로 높은 차원의 조화를 재발견하려는 마음의 상태라고 했다.

이처럼 중 1 여아의 사례는 변환에 필요한 부화의 시기로서 무의식의 개념을 두려움을 보호의 의미로 전환하는 신비스러운 힘을 믿고자 하는 것이다. 그리고 세 송이의 꽃으로 자신에 대한 새로운 발견으로 지혜로움으로 전환하는 독립의 여명기 욕구를 경험하고 있을 수 있다.

꿈 사례 3

〈꿈 사례 3〉은 20대 후반 여성의 작품으로 집단꿈모래놀이에 표현된 것이다. 그녀는 상담자이며 아동과 청소년의 사례에 매우 관심이 많고 열정적으로 만남을 가지고 있다.

내용

상담소 선생님들과 식사를 하는 자리였는데 다른 상담소에 있는 동명이인의 내 이름을 가진 사람에 대한 말이 많다고 하면서 험담을 하고 있었고 본인은 조용히 듣고만 있었다. 그러다 장면이 전환되어 런닝에 반바지 차림의 깡패 같은 느낌을 주는 사람이 대장장이처럼 앉아 우리 집에 칼이 있냐고 묻는 것이 걱정해 주는 것 같기도 하지만 음모를 꾀할 것 같기도 했다.

그러다가 내 외모가 어떤 직업을 고르느냐에 따라 얼굴모습이 변하는 게임 캐릭터 같았다. 그래서 나는 다시 마음에 드는 얼굴을 골랐고 눈이 내 눈으로 돌아왔고 시골집의 배경으로 바뀌었다.

위의 사례자는 꿈을 꾼 후 매우 두렵고 무서웠다고 하며 옛날에 나는 매일 나 자신을 바꾸고 싶어 했다. 내가 느끼는 답답함이 나에게 열쇠가 있을 거 같은데 아직 나아지려면 먼 건가 하는 의문이 생겼다. 나는 상담을 열심히 하고 있지만 실제 주변에서 공무원 공부를 하고 있는 친구가 있어 나도 같이 그 공부를 해볼까? 하는 것이 나의 얼굴변형의 모습인 것 같다. 나 자신에게 만족하지 못하는 것이 불안정처럼 느껴진다.

모래놀이로 꿈을 표현하면서 마지막 장면의 시골집을 표현했는데 지붕의 돌은 박이 열린 것처럼 표현했는데 지금은 미사일처럼 보인다고 했다. 내가 끌고 오는 비난이나 외부적인 다양한 것들이 미사일의 공격성으로 투사된 것으로 보인다고 했다. 시골집이 울타리 안에 있다. 울타리는 다양한 의미로 살펴볼 수 있으나 내면세계와 외면세계의 분리로 볼 수 있으며 위쪽의 문은 외면세계와 내면세계의 왕래가 가능한 가능성을 엿볼 수 있다. 그러나 지붕의 돌은 미사일처럼 보이나 처음에는 지붕위의 박이 열린 것으로 작품을 꾸몄다는 것이 내담자의 그림자 측면의 자각이 필요함을 표현하고 있다.

꿈속에서의 내담자와 동명이인을 흉본다는 것이 자신의 부정적 측면을 간접적으로 표현하고 진정한 무의식의 세계에 귀를 기울여 내면세계를 통합해 가는 과정으로 다양한 접근을 시도한다고 본다.

　또한 시골집은 도시의 인위적인 측면보다 자연과 더 가까운 측면으로 외적 측면의 물질적 욕구탐색이 필요한 것으로 보인다. 집의 지붕에 올려놓은 돌들은 정신의 공상 측면을 살펴볼 수 있으며 가족 간의 상호작용을 살펴볼 때 내담자는 가족들의 가장 역할을 해야 하는 생활의 버거움도 같이 표현해 언제 터질지 모르는 미사일로 내면화 한 것이다. 그러나 오른쪽의 나무도 정화적 역할을 하는 긍정적 자기치유력의 상징으로 볼 수 있다. 검은 돌은 흰색과 더불어 균형을 맞추는 기능을 하고 있는 것이다. 그러나 하단에 검은 돌은 의식적으로 알 수 없는 것을 상징하는 것이라고 할 수 있다.

　검은색은 슬픔과 분노로 고통스러워하는 마음의 상태를 나타내며 어둡고 그늘진 요소를 합일하여 진정한 우리의 모습이 되도록 도와줄 수도 있다. 또한 흰색은 영성적 상승과 변화를 받아들이려는 태도로서 치유를 가능하게 하는 인간 정신의 통로를 상징하는 것으로도 볼 수 있다. 또한 흰색은 강렬한 감정이 숨어 있는 부분들을 공개하고 있음을 나타내며 물질적인 것이 아닌 현실을 포함한 영성적인 것을 상징하는 것이다.

　그러므로 전체적으로 그려진 작품과 언어적 표현은 새로운 삶이 그려진 일원상의 연결 이미지를 보여주고 있다고 본다. 내담자가 이야기 한 것처럼 마음의 열쇠를 찾아가는 과정으로 물질적인 실재와 영적인 실재들 사이의 관계를 정립해 가는 것으로 마음으로 실재의 세계를 오가는 것이 용이하다는 것의 소통을 상징하고 있다.

2 청소년 집단모래놀이상담

지루함을 먹는 괴물

옆의 그림을
모래놀이로 표현한 작품
김나현(중 3학년)

청소년은 어린이와 청년의 중간시기로 흔히 13세 이상 19세 이하의 시기를 말한다. 청소년기의 심리는 과도기로 혼란의 중심에 서있으며 환경에 쉽게 영향을 받으며 갈등과 방황으로 정체성의 혼란을 겪기도 한다.

집단모래놀이치료는 매체가 되는 모래상자와 소품의 표현경험을 통해 인간의 내면에 간직된 감정을 드러내는 것을 돕고 언어로서 부딪치는 감정의 위기를 이완, 소거하도록 도움을 준다. 그러나 청소년들은 일단 거부와 경계성에 대한 심리로 사회나 기성세대에 맞서는 심리상태를 표현하는 것이 보편적이다.

청소년들의 집단구성원 속에서 각 개인이 본연의 자신이 되도록 서로를 존중하며 활기찬 활동으로 집단 내에서의 개인의 개선과 함께 집단자체의 개선향상을 위해 배려하며 10명 내외의 크지 않은 집단을 상대로 하는 구성을 해야 한다. 특히 감정의 변화가 심한 내담자들이거나 유사한 성향의 증상을 가진 집단은 더욱 집단의 크기가 작아야 한다. 모래놀이심리치료에서의 '집단'은 상호작용을 통해 변화를 추구하는 역동적인 집단으로서 집단구성원 간의 상호작용 과정과 집단역동을 중요시하며 계획된 대로 이끌어가는 구조적 집단안내나 계획된 내용이 없이 이끌어 가는 비구조적 집단이 있다. 이것은 치료자의 의도에 따라 집단구성원의 특성과 목적에 따라 다르게 접근할 수 있다. 학습이나 사회적 정보와 같은 개인적 요구나 관심사에 관련된 정보를 제공하는 지도집단, 정상적 기능이 어렵거나 개인적 사회적 교육적 문제에 관련된 개인적 내용을 안전하게 나눌 수 있는 분위기를 만들거나 치료적 목적으로 사용된 치료집단, 및 인간의 잠재능력의 개발을 위한 개인적인 자각을 일깨우기 위한 목적으로 사용된 참 만남 집단 등이 있다.

그러나 여기서의 집단모래놀이심리치료는 위의 다양한 형태의 집단구조에서 통합적인 도움이 가능하다고 할 수 있다. 그러므로 집단모래놀이심리치료는 놀이의 상황에서 구성원들의 힘의 역동이나 관계의 역동을 충분히 발휘할 수 있고 관찰할 수 있다.

예를 들면 자신의 이미지 모래놀이나 상대의 이미지 놀이를 할 때 충분히 고려할 수 있는 자연스런 매체이며 더불어 나와 상대에 대한 의미를 되새기는 작업을 하며 나에 대한 이해 상대에 대한 이해를 충분히 해 갈 수 있는 것이다. 얼마 전 저자는 청소년의 성폭력과 가정폭력에 관련된 15세의 청소년 8명 집단을 만난 적이 있었다. 그들은 분노의 수치가 아주 높았으며 대상에 대한 부분별적인 공격성을 소유하고 있었다. 특히 성인에 대한 분노는 사회의 불신으로 누구도 믿지 않으려는 태도를 보였다. 그러나 그들과 만남을 가졌을 때는 많은 시간이 주어진 것이 아니었으므로 효과적인 시간 활용을 위해 늦은 밤부터 새벽까지의 시간을 선택해서 만났다. 그리고 구조화의 형태로 다섯 회기의 집단치료를 활용했다. 아주 짧은 시간이었지만 그들은 적극적인 참여가 이루어졌으며 각자의 아픔의 여행을 적극적으로 표현했고 카타르시스의 효과와 더불어 자기를 수용하고 집단에서의 구성원들의 진정한 배려로 타인에 대한 감정을 민감하게 받아들이고 상대를 위로하고 자신을 솔직하게 직면할 수 있었다. 그러므로 그들은 더욱 친밀해지고 감정을 표현하는 새로운 세계를 경험하며 자신을 객관적으로 볼 수 있는 능력을 증진시켰다. "예전에는 대충 살면 되었는데 지금은 나를 생각하니 골치 아파졌어요."라는 말은 객관적인 자기 자신의 자각의 증거는 그들이 한 말을 빌어서 알 수 있었다. 그리고 그들의 표현은 연극치료로 드러내는 것을 서슴지 않고 모래놀이에 내어놓았으며 열정적으로 자신의 모습에 직면하며 치유의 과정을 걸었다. 비록 단시간의 짧은 집단모래놀이심리치료였지만 마음의 문을 여는 데는 아주 적절한 접근이었다고 할 수 있었다.

그들의 접근법을 살펴보면 다음과 같다.

외상을 가진 청소년들의 모래놀이심리치료의 구조적 접근사례

회기	활동명	활동목적	활동내용	시간
1	마음의 문열기	모래놀이심리치료의 이해와 놀이접근	좋아하는 소품 가져오기, 나누기	50분
2	출생~5세까지	기억을 되살리며 퇴행 촉진	자유롭게 꾸미기	50분
3	6세~10세까지	사회적 관계의 부적응면 추적	자유롭게 꾸미기	50분
4	10세~15세까지	트라우마의 경험과 표현촉진	자유롭게 꾸미기	50분
5	변화한 나	긍정적 자아정체감 형성 계기	자유롭게 꾸미기	50분

위의 과정을 통하여 치료자는 관찰자인 동시에 기록자여야 한다. 각 구성원의 단서적인 면을 기록한다. 이때 모래상자를 개인으로 활용할 수도 있지만 한 상자에 집단구성원이 함께 활용할 수도 있다. 이럴 때 집단구성원의 관찰 항목은 다음과 같이 살펴볼 수 있다.

① 누가 먼저 작품을 시작했으며 이끌고 유지하는 사람은 누구인가?
② 어느 구성원의 제안이 선택되었는가? 무시되었는가?
③ 전혀 참여하지 않는 사람은 누구인가?
④ 구성원의 참여에서 누가 누구의 소품을 빼거나 옮기는가?
⑤ 누가 가장 많은 공간을 차지했는가?
⑥ 누가 누구의 추종자였는가? 반응자였는가?

⑦ 정서적 반응은 있었는가?

⑧ 구성원 각자의 소품이 상징적으로 의미하는 것은 무엇인가?

⑨ 어느 구성원이 독자적으로 행동하는가?

⑩ 어떤 형태의 상징적인 접촉이 이루어졌으며 시도하는 자는 누구인가?

⑪ 누구와의 관계에서 정서적 반응이 왕성했는가? 빈약했는가?

위 항목들의 관찰을 통해 구성원들의 언어적·비언어적 상호작용과 더불어 집단체계에 관한 정보를 치료자에게 제공한다. 이것은 자아의 강약, 할당한 역할에서 힘의 역동과 정서적 교류와 행동 형태와 의사소통유형 그리고 집단구성원의 개인 간과 개인 내의 이해정도를 유추할 수 있는 자료를 제공한다. 그러나 상담자는 숨은 의도는 인지할 수 있지만 은연중에 나타난 의미는 간과하고 지나치기 쉬우므로 집단치료는 지금 여기에 초점을 맞추도록 도와주는 개방적 질문을 하여 구성원들의 토론의 장이 될 수 있도록 도와줄 수 있어야 한다. 아직 우리나라에서는 모래놀이심리치료의 집단적 연구가 거의 없는 편이므로 많은 연구가 필요하다. 그러나 미술치료에서의 집단적 효과성을 살펴보면 비행청소년의 공격성과 충동성의 감소효과와 자존감 향상과 비행성향의 일탈행위의 감소 효과를 증명했다(김수진, 2001; 김희은, 2002; 김정임, 2003). 앞의 연구들은 감정표현에 대한 어려움을 표현·경험함으로써 나타난 효과성이므로 모래놀이심리치료에서도 같은 효과성을 기대할 수 있으리라고 본다. 청소년들은 훨씬 집단적인 경향성을 갖고 있으나 반대로 아무도 자신을 사랑해 주지 않을

것이라는 두려움에 자신을 숨기기도 하는 상이한 태도를 보이는
시기이다. 그러나 그들에게 집단의 경험이 성장을 촉진하는 분위
기가 된다면 점점 더 많이 자신의 내면에 기초를 둔 삶에 의지해
서 살아가게 된다.

3 동적가족모래놀이Kinetic Family Sand Play

가족은 인간에게 휴식처이고 정서교류의 장이라고 할 수 있으
나 현대의 사회에서는 가족의 기능이 전통적 개념들을 수정하도록
요구되어지고 있는 실정이다.

가족은 친밀한 관계의 정서의 근원을 제공하는데 친밀성은 일
차적인 인간의 욕구이다. 친밀성을 유지하는 것은 정서적 안정과

지원을 얻을 수 있기 때문이다. 그러나 현대의 삶은 대부분이 개인인 역할로서 자각되기 때문에 친밀성을 공유하는 것은 쉬운 일이 아니며 가족 안에서 친밀성을 발견하려고 노력한다.

그리고 여성과 남성의 수행역할은 문화에 따라 차이가 있으나 현대사회에서는 역할분담이 생물학적으로 고정된 것이 아닌 상당한 변화의 과도기에 살고 있다.

가족의 사회화 기능은 인간을 인간답게 만드는 중요한 역할로서 책임 있는 사회인으로 성장하기 위해서는 긴 양육기간이 필요하다. 가족이 중요한 것은 가족은 사회를 구성하는 기본요소이고 가족생활의 이해는 미래의 사회문제와 가능한 대안을 모색할 수 있기 때문이다. 가족은 영아기부터 청년기 동안 개인의 발달에 영향을 미치고 이는 사회의 건강과 매우 밀접한 관련성을 갖고 있으므로 가족의 바람직한 발달연구는 매우 중요하다.

가족을 설명하기 위해서는 상호작용과 갈등에 대한 탐구가 필요하다. 이를 위해 가족 간의 상호작용 중요요소는 의사소통(communication)으로서 이는 의미를 전달하고 가족들의 행동을 정의할 수 있다. 그리고 갈등(conflict)은 개인과 집단으로 구성되며 서로 다른 이해를 갖고 있으며 욕구가 상반될 때 누가 힘을 갖고 있는가를 확인하려는 충돌이라고 할 수 있다. 특히 가족갈등은 생활의 자연스러운 일부가 될 수 있다. 갈등은 힘에 의해 해결되는데 '내가 가장이니까, 내가 엄마니까, 내가 어리니까' 등의 주장을 내세워 자신의 방식에 따를 것을 강요한다. 그러나 가족은 애정적 유대관계로 형성되었으므로 힘보다는 의사소통에 의해 갈등을 해결하는데 가족 갈등은 쉽게 측정될 수 없고 평가할 수 없다.

그러므로 KFSP(동적가족모래놀이)는 내담자가 개인의 성장발달에서 경험된 가족관계를 소품을 통해서 쉽게 표현할 수 있다. 물론 미술치료에서는 KFD(동적가족화)를 Burns와 Kaufman이 정신분석학에 기반을 두고 해석을 한다. 그러나 KFSP는 내담자의 언어적 표현과 비언어적 표현, 이미지의 탐색 그리고 자아개념의 내적준거 틀을 살펴볼 수 있다. 그리고 가족작품을 통한 공감적 대화로 스스로 말할 수 있는 동기와 자신의 은유적 표현에서 스스로 자신의 무의식을 볼 수 있고 인식할 수 있게 된다. 내담자들은 소품을 활용해 가족화를 꾸미는 것은 그림을 그리는 것보다 좀 더 쉽게 다가설 수 있고 소품의 이미지 탐색을 통해 고통을 최소화하고 은유적 접근으로 내면의 창조적 연결(creative connection)이 이미지와 상징에 대한 개인적 의미를 부여한다고 볼 수 있다. 여기서 창조적 연결은 Natalie Rogers가 아버지 Carl Rogers의 인간중심이론을 바탕으로 개발한 하나의 예술치료 형식의 개념이다.

그녀의 창조적 연결은 인간이 자신의 잠재력을 최대한 발휘하려는 성향이 창조성의 원동력이 되며 창조성이 넘치도록 하기 위해서 또 다른 형태의 창조성을 사용하는데 중요한 연결관계가 존재한다고 했다. 예를 들면 타투그림을 그리기를 좋아하는, 취미라고 하기에는 너무도 신비스러운 여중생(김나현)의 그림을 보면 알 수 있다. 학교에서의 지루함을 그림으로 그리고 다시 그림을 바탕으로 모래놀이를 꾸몄을 때, 부정적 감정이 드러난 건 그림이고 모래놀이를 하면서 신비롭게 고통이 사라지는 치유를 느꼈다고 했다. 이러한 표현이 창조적 연결의 치유와 변형의 힘임을 누구도 부인할 수 없을 것이다.

다시 돌아간다면   김나현(중 3)

KFSP는 의식적이든 무의식적이든 자신의 입장에서 자신을 포함한 가족관계를 나타내고 있으므로 주관적·인지적 구도가 투사된 것이다. 가족구성원들의 소품선택과 공간의 위치는 꾸미는 사람이 마음의 눈을 통해 받아들여진 것이다. 그러므로 그 사람의 경험이나 현재에 영향을 주고받고 의존하고 있는 것은 너무도 당연한 것이다. 이것은 개인의 고유한 내적 준거체제에 심리적 장을 구성하게 된다.

KFSP의 탐구에서 내담자의 인식과 감정에 보다 깊이 들어갈 수 있는 전략을 검토할 것이다. 그러기 위해 다음과 같은 면을 살펴보아야 한다.

첫째, 내담자의 가족 소품은 어떻게 다른가? 사람으로 표현한 가족구성원과 동물로 표현한 가족구성원은 누구인가?

둘째, 소품의 거리와 방향 또는 크기에 대한 차이도 중요하다.

셋째, 인물상 주변의 상징들은 긍정적인가, 부정적인가?

넷째, 살고 싶은 세계인가, 살고 싶지 않은 듯한 세계인가?

다섯째, 상호작용의 역동이 있는가, 정적인 세계인가?

여섯째, 전체적으로 균형적인가, 비균형적인가?

일곱째, 비어있는 곳이 많은가, 적은가?

여덟째, 표현하지 않은 가족구성원은 누구인가?

아홉째, 가족구성원이 아닌데 표현한 것은 무엇인가?

열 번째, 상징적 표현이 보편적인 의미인가, 특별한 의미인가?

열한 번째, 자기상을 어떻게 표현했는가?

위의 열한 가지 외에도 다양한 역동적 측면을 살펴보면서 탐구해야 한다. 특히 자기상의 표현은 단순한 내성적 자기상이 아니라 가족구성원들과의 상호작용에 있어 자기 가족 내에서의 위치나 역할을 수반하는 여러 요인의 자기개념을 보여주는 중요한 단서가 되는 것이다. 모래놀이에서는 소품을 통한 상징의 무의식적 표현을 유추할 때 역동적이고 통합적 관점에서 해석할 필요가 있다.

다음과 같은 사례를 살펴보면 고3 남아 그림의 KFSP다. 가족을 모두 동물로 표현했다. 어머니는 두 개의 동물로 표현했는데 뱀과 코뿔소이고 아버지는 곰이며 동생들은 당나귀, 말, 거북이이며 자신은 검정쥐라고 했다. 가족을 동물로 표현하는 것은 비논리적인 본능을 조절할 수 있는 완성하지 못한 정신의 미분화된 에너지를 대변한다고 했고 시각화된 무의식적인 자기모습이라고 융은 제시했다. 내담자에 의하면 어머니는 매우 지성적이며(독학으로 대학을 졸업했으며 1인 직장에서 일하고 있음) 냉소적이라고 해서 엄마 옆에 가면 춥다고 표현했고 아버지는 어머니에게 꼼짝도 못하고 살아가는 것 같이 보이고 동생들 세 명은 천방지축이라고 했다. 남동생 두 명보다 여동생(당나귀)은 눈치가 빨라 어머니에게 가장 꾸중을 안 듣는 아이라고 했다. 자신은 늘 숨어사는 듯 한 모습이어서 쥐로 표현했다. 내담자는 글을 쓰고 싶어 문예창작과에 관심이 많은데 어머니는 공무원이 되어야 하기 때문에 공부를 잘 해야 한다고 하고 착하게 살아야 하기 때문에 매일 새벽예배를 가야 한다고 한다. 그것을 어길 때에는 체벌이 이루어져 가끔 집에 들어가기 싫어 빌라 옥상에서 잠을 자기도 하고 교회에서 잘 때도 있다고 했다. 그것이 어머니에게는 가출의 낙인이 되어 상담의뢰가 되었다.

〈고3, 남, KFSP〉

위의 동적가족모래놀이에서 가족 동물은 내담자에게 깊은 무의식의 자기를 대변한 모습으로 보편적 의식성으로부터 멀리 떨어져 동화시키기에 어려움을 표현한 것으로 보인다. 이러한 무의식을 돌보기 위해 자아가 본능에 의해 조절되는 것을 방지하기 위한 의미 있는 창조가 이루어져야 한다.

내담자의 사례에서 표현된 가장 커다랗고 전체를 지배하는 듯한 뱀과 또 다른 상징인 코뿔소 이 두 가지가 어머니의 이미지다. 이것은 내담자에게 영향력이 가장 큰 대상이 어머니라는 것을 의식적이고 무의식적으로 모두 보여주는 것이라고 할 수 있다. 동물 상징에서 뱀은 가장 중요하고 복잡하며 남성상징과 여성상징을 뒤섞은 것이다. 뱀은 통제되는 동안은 힘의 원천이 될 수 있지만 위험을 잠재적으로 내포하고 있다. 또한 어머니의 두 번째 이미지인 코뿔소의 특징은 뒤를 돌아보지 않고 앞만 보고 달리는 습성이 있어 인디언들은 뒤에서 몰아 절벽으로 모는 방법으로 사냥했다. 코뿔소는 혼자 살거나 새끼와 함께 살며 평소에는 온순하나 화가 나면 순간적으로 격렬한 공격 형태를 취해 바로 사망에 이르게 하는 공격성을 갖고 있다.

양육적인 면에서 아버지는 소리 낼 수 없는 곰의 모습으로 곰은 연금술에서 시작지점의 정련과정이라고 했다. 그러나 내담자의 아버지는 아내에게 꼼짝 못하는 상태이며 심지어 자녀들과 함께 벌을 받기도 한다는 내담자의 표현은 양육에 전혀 관여할 수 없는 원초적 힘의 상징이 꺾인 상태여서 무의식의 위험한 측면에 결부되어 있다고 볼 수 있다.

자신으로 표현한 쥐는 지하세계의 비밀을 이해하는 동물이므로 지하세계와 연결되어 있으며 죽은 자의 입안에서 빠져나온 영혼으로 파괴와 탐욕의 상징이기도 하며 쥐의 먹이사냥에 대한 능력에 근거하여 아시아에서 지혜, 성공, 번영의 신들과 결부되어 있다고 한다. 쥐는 생태적으로 양육에 대해 매우 적극적이며 초음파의 영역으로 소통하기도 한다. 내담자는 현재 비언어적 느낌과 태도에 대해 매우 민감한 긴장적 요소가 크다고 볼 수 있다. 그리고 자신이 부모에게 받고 있는 양육적 결핍에 의한 무의식적 요소가 음지에서 자신을 드러내지 못하는 요소로 표현된 것이다.

이렇듯 내담자가 지각하는 가족의 구성원의 형태는 안락함보다는 변화의 요소를 많이 요구하는 심리를 대변한다고 볼 수 있다. 내담자가 동물을 통해 은유적으로 가족을 표현한 것은 유동적 변화와 새로운 형태들을 향하여 진화해 나가는 목적에 의해 나타난 것이라고 볼 수 있다. 그러나 내담자의 본능은 항상 충돌하려 하거나 그 강박성으로 인해 개인의 생명을 위협하는 상황에서도 무조건 소리 없이 자신의 길을 고수하려는 위험성도 포함하고 있다. 우리가 내면의 지혜를 터득하기 위해서는 정신 속에 새겨져 있는 본능의 패턴인 동물적 속성과 올바른 관계를 정립할 수 있어야 한다. 그러기 위해서는 어머니의 영역이 다소 차가움의 이성의 평가 영역이 아니고 품을 수 있는 따스함을 필요로 한다.

〈6세, 여, KFSP〉

위의 동적가족모래놀이는 6세 여아의 그림으로 유치원에서 친구들이랑 놀지 않으려고 하고 혼자 있으려 하고 눈을 맞추지 않거나 친구들과 조그마한 부딪침이나 터치로 자주 울고 달래지지 않아 유치원 선생님의 권유로 의뢰된 사례이다.

내담아동의 가족화 특징에서 두드러진 것은 어머니의 소품(우측 드레스 입은 여인)을 계속 바꾸며 소품 선택하는데 15분 이상의 시간을 소요했고 엄마는 매일 놀러 다닌다고 했다. 자신과 여동생은 연년생으로 병아리로 표현했으며 둘이서 집에서 놀고 있다고 했다. 그리고 옆에 군인은 아버지며 아버지는 힘이 세다고 하며 엄마와 싸울 때 물건을 던지고 때리는 것도 보았다고 했고 옆에 앉아 있는 사람은 할머니인데 유치원 갔다 오면 간식을 준다고 했다. 내담자는 소품을 선택하는데 신중하게 골랐고 얼굴에서도 즐거운 표정 혹은 심각한 표정으로 가족의 역동을 엿볼 수 있었다.

내담자는 자신과 동생을 동물로 표현했고 다른 구성원은 사람으로 표현한 점도 인상적이라고 볼 수 있다. 아이들은 대부분 동물을 좋아하는데 존재의 본능을 조절할 수 있는 의지력의 미완성을 상징한다. 병아리는 보호 받아야 하는 아주 미약한 존재이므로 침전을 표현하는데 불안정한 변덕의 과정을 반영하기도 한다. 그러나 보호 받아야 하는 둘의 존재가 함께 있어 작은 위로를 놀이로 하고 있어 다소 안심이 된다. 병아리는 알에서 암탉이 따스하게 품으면 부리로 알을 깨고 나온다. 그러나 아직 부모의 보호가 필요한 시기인데 옆에는 무서운 아버지가 있고 어머니는 멀리 떨어져 예쁜 옷을 입고 외출한다는 내담아동의 언어는 보호받지 못하는 분리의 한계를 보여준다. 또한 부모의 상호작용적 폭력을 경험한 유아의 불안이 새의 언어로 놀고 있다. 새는 물질적인 것보다 정신적인 것을 대변하는데 환상적이고 직관적 아이디어로 매우 특별한 다른 세계를 의미하고 있다.

할머니의 무기력하게 앉아 있는 모습도 부모 둘 사이에서의 털썩 주저앉은 망연자실의 모습처럼 보인다. 할머니의 이미지는 푸근함과 조건 없이 주는 사랑의 메신저이다. 서양에서는 다소 할머니에 대한 이미지를 마녀로 보기도 한다는 미국의 모래놀이슈퍼바이저의 설명에 다소 의아한 적이 있어서 한국에서는 할머니를 무한대의 사랑의 모습으로 편안함의 자연의 이미지라고 전달한 적이 있다. 모든 삶은 어머니로부터 시작되는데 내담아동에게는 힘없는 할머니가 간식을 주고 어머니의 외출은 주식이 없음을 이야기하는 사랑의 박탈을 그대로 드러내고 있다.

그러나 어머니를 가장 예쁜 옷을 입은 사람으로 계속 바꿔가는 모습은 내담아동에게 어떤 경험과 관련되어 지각되는 가치관을 표현하고자 했을까? '예쁜 옷 입고 놀러 다니는 엄마'에 대한 아동 개인의 의식에 영향을 미칠 경험의 테두리의 내적 준거체제는 보호받지 못하는 박탈감의 이미지 같이 보이며 어머니의 소품은 다른 방향을 향해 있다. 어머니와 아이들의 심리적 거리는 너무 멀어 보이고 힘센 아버지는 바로 측근에서 힘자랑을 하고 있다.

위의 내담아동은 부모관계의 문제로 인해 충분한 애정을 느끼지 못하고 자라 성장발달에 위협적 심리증상을 드러내는 것이라고 볼 수 있다. 아동기의 스트레스에서 부모의 불화는 정서적 문제를 충분히 불러일으킬 수 있다. 그것이 또래들과 어울리는데 심리적 방해 요소가 되고 놀이관계를 폭력적인 모습으로 과잉 해석하여 내담아동은 자주 우는 형태로 나타나고 있는 것이다.

⟨15세, 남, KFSP⟩

위의 동적가족모래놀이는 15세 남학생의 그림으로 중학교 2년 생이 어머니를 때리는 행위로 의뢰된 사례이다. 내담자는 매우 조용한 내향성향의 모습이었고 눈맞춤을 거의 하지 않고 목소리도 매우 작았다. 그러나 KFSP의 설명에서 아버지의 성향을 설명할 때는 매우 목소리가 격앙되고 얼굴은 붉어지는 흥분을 표현했다. "아버지는 딱 봐도 괴물이다. 지금도 나는 골프채로 맞는데 자기 (아버지)가 하고 싶은 대로 하고 엄마는 나에 대해 고자질해서(아버지에게 일러서) 나를 맞게 하고 나는 집구석에 들어가면 펭귄처럼 늘 얼어있어야 하고 여동생은 부모가 원하는 것을 다하게 하기 때문에 말처럼 뛴다." 내담자의 언어에서 분노가 일고 있었고 편애에 대한 부당함의 마음이 표현되었으며 어머니의 중간자 역할에 대한 왜곡도 있었다.

아버지는 자수성가를 하신 사업체의 대표이시므로 자녀에 대한 이해보다는 낙인과 보상에 대한 규칙을 세워 평가와 비판의 언어로만 일관하셨다.

"배가 불러서 그렇다. 나는 어린 시절 시골에서 고생하며 자라서 이렇게 성공할 수 있었는데 아들아이는 너무 호사스러워 그러한 것 같다."의 경직되고 폐쇄적인 사고방식의 주인공이어서 타협의 여지는 시간이 많이 필요할 것으로 보였다.

위의 사례에서 가족의 동물상은 인간이 지닌 성질 가운데 중요한 가족문화의 근거를 제시하고 있다. 동물은 직면적이지 않고 은유적인 표현의 안전한 한 방법으로 보호적 역할을 해주는 것이다. 그래서 동물은 눈에 보이지 않는 우주적 힘과 잘 접한다는 인식 때문에 심리학에서도 본능이나 무의식, 감정 등의 본질적 상징성을 동물에게 부여했다.

아버지의 머리 둘 달린 공룡은 대항할 수 없는 초월적인 폭력의 힘 자체의 상징성을 표현했고 어머니의 젖소의 표현은 행복함의 이미지이고 인내심 있는 생명의 리듬으로 신성함의 표현이다. 내담자는 어머니에 대한 폭력행위는 아버지에 대한 우회적 공격 형태를 나타내는 것이다. 그리고 보호해주지 못하는 어머니의 나약함에 대한 커다란 저항의 모습이다. 자신의 모습의 펭귄은 날지 못하는 바다 새로 대부분의 시간을 바다에서 보낸다. 또한 펭귄은 생태적으로 사회적 조류로서 끊임없이 이웃에 관심을 보이며 무리 생활을 한다. 특히 새끼펭귄은 스스로 체온조절이 어려워 어른 펭귄에 둘러싸여 보호를 받는다. 그러나 내담자는 보호받는다는 개념이 아버지와 아들의 차이가 매우 크다고 볼 수 있다. 아버지의 훈육도 사랑이라고 말할 수 있으나 새끼펭귄처럼 보호받는다는 느낌 이전에 훈련되어지는 조련사 같은 모습이므로 뭔지 모를 자연스럽지 못한 이미지로 펭귄으로 대변했다. 동생의 말은 정복과 탁

월성 또는 활력의 아름다움을 나타내는 원형의 상징이라고 할 수 있다. 가족 안에서 한 사람은 활력의 아름다움이고 한 사람은 날지 못하는 새로 뒤뚱거리는 것은 편애의 양육방식에 의한 것이다. 편애는 한 영혼을 말살시키는 또 하나의 영적 폭력이라고 할 수 있으며 적대감을 낳게 한다.

결국 내담자는 편애의 부모 양육패턴에서 영적 성숙의 기회를 받지 못했으며 내담자의 영적 회복을 위해서는 시간과 과정이 필요하다. 즉 가족과의 친밀감을 형성하는 기회를 가지며 가족이 서로에게 감사함을 표현하고 재미를 느끼는 시간을 가져야 한다. 내담자의 부모는 공부하는 시간이나 공부로만 평가하는 것이 아닌 내담자의 개발여지를 찾고 도우려는 노력과 가치를 인정해주는 기회의 시간과 과정이 진정으로 필요함을 느낀다.

모래놀이상자는 창조적 표현의 순환에서 전진을 위한 아름다운 퇴행이 일어나는 공간이다. 그러므로 모래상자에 표현된 작품은 말보다 더 많은 것을 말할 수 있는 힘을 갖고 있다. 우리들의 삶은 순환의 연속으로 밤과 낮의 순환, 계절의 순환, 시작과 끝의 순환 등을 들 수 있다. 이러한 순환을 창조적 표현을 위한 창조적 공간이 제공되는게 모래놀이상자이다. 이 창조적 공간에서 우리는 예기치 못한 감정을 경험하고 형언할 수 없는 신비로움을 체험하며 가장 깊은 내면의 지혜를 얻는 선물을 받기도 한다. 이러한 창조적 순환과정에서 상담자들이 함께 하는 집단의 순환과정도 믿음을 갖고 용기의 목소리를 낼 수 있도록 '함께'할 때 모래놀이의 공간은 성장과 내면의 깊숙한 소망을 담아내는 그릇이 될 수 있다. 모래상자의 용기는 관계로 시작해 관계자체를 초월하여 깊은 성장과 치

유가 일어나 함께 느끼며 때로는 상대방의 마음을 알아주기도 한
다. 집단에서 경험하는 것들은 초월적이고 말로 표현할 수 없는 것
들을 포함하고 있으므로 '신비롭다'는 모호한 언어로 표현할 수밖
에 없다.

집단모래놀이를 수년간 진행해 오면서 집단구성원들의 서로 다
른 가치가 조심스럽게 존중되며 조화롭기까지 되어지는 정교한 상
호작용을 초월성이나 영성의 개입이라고 말할 수밖에 없다. 집단
의 지혜는 모든 사람들의 각자 다른 견해와 감정이 존중받아야 할
권리가 있다고 수용하게 되는 정말 특별하고 아름다운 영적체험이
다. 집단에 참여한 한 구성원은 모래놀이라는 매체를 통해 각자 자
신을 표현하고 함께 느끼고 상대방의 마음을 피드백하며 하나가
되는 종교체험 같은 벅참을 느껴 모두 생기를 안고 돌아가는 모습
에 '생명의 힘'을 느꼈다고 했다.

이는 인간의 사회화와 함께하는 신비로움이 준 모두의 진실성
을 수용한 결과라고 보고 집단은 한 사람의 상담자보다 훨씬 효율
적인 첩경이 될 수 있다. 집단에서 작은 삶의 표현들이 강렬한 경
험이 되었고 이를 통해 최고의 삶의 길을 배우는 작은 집단에서
긍정적 시작점이 될 수 있다.

참고문헌

강진령(2005). **집단상담의 실제**. 서울: 학지사.

고영인(2001). **상담연습 워크북**. 문음사.

김계현(1995). **상담심리학 - 적용영역별 접근**. 서울: 학지사.

김형태(2001). **집단상담의 이론과 실제**. 동문사.

권영민 외 역(2006). **위기에 처한 아이들을 위한 놀이치료**. 서울: 학지사.

김광웅·유미숙·유재령(2006). **놀이치료학**. 서울: 학지사.

김유숙·야마나카 야스히로(2005). **모래놀이치료의 본질**. 서울: 학지사.

김정란 역(1987). **상징, 기호, 표시**. 서울: 열화당.

노치현·황영희(1998). **모래놀이치료 경험과 표현**. 서울: 동서문화원.

설영환 역(2005). **융 무의식 분석**. 서울: 선영사.

염숙경(2002). **아동상담과 놀이치료**. 서울: 상조사.

오제은 역(2007). **칼 로저스의 사람중심상담**. 서울: 학지사.

윤순임 외(1995). **현대 상담 심리치료의 이론과 실제**. 서울: 중앙적성
   출판사.

융 저작번역위원회 역(2001). **원형과 무의식**. 서울: 솔.

이정명 외(2007). **인간중심 표현예술치료**. 서울: 시그마프레스.

이부영(1978). **분석심리학-C.G Jung, 인간심성론**. 서울: 일조각.

이부영 역(1986). **회상, 꿈 사상**. 서울: 집문당.

이정숙 외 역(2002) **모래놀이치료**. 서울: 하나의학서.

이현림 외(2007). **집단상담의 이론과 실제**. 경기: 양서원.

이장호(1999). **집단상담의 원리와 실제**. 서울: 법문사.

윤관형·이장호·최송이(2006). **집단상담 원리와 실제**. 서울: 법문사.

전애영(2005). 음성틱이 있는 아동의 모래놀이치료사례. **한국아동심리 재활학회지**, 9집 1호. 85-102.

천진기(2001). 한국 띠동물의 상징체계연구. 중앙대학교 대학원 박사학 위논문.

최현 역(1973). **융의 심리학입문**. 서울: 범우사.

황명숙 역(2007). **모래상자 기법: 실제지침서**. 서울: 학지사.

장휘숙(2000). **발달정신병리학의 이해**. 서울: 학지사.

河合集雄(1994). **모래상자놀이치료법**. (심재경 역). 서울: 양영각.

전애영(2012). **심리를 읽어가는 모래놀이치료**. 서울: 공동체.

전애영 역(2013). **인본주의적 인간중심 모래상자 치료**. 서울: 원미사.

조현춘 외 3인 공역(1999). **집단심리상담의 이론과 실제**. 서울: 시그마 프레스.

장혁표(2000). **집단상담의 이론적 접근**. 서울 중앙적성출판사.

Amatruda, & Helm-Simpson(1997). *The Sacred Healing*. Novato Califonia: Trance 'Sand' dance Press.

Boik, B. L., & Goodwin, E. A.(2001). *Sandplay: A step-by-step manual for psychotherapies of diverse orientations*. New York: W. W .Norton & Company.

Bradway, K., & McCoard, B.(1997). *Sandplay-Silent Workshop of the Psyche*. Routledge.

Carey, L. J.(1999). *Sandplay Therapy with Children and Famulies*. 이정숙·고인숙 역(2002). **모래상자놀이-아동치료와 가족치료**. 서울: 하나의학서.

Corey, G., & Corey, M, S.(1977). *Group: Process and practice.* Monterey, CA: Brooks/Cole.

Cassirer, E.(1971). *Language and Myth.* Reprint. NY: Dover.

Cirlot, J. E(1962). *A Dictionary of Symbols.* NY: Philosophical Library.

Corsini, R. J.(2000). *Current Psychotherapies.* 이장호 외 역. **현대심리치료.** 서울: 중앙적성출판사.

Crick, N. R., & Dodge, K. A.(1994). A review and reformulation of social information-processing mechanisms in children's social adjustment. *Psychological Bulletin,* 115, 74-101.

Cunningham, L.(1997). Reflection: Sandplay. *Journal of sandplay therapy,* 6(1).

De Domenico. G.(1991). *Sandtray worldplay with couples: applications and techniques.* Oakland, CA: Vision Quest into Symbolic Reality.

Dossey, D.(1993). *Healing words: The power of prayer and the practice of medicine.* New York: Harper.

Dundas, E.(1978). *Symbols come alive in the sand.* Coventure.

Freud, A.(1965). *The psycho-analytical treatment of children.* London: Image.

Friedman, H. S., & Mitchell R. R.(1991). Dora Maria Kalff: Connections between life and work. *Journal of Sandplay Therapy,* 1(1).

Gaston, L.(1990). The concept of the alliance and its role in psychotherapie: Theoretical and empirical considerations. *Psychotherapeut,* 27. 43-153.

Graves, R.(1971). *The White Goddess.* Reprint. London: Macmillan.

Hall, J. A.(1983). *Jungian Dream Interpretation: A Handbook of Theory and Pratice.*

Hegeman, G.(1992). The sandplay collection. *Journal of Sandplay Therapy,* 1(2), 101-106.

Higgins, G. O.(1994). *Resilience adults: Overcoming a cruel past.* SanFrancisco: Jossey-Bass.

Jacobi, Jolande(1959). *Complex, Arehetype, Symbol in the Psychology of C. G. Jung.* Princeton: Princeton University Press.

Jung, C. G.(1964). *Man and His symbols.* 이윤기 역(1996). **인간과 상징**. 서울: 열린책들.

Kalff, D. M.(1980). *Sandplay-A Psychotherapeutic Approach to the Psyche.* Boston. Sigo Press.

Kendall, P.(1991). *Child and adolescent therapy: Cognitive Behavioral Procedures.* New York: Guilford.

Landreth, G. L.(1999). *Play therapy: The art of the relationship.* Bristol: PA.

Lawrence, J. S., & Jewitt, R.(2002). *The myth of the American superhero.* Cambridge, England: Wm. B. Eerdmans Publishing Co.

Lenore, Steinbardt(2000). *Foundation and form in Jungian Sandplay,* London and Philadelphia: Jessica Kingsley Publishers

Markell, M. J.(2002). *Sand, Water, Silence-past, present and future.*

Mash, E. J., & Barkley, R. A.(2003). *Child Psychopathology.* 이현진 외 역(2003). **아동정신병리**. 서울: 시그마프레스.

Neuman, E.(1954). *The Origins and history of Consciousness.* Bollingen Foundation.

Rosenberg, M.(1965). *Society and Adolescent Self Image*, New York: Princeton Univ. Press.

Rubin, L., & Livesay, H.(2006). Look, up in the sky! Using Superheroes in play therapy. *International journal of play therapy*, 15(1).

Ryce-Menuhin, J.(1992). *Jungian sandplay: The wonderful therapy*. London: Routledge.

Stephen, A. A.(2008). *Sandtray Therapy A Hunaistic Approach*. Ludic Press Dallas, TX.

Shertzer, B., & Stone, S. C.(1974). *Fundamentals of guidance*. Boston: Houghton Mifflin Company.

Spradley, J.(1980). *Participant observation*. New York: Holt, Rinehart and Winston.

Sweeney, D. S., & Homeyer, L. E.(1998). *Sandtray: A Practical manual*. Canyon Lake, TX: Linda.

Turner, B. A.(1994). Symbolic process and the role of the therapist in sandplay. *Journal of Sandplay Therapy*, 3(2).

Wayne, G. Rollins(1964). *Jung and Bible*. 이봉우 역(2002). **융과 성서**. 왜관: 분도출판사.

Weinrib, E. L.(1983). *Images of the self: The Sandplay therapy process*. Boston: Sigo Press.

Winnicott, D. W.(1965). *The maturational processes and the facilitating environment: studies in the theory of emotional development*. London: Hogarth Press.

Rie, R. M., & Herriet, S. F.(1994). *Sandplay: past, present and future*. Routledge.

Erikson, E. H.(1982). *The life cycle completed*. New York: Norton.

Shaw, M. E.(1981). *Group Dynamics: The Pychology of small group Behaviour*, second. New York: McGraw-Hill.

Ohlsen, M. M.(1977). *Group counseling*(2nd ed). New York: Holt, Rinehart & Winston.

Festinger, L.(1950). Informal social connunication, *Psychological Review*, 57: 271-82.

Jung, C. G.(1960). *Collect Works of Jung*, vol. 8: Structure and dynamics of the psyche.

Jung, C. G.(1968). *Analytical psychology: Its theory and practice.* New York: Pantheon

George, R. L., & Dustin, D. (1988). Group counseling: Theory, methods and practice. Englewood Cliffs, NJ: Prentice-Hall.

Mahler, C. A. (1969). Group counseling in schools. Boston: Houghton Mifflin.

Natalie, R.(2011). The creative connection for Groups. CA: Science & Behavior Books, Inc.

Natalie, R.(1993). The creative connection: Expressive Art as Healing. CA: Science & Behavior Books,Inc.

Guy, J. D. (1987). The personal life op the psycotherapist. New York: Jhon Wiley & Sons.

Gazda, G. (1989). Group counseling. Boston: Allyn & Bacon.

Rogers, Carl R. (1980). A way of Being. Boston: Houghton Mifflin.

Jourard (1964).

Shapiro & Swensen(1969).

Sweeney, D. S. & Homeyer, L. E.(1999). The handbook of group play therapy. Sanfrancisco: Jossey-Bess.

Thurman, H.(1971). The search for common ground. New York: Haroer & Row.

Corey, G.(1995). Theory and practice of group counseling(4th ed.). Pacific Grove. CA: Brooks/Cole.

Perls, F.(1973). The gestalt approach: eyewitness to therapy. Ben Lomond, CA: Science and Behavior Book.

Bowlby, J.(1973). Attachment and loss(Vol. 2. Separation: Anxiety and anger). New York: Basic Books.

찾아보기

저자소개

전 애 영

- 경성대학교 교육학 박사
- 한국휴먼모래놀이상담협회 회장
- 한국 통합심리치료교육학회 수련감독자
- 동그라미 상담센터 센터장
- (역임) 동의대학교, 경성대학교 대학원, 위덕대학교 대학원, 중앙신학대학원
  외래교수, 동부산대학교 겸임교수
- 미국 UNIVERSITY OF CALIFONIA RIVERSIDE 놀이치료트레이닝 전문가
  과정 이수
- PERSON-CENTERED EXPRESSIVE ARTS THERAPY 전문가
- 가족상담 전문가, 학교상담사
- 성격유형 강사(MBTI, ENNEAGRAM)
- 부모교육 강사(PET, APT, RPT)
- 가정폭력, 성폭력 상담사(보건복지부)
- 꿈과 신화 상담사 과정 이수(꿈 아카데미 연구소)

- (저서) 모래놀이 읽는 '마음의 섬'(한글문화사), 심리를 읽어가는 모래놀이치
  료(공동체), 탄력적 부모역할 훈련 RPT(불휘)
- (역서) 인본주의적 인간중심모래상자치료(원미사)

집단모래놀이치료의 실제

초판발행   2019년 6월 10일

지은이   전애영

펴낸이   노 현
편 집   김효선
기획/마케팅   박세기
표지디자인   박현정
제 작   우인도·고철민

펴낸곳   (주)피와이메이트
             서울특별시 금천구 가산디지털2로 53 한라시그마밸리 210호(가산동)
             등록 2014. 2. 12. 제2018-000080호
전 화   02)733-6771
f a x   02)736-4818
e-mail   pys@pybook.co.kr
homepage   www.pybook.co.kr
ISBN   979-11-89643-90-4 93180

정 가   18,000원

박영스토리는 박영사와 함께하는 브랜드입니다.